제품디자인의 실무와 경영

신 언 모 저

태학원

디자이너는
생각 + 행동 + 철학 이 있어야!
디자이너는
철저한 비즈니스맨이다.

신 언 모 교수

중앙대 공예과, 홍익대 대학원을 마치고
충남대 예술대학 학장을 역임하였으며,
산업미술학과 교수로 재직하였으며 2009년 부터 명예교수이다.
대한민국 산업디자인 초대 디자이너와
몇 회의 심사위원을 역임하였으며,
2005년 7월 한국경제 신문 한경아카데미에서
마케팅전략 전문가 과정을 수료하였다.
2001년 국가 산업 발전에 기여한 공로로
대통령 표창을 받았으며,
2008년에는 옥조근정훈장을 받았다.
저서로는 『시각디자인의 기초』 1979
『사진인쇄학』 1980
『개성 추구의 디자인시대』 1995
『디자인과 생활』 1998
『디자인은 생활 속에 있다』 2001
『고객을 사로잡는 디자인 혁신』 2004
커뮤니케이션 디자인론 2004
등이 있으며 이외 다수의 논문이 있다.

책을 펴내면서

디자이너 → 대학졸업 + 대학원(무엇을 전공?) = 디자이너의 능력

"21세기는 미디어 디자인 시대, 디자인 경영시대"

우리나라에서 디자인과 광고의 영향으로 시장이 활성화된 것은 1970년대로 지금까지 35년의 역사를 갖게 된 것으로 추정된다. 매년 학계에서는 36,000명의 디자이너를 배출하고 있으며, 디자이너의 수도 2003년 50만명에 이르고 있다. 지금까지 이론 서적을 보면 디자인론, 디자인통론, 산업디자인론, 공예론 등으로 시각디자인, 공예디자인, 공업디자인 전체의 영역을 망라하는 넓은 의미의 통합된 것이 대부분이기 때문에 각 전공이 필요로 하는 학문적 이론을 접하기에는 부족한 부분이 많았다. 필자는 오랜 이론 강의를 통하여, 시각 디자인론으로 독립된 새로운 이론이 정립되어야 한다고 생각하였다.

앞에서 말한 세 개의 영역은 각 영역마다 특색이 있고 디자인 프로세스가 각기 다르기 때문에, 각 영역의 특색에 맞추어 현대의 시장원리에 맞게, 새롭게 재편되어야 한다고 생각하고 있다. 지난 70년대만 해도 커뮤니케이션 디자인분야의 선전 광고의 컨셉은 좁은 시장에서 단순한 제품을 유통시키는 과정에 불과하였으며, 제품의 질이 조잡하여 제품간의 차별화 의미도 갖지 못했던 것이 사실이다.

그러나 현대 산업사회는 제품의 생산에서 유통단계가 글로벌화, 대량화에다 상품의 질도 개성화, 감성화로 변하고 있으며, 글로벌 시장의 다양한 상품군과 다문화 인종군 속에서 차별화하고 상품을 이미지 업 시켜야 하는 상황으로 바뀌게 되었다. 여기에 근래에 출현한 정보화시대의 인터넷에 의한 광고 시장은 나날이 변하여 상품의 유통과정도 전과는 전혀 다른 사이버 공간에서 인터넷 쇼핑 등 다양한 방법으로 소비자에게 전달되어 가고 있는 것을 볼 수 있다. 이러한 배경으로 인하여 커뮤니케이션 디자인의 특성에 따른 여러 분야를 정리하여 새로운 개념의 디자인 실무와 경영으로 개편하게 되었다. 이 중에서 디자인 경영부분은 근래에 부각되고 있는 학문분야로서 디자이너가 업무 수행하는 데 필히 갖추어야 할 중요한 과정으로 인식되어지고 있다. 하나의 성공한 예로 우리나라의 삼성은 디자인 경영 혁신의 대표적인 예로 들 수 있다. 그동안 반도체에 주력한 삼성은 세계 100대 기업 중 21위에 오를 만큼 세계 반도체 시장에서 주목받는 기업으로 성장했다. 2003년 애니콜(Anycall) 단일 브랜드만 보아도 미국, 유럽 시장에서 생산, 판매, 디자인 부분에서 경쟁사인 필란드의 노기아, 미국의 모토로라에 이어 현재 브랜드 파워 3위에 올라 있다.

2009년 LED TV부분에서 삼성이 세계1위 LG가 2위를 나란히 차지하고 있다.

그뿐 아니라 우리나라 기업 중 제일 먼저 미국, 독일, 일본, 중국 유럽 등 이 외 여러 나라에 현지 디자인 연구소를 설립하였다. 현지에서 현지인을 기용하면서 지역의 기호에 맞게 제품 디자인 개발에 많은 자금을 투자하고 있는것은 시대적인 현실로 보아야할 것이다.

삼성의 이건희 회장이 일찍이 디자인을 경영의 요소로 받아들인것은 오늘날 소니를 제치고 세계적인 기업으로 성장하게된 발판이 되었다.

다시 말하지만 디자이너는 인류의 꿈을 시각화하는 사람이라고 할 수 있다. 그러나 그것은 이노베이션(Innovation)적인 모험을 통해 이루워질 수 있다.

그래서 디자이너는 예술가가 아닌 철저한 비즈니스맨이다. 하루에 한시간 영어학원에 간다면 언어에 통달할수 있듯이 생각, 행동, 인생철학에 있어서 무엇을 생각하고 행동하느냐에 따라 인생이 바뀔수 있다는 것은 명심하기 바란다. 다시 말해 생활의 큰그림을 그릴수있는 Grand Designer가 되어주길 바란다.

이 책의 표지에 실무와 경영이란 말을 넣은 이유가 여기에 있다.

2011년 7월 **신 언 모**

•BC 1000 고조선 발전

•BC 1500 중국의 표의문자

BC 6000 ~ 4000

•BC 6000 빌렌도르프 '여성상'
라스코 동굴벽화

BC 3000

•BC 3500 그림문자(수메르)

•BC 3100 상형문자(이집트)
: 그림과 심벌이 조합된 형태

•BC 3000 계형문자발명(수메르인)
*BC 1750년경 – 함무라비 법전

•BC 3500 수메르인의 수레바퀴
(원판바퀴)

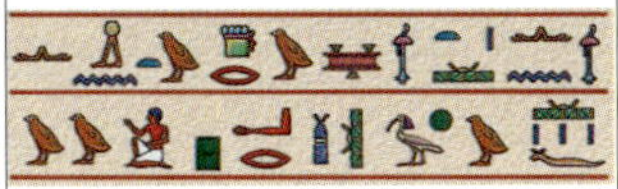

BC 2000

•BC 2500 파피루스 발명
:이집트에서 서사재로 사용
:종이의 시초 'Paper'의 어원

•BC 2300 인더스강 계곡에서 재산권 표기를 위한 그림 형태의 인장 사용

BC 1000

•BC 1500 이집트 최초의 서적
(사자의 서): 두루마리처럼 길게 만 파피루스에 쓰여짐

•BC 1400 모세의 십계명
:석판에 제작

•BC 1000 알파벳 문자 완성
(페니키아인)

•BC 1000 농경을 위한 달력 고안
(초기 히브리어)

•BC 4000 4대 고대문명 발생

•BC 2600 이집트 대 피라미드

•BC 1000~
그리스, 에트루리아, 로마

●삼국시대
BC 57 신라 건국(박혁거세)
BC 37 고구려 건국(주몽)
BC 18 백제 건국(온조)

•AD 414 고구려, 광개토왕비 건립

•BC 200 중국, 주철 사용

•BC 256 중국, 머리카락으로 만든 붓 등장

•BC 50 중국, 통신 수단으로 거위 사용

•AD 400 중국, 먹 발명
•AD 105 중국, 채륜이 종이 발명

BC 500	BC 200	BC 100	AD 0

•BC 850 초기의 셈문자(구두점의 등장)
•BC 672 로마, 12개월의 달력 고안

•BC 403 로마 그리스로부터 24개의 알파벳 전수(로만 알파벳)

•BC 403 그리스, 비둘기를 이용한 통신 시작

•BC 100 로마, 노예 신분인 서기들에 의해 두루마리 양피지 책을 만드는 산업이 성행

•AD 150 두루마리 대신 접는 책 등장
•AD 400 이집트, 천에 인쇄를 하기 위해 나무판 사용

•BC 776 고대올림픽 경기 개최(최초)
•BC 753 로마 건국의 해 (로마 신화에 기록)
•BC 563 석가모니 탄생

•BC 483 석가모니 사망
•BC 450 그리스문화 융성 (파르테논 신전, 밀로의 비너스)
•BC 215 중국, 만리장성 축조

•BC 4 예수그리스도 탄생

•AD 30 예수그리스도 사망
•AD 67 중국에 불교 전래
•110 신약성서 완성
•248 로마 1천 년
•313 로마, 그리스도교 공인(밀라노 칙령)

●676 신라, 삼국 통일

●751 불국사, 석굴암 건축
●770 성덕대왕,에밀레종 주조

●900 후삼국시대

●918 고려 건국(왕건)

●936 고려, 후삼국 통일

●1145 김부식, 삼국사기 편찬

●1392 조선 건국

●1388 이성계, 위화도 회군
●1396 한양 천도
●1405 창덕궁 창건
●1418 세종 즉위
●1433 최초의 해시계
●1444 측우기 제작
●1504 갑자사화
●1585 이이 10만 양병설 건의
●1592 임진왜란

●1234 고려, 세계 최초로 금속활자 발명 (상정고금예문)50권 인쇄

●1251 고려, 팔만대장경 완성(해인사)

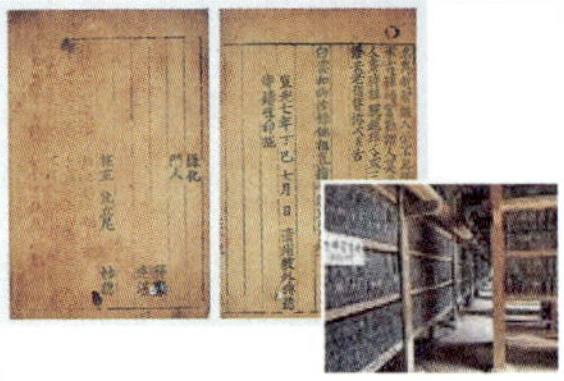

●748 중국, 베이징에서 세계 최초의 신문 발간

●751 중국의 종이 제조법이 중동으로 전파

●868 중국, 목판을 사용한 최초의 종이책 (금강경)인쇄

●1221 중국, 목판활자 발명

●1410 주자소에서 서적을 인쇄,간행,판매

●1415 거리에 가역의 이정표 세움

●1443 세종, 훈민정음 창제

●1444 세종, (월인천강지곡)
:석가의 공덕을 찬양한 훈민정음으로 기록한 최초의 서적, 조선 왕조 창건을 노래한 장편 서사시「용비어천가」

●1445 중국, 동활자 개발

●1500 연사용:암호 전달

AD 500

●595 인도, 세계 최초로 10진법 사용 (0을 발명)

●1151 스페인, 종이 제조법 전수

●1250 필기구로 거위의 깃촉 사용

●1270 이탈리아, 파브리아노에 최초의 종이 공장 설립

AD 1300

●1315 프랑스, 리옹에 실크 공장 설립

●1391 독일, 종이 제조법 전수

AD 1400

●1450 구텐베르크, 주조활자 발명 (타입,합자,약자를 포함한 약 300개의 활자)

●1457 인쇄업자 피터스
:본문과 목판 그림이 같이 인쇄된 최초의 서적 출간

●1494 테이트, 영국에 최초의 종이회사 창립

AD 1500

●1519 흑카메라 발명

●1522 목판으로 제작된 루터의 신약성서

●1050 ~ 1200 로마네스크

●1150 ~ 1400 고딕

●500 ~ 중세 암흑기

●962 신성로마제국 성립
●979 송, 중국 통일
●1096 십자군 원정
●1163 파리, 노트르담 성당 건축
●1174 피사의 탑 건축
●1206 칭기즈칸, 몽고제국 성립
●1297 최후의 십자군 원정

●1300 ~ 르네상스

●1321 단테의 『신곡』
●1339 영,프 100년전쟁 발발
●1368 중국, 명 건설
●1375 르네상스 시대개막
●1378 교회 대분열(두 명의 교황으로 분열)
●1455 장미전쟁
●1492 콜럼버스, 아메리카 신대륙 발견
●1495 레오나르도 다빈치, 최후의 만찬
●1503 레오나르도 다빈치, 모나리자
●1517 마틴 루터, 종교 개혁
●1555 스페인 미국산 담배 유입
●1594 셰익스피어, 『베니스상인』 『로미오와줄리엣』 발표

- •1623 인조 반정
- •1636 병자호란
- •1708 전국에 대동법 실시
- •1725 영조: 탕평책 설치
- •1801 천주교 탄압
- •1863 고종 즉위
- •1876 강화도 조약

- •1607 허균의 『홍길동』 전
- •1610 허준 『동의보감』 25권 완성
- •1633 조선통보 주전
- •1678 상평통보 주조
- •1689 김만중의 『구운몽』 『사씨 남정기』

- •1776 규장각 설치 〈왕립 도서관 및 학술 연구 기관〉
- •1779 정조/우리나라 최초로 책을 읽을 때 안경 착용

- •1882 박영호:태극기 제작
- •1884 지운영:일본에서 사진을 배운 후 국내 최초 사진관 개업

- •1886 첫 한글신문 「한성주보」 창간 최초의 광고 게재(세창양행)
- •1896 서재필: 「독립신문」 창간

- •1870 인력거 등장
- •1899 우리나라 최초의 전차 /서대문~청량리간 분설

- •1884 우정국:최초로 우편 업무 시작
- •1896 자석식 교환기

AD 1600

- •1620 벨기에/일러스트에이션이 포함된 최초의 신문〈Nieuwe Tijdinghen〉창간
- •1623 세익스피어의 작품이 최초로 인쇄됨

- •1635 런던과 에든버러 사이에 우편 제도 실시

AD 1700

- •1709 영국/최초로 저작권법 인정
- •1710 3색 인쇄기 발명:르 블롱/독일

AD 1750 산업혁명

- •1750 인쇄 잉크 개발:바커스빌
- •1771 최초의 『브리테니커 백과사전』 출간
- •1796 석판 인쇄 발명:세네펠데
- •1798 종이의 대량생산 〈종이 만드는 기계〉:니콜라스 루이트 로보트

- •1769 증기기관 발명:제임스 와트

AD 1800

- •1822 최초의 사진: 니엡스 *그라비어 인쇄,처어치: 최초의 수공 주물활자기
- •1835 최초의 음화 사진 발명:탈보트
- •1837 초기의 은판 사진 촬영:다게르

- •1814 증기기관차:스티븐스
- •1845 공기타이어:톰슨

- •1836 모리스 전신 부호:모리스

AD 1850

- •1850 최초의 종이백 생산
- •1851 세계 최초의 제1회 만국박람회 :런던/하이테크
- •1861 윌리엄 모리스:미술 공예 운동
- •1866 루이스 캐롤:타이포그라픽 형태 시
- •1869 최초의 컬러 사진
- •1880 하프톤 스크린 개발:호간
- •1884 에번 워터맨:만년필 발명
- •1887 랜스턴:자동주조 식자기 발명
- •1888 영국/미술공예협회 결설
- •1889 톨리 딕슨:무선영화 등장 /말의 동작을 30초가량 촬영
- •1892 똘루즈 로트렉:최초의 포스터 '물랑루즈'
- •1899 미국/최초로 대중만화 발생

- •1885 벤츠/삼륜 자동차
- •1897 디젤 엔진

- •1876 벨:전화기 발명
- •1880 공전식 전화기
- •1891 브라운관 발명/독일 *자동식 다이얼 전화기

- •1600 ~ 1700 바로크
- •1650 ~ 1800 고전주의
- •1700 ~ 1750 로코코
- •18C말~ 낭만주의
- •18C말~19C초 신고전주의
- •1860~1870 인상주의
- •19C말~20C초 후기인상주의

- •1642 영국, 청교도 혁명
- •1644 중국, 청나라

- •1760(~1840) 영국의 산업혁명 시작
- •1776 미국, 독립 선언
- •1777 미국, 성조기 제정
- •1789 프랑스 대혁명, 인권 선언
- •1786 모차르트, 「피가로의 결혼」 작곡
- •1799 베토벤 「교향곡 제1번」 작곡

- •1835 안데르센 동화
- •1801 미국, 남북전쟁
- •1886 뉴욕에 자유의 여신상 제막/ 코카콜라 발명
- •1879 에디슨:백열전구 발명
- •1890 미국/청바지 생산
- •1896 아테네, 제1회 국제올림픽대회 개최

•1903 YMCA 발족
•1904 경부선 완공
•1910 한일합방
•1914 대한독립군 정부수립

•1919 3.1독립운동, 임시정부수립

•1948 정부수립
•1950 6.25 한국전쟁발발

•1953 휴정협정 조인/
한미상호방위조약 체결
•1948 정부수립
•1950 6.25한국전쟁 발발

•1904 「황성신문」/
최초의 유료 활동 사진 광고

•1903 고종의 어차포트/
우리나라 최초의 자동차 도입
•1915 민간인 자가용 1호/
의암 손병희 선생의 캐딜락

•1902 일반인이 전화 사용

•1914 일본 옵셋 인쇄 시작

•1920 한국인 최초/
대동인쇄주식회사 창립
(사진 제판 기술 도입)
•1925 조선일보 채식윤전 인쇄기도입
•1937 김기창 '크리스마스실' 도안

•1933 경성자동차 판매회사 설립

•1927 경성방송국 개시

•1943 국내최초 사진식자기 도입
•1945 장봉선/최초 담배 '승리' 발매
*서울대학교 미술학부
•1949 고성능 한국타자기 개발
*제1회 대한민국 미술전람회개최

•1940 목탄차 등장

•1945 일본/시진식자 실용화

•1950 한홍택/대통령 휘장 디자인
•1952 홍익대학교 공예도안과/OB맥주
•1955 산업박람회 개최/삼화인쇄소
국내 최초 원색 동판 제작
•1958 김교만의 k.k디자인 연구소 설립
*삼화인쇄에서 원색 분해 시작
•1959 금성사 창립(산업디자인의 효시)
/한국 최초의 라디오 생산

•1955 최초의 자동차 '시발' 생산

•1954 최초로 민간 방송인
기독교 방송국 개국
•1956 첫 TV방송국 HLKZ 개국

•1953 일본 디자인학회 창립
•1957 일본 G마크 제정
•1959 일본 디자인센터 발족

AD 1990

•1903 베이들러:복사기 발명
•1904 옵셋 인쇄기 발명
•1905 최초의 네온사인
•1907 연재만화
•1914 일본 옵셋 인쇄 시작

•1905 최초의 네온사인

AD 1920

•1927 타이포그래픽 아트협회 설립
*뒤퐁사 나일론 개발
•1928 얀 치홀트/ '새로운 타이포그래피'
및 뉴타이포그래피 운동 전개
•1930 유선형 스타일 등장(미국)
•1936 미국 컨테이너사/
기업 아이덴티티 착수

•1936 폭스바겐 대중화

•1929 월트디즈니사/최초의 유성 만화영화
•1933 라디오 등장(독일)
•1936 BBC 전세계로 정규 TV방송 시작
•1938 컬러 TV 실험 방송

AD 1940

•1940 럭키 스트라이크 담배 포장디자인
•1942 르 코르뷔지에/ 모듈러 창안
•1948 울름조형학교 개교/독일

•1940 TV 상업방송 시작/미국
•1948 LP레코드 발명
*트랜지스터 발명

•1946 에니악 컴퓨터개발/ 펜실베이니아 대학

AD 1950

•1952 럭키 스트라이크 담배 포장디자인
•1955 세계저작권협정
•1956 IBM 로고마크 제작/폴랜드
•1957 국제타이포그래픽 협회 창립

•1950 컬러 TV 방송 시작/미국

•1951 컴퓨터 비행 시뮬레이션
•1953 IBM701 컴퓨터 생산

•1907 ~ 1922 입체주의
•1924 ~ 초현실주의
•1919 ~ 1950 모더니즘
•1909 ~ 1916 미래주의
•1917 ~ 1931 데스틸운동
•1915 ~ 1938 다다이즘

•1990 ~ 전쟁과 평화

•1901 피카소의 '청색시대'/뒤낭의 노벨평화상제정
•1902 비엔나 공예제작소 설립
•1907 무테지우스 독일공작연맹 창립
•1911 퀴리부인 노벨상 수상
•1912 중화민국 설립

•1916 샤넬 부티크 개장
•1919 발터그로피우스.바우하우스 설립
•1921 중국공산당 설립
•1921 샤넬향수 NO.5 생산
•1924 강철 파이프 의자디자인
•1927 바우하우스 뎃사우로 이전

•1300 ~ 전쟁

•1932 히틀러 나치스 정권수립
•1937 시카고 뉴바우하우스 개교
•1942 파리현대미술관 개관
•1947 크리스찬 디오르 패션스타일 발표
•1948 폴라로이드 카메라 발명

•1951 브라운의 전기면도기
•1952 국제그래픽디자인연맹 창립
*시카고 디자인학교, 일리노이 공과대학 합병
•1956 최초의 인공위성 발사/소련

- •1961 5.16 **군사 쿠데타**
- •1963 박정희 취임
- •1968 경부고속도로 기공
  *코카콜라 판매 시작
- •1969 호남/경인고속도로 개통

- •1974 서울 지하철 1호선 개통

- •1986 제10회 아시안 게임
- •1987 제6차 경제발전 계획/
  *중부고속도로 개통

- •1988 제24회 서울올림픽 개최
  *자동차100만 대 돌파
- •1991 KIDP 발족
- •1993 대전엑스포 개최

- •1962 제2차 통화 개혁
  * 아리랑 담배디자인/민철홍
- •1963 체신1호 전화기 디자인/민철홍
- •1965 한국디자인센터 설립
- •1966 한국포장기술협회 창립
- •1967 대한민국 국장디자인/민철홍

- •1962 새나라 자동차 조립 생산
- •1966 신진의 코로나 자동차 생산

- •1960 KBS TV개국
- •1961 최초 컬러 시네마스코프 '춘향전'
- •1963 KBS 광고방송 시작
- •1966 금성사 최초의 흑백 TV 생산
- •1969 MBC TV 개국

- •1971 한국광고협의회 창설
- •1972 대형건물에 예술품 설치 의무화
  *태평양화학 '톱컬러' 캠페인 광고 시작
  *디자이너 등록 실시
- •1977 삼화인쇄/한국최초로 스캐너 도입
- •1979 한국종합전시장(KOEX)개장

- •1974 최초의 한국형 고유모델 '포니'

- •1973 한국방송공사 발족
- •1975 서울-부산 장거리 통신망

- •1970 오사카 만국박람회/일본

- •1981 정연종의 '국풍81'포스터
- •1983 서울올림픽 휘장제작/양승춘
  *서울올림픽 마스코트 제작/김현
- •1984 86아시아경기대회 휘장 제작/김현
  *대한항공 CI 도입
- •1985 한국전기통신공사 CI 도입
  *88 서울장애자올림픽 마스코트 및
  휘장 제정

- •1986 미국에 현대 '포니,엑셀'수출 개시

- •1980 컬러 TV방송 시작
- •1981 한국통신 발족
- •1988 핸드폰의 개념

- •1997 2000년 이코그라다총회 서울 유치

- •1992 최초의 과학위성 '우리별1호' 발사

AD 1960

- •1963 그래픽디자인협회(ICOGRADA)창립
- •1956 IBM 로고마크 세직/플린트

- •1964 화상전화기 개발
- •1968 최초로 터치스크린 사용

- •1962 컴퓨터에서 최초로 라이트팬 사용
- •1963 최초로 마우스 사용

AD 1970

- •1972 컬러복사기 발명
  *뮌헨올림픽 피토그램 디자인
  /오틀아이혀
- •1979 최초의 레이저 인쇄복사기/IBM

- •1974 폭스바겐자동차 '골프'출시

- •1970 비디오 디스크 발명
- •1973 최초의 LCD계산기/*팩스 상품화
- •1974 전화카드 발명
- •1978 소니사 워크맨 생산
- •1979 컴팩트 디스크 완성

- •1971 스캐너 발명
- •1977 애플 PC 등장/미국

AD 1980

- •1980 레이져 프린터기 소개
- •1989 어도비사 포토샵 개발

- •1982 일회용 카메라

- •1985 CD-ROM 개발
- •1986 PC워드 프로세서 출시

AD 1990

- •1995 윈도우95' 개빌(마이크로소프트시)

AD 2000

- •2000 이코그라다 밀레니엄 서울대회 개최
  *이노디자인 스마트폰으로
  비지니스위크 최우수상
- •2001 한일월드컵공식포스터 발표
- •2002 안상수 한글상상전

2002 FIFA WORLD CUP KOREA JAPAN

- •1960 ~ 팝아트, 옵아트, 키네틱아트
- •1977 ~ 포스트모더니즘

- •1966 중국문화 대혁명
- •1969 아폴로11호 최초로 달착륙
  /지구에 생중계

- •1971 핫팬츠 유행
- •1972 영화 '대부'
- •1973 피카소 사망

- •1981 TGV 고속열차 운행/프랑스
- •1982 스와치 손목시계 개발
  *스필버그의 'ET'
- •1989 루브르박물관 유리피라미드/영국 세계 최초의 디자인 박물관

- •1994 영,프 해저 터널 완공
  *IBM과 애플 PowerPC칩 개발

Contens

제4장 디자인 경영

제5장 디자인 마케팅

제6장 뉴미디어 시대

제1장 디자인 소사(小史)

1. 빅토리아시대
2. 미술공예운동
3. 아르누보시대
4. 다다
5. 바우하우스
6. 1930년대의 디자인
7. 후기 산업사회의 디자인
8. 포스트모더니즘
9. 세기의 혁명과 디자인 패러다임의 변화

1. 빅토리아(Victoria) 시대

'빅토리아'는 영국의 빅토리아 여왕(Victoria, 1819~1901) 시대를 지칭하는 것이다. 1837년 대영제국의 왕위에 오른 후의 오랜 통치기간을 19세기라 할 수 있다. 그것은 바로, 19세기의 2/3를 차지하였으며 당시는 영국이 세계를 지배한 시기이기 때문이다.

빅토리아 시대의 디자인은 일반적으로 과잉장식의 저속한 취미를 보여준다. 복잡하고 화려한 것을 좋아하는 빅토리아 사람들의 취향은 주택 건축에도 '야하고 번지르르하고 값싼' 목각장식이나 은식기에서 힘없는 화려한 곡선들로 이루어진 대형가구에 이르기까지 잘 나타나고 있다. 특히 그래픽 이미지와 디자인에서는 가정, 종교, 그리고 애국이라는 전통적 가치관을 달콤하고도 경건하게 표현하였다.

감상주의, 노스탤지어, 그리고 이상화된 미(美)의 기준이 어린이, 젊은 처녀, 강아지, 꽃 등의 이미지들로 표현되었다. 이러한 디자인 취향은 그래픽 디자인의 장식적인 가장자리 처리와 글자의 불필요한 장식에까지도 적용되었다.

과잉장식의 정점의 하나는 1851년 세계 최초의 만국박람회 심볼(Symbol)이었던 철과 유리로 구성된 수정궁(Crystal Palace)이다.(그림1)

(그림 1) 수정궁(Crystal Palace):
사전적 의미, 런던 교외 Sydenham에 있었던 오락관

수정궁은 박람회장의 건축물로써 모두 철재와 유리로 되어 있는 것으로 기존에 활용되었던 일체의 건축상의 선입견을 배제한 전혀 새로운

것이었다.

무엇보다 선례가 없는 것은, 철이나 유리 같은 재료보다도 조립식의 방법이다. 6,024개의 단철 기둥, 1,245개의 철제 들보, 그리고 45마일의 표준형으로 80만 평방 피트인 이 수정궁은 단일 건물로써 가장 큰 것이었으며 조립식으로 공사기간을 단축하여 비용을 절감하였다. 이것은 그 시대 대부분의 사람들에게 있어 이전의 어떠한 스타일과도 같지 않았기 때문에 무-스타일(styleless)로 보이기도 하였다.

빅토리아 시대는 근대적인 시각전달 디자인의 전초적인 역할을 하였으며 상표(Trade Mark)도 이 시기에 등장하였다. 제품의 포장(Package), 레이블(Label) 등에서는 근본적으로 불필요한 장식과잉을 발견할 수 있으나 디자인의 본질에서는 소박함을 엿볼 수 있다.

행사 또는 행사에 필요한 물품 등 신제품을 알리기 위한 포스터 등이 증가하였으며 특히, 극장 포스터와 같이 장소나 제목을 매일 인쇄하여 선전하는 빌(Bill)에 있어서는 연활자(鉛活字)를 사용하였고 대문자는 목활자(木活子)를 사용하였다. 이러한 타입 페이스(Type Face) 디자인은 알파벳 디자인의 새로운 변화를 가져오게 하였다. 오늘날 우리가 사용하는 영문활자체의 기초는 이때 완성된 것이다. 기능주의자들이 즐겨 사용한 산세리프(일반적으로 Gothic이라 함)체도 1930년대에 출현하였다.

19세기의 시각전달은 주로 문자로 구성되었으며 그림을 이용한 포스터는 시험단계에 있었다. 연극 포스터는 장면, 장면을 동판화를 이용해 부분적으로 인쇄하였고 제품의 형태가 컷 양상으로 포스터나 카드에 나타났다. 사실상 이러한 현상들은 후세에 나타난 시각전달의 시대적 교량 역할을 하였다.

빅토리아 시대의 대중적 그래픽을 대량으로 생산해 낸 매체는 바로 착색 석판화이다. 석판은 물과 기름이 섞이지 않는다는 단순한 원리에 그 기초를 두고 있다. 평평한 돌 표면에 유지(油脂)로 만든 크레용이나 연필 혹은 펜으로 그림을 그린 다음 물을 뿌리면 그림을 제외한 부분에 물이 묻게 된다. 그 위에 기름 잉크 롤러를 돌 위에 굴려 젖은 부분이 아닌 그려진 부분에 잉크가 묻게 하는 원

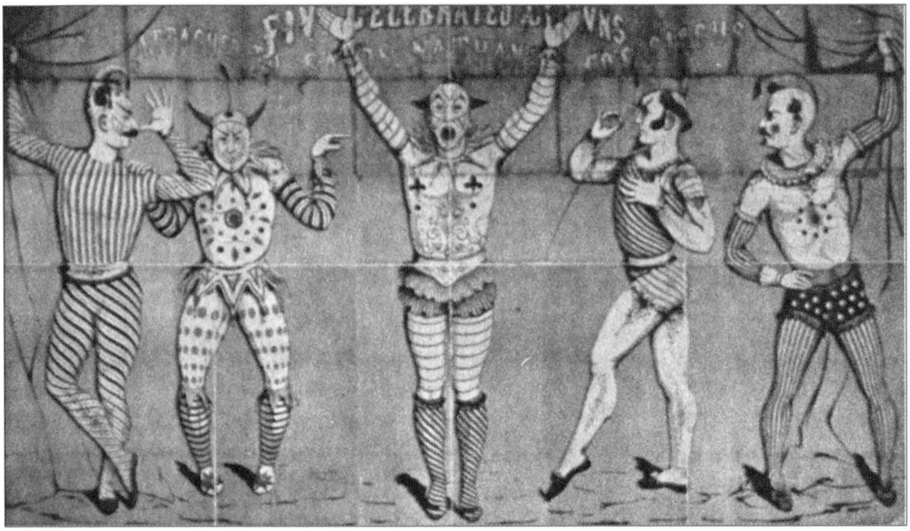

(그림2) 조셉 모스(Joseph Morse)가 제작한 색채 목판 포스터 1856년 344㎝×262㎝

리이다. 이것은 채색된 사실적인 그림들을 수천 장씩 인쇄하는 것을 가능하게 해 준다. 석화는 대중의 커뮤니케이션에 좀더 회화적인 접근을 가능하게 만든 그래픽 매체이다.

1840년대 후반에 아트디렉터이며 출판업자, 공연물의 제작자, 의상 디자이너들의 고문이었던 루숑(Rouchon)이 제작한 포스터들은 간결성으로 얻어지는 그래픽적인 충격을 시도하였다. 또한 루숑은 폴 보드리(Paul Baudry, 1828~1886)를 비롯하여 당대의 유명한 화가들에게 디자인을 위탁했다.

루숑이 제작한 포스터 디자인들의 특성은 당시의 전형적인 그래픽 디자인과는 대조적으로 유례없이 밝고 때로는 강렬한 대비의 색채를 사용하여 사인보드의 상(像)들이 약동하는 것처럼 보이게 한다.

한 예로 1856년 샌즈와 나단 서커스단을 위해 뉴욕의 조셉 모스(Joseph Morse)가 디자인한 색채목판 포스터(그림2)이다. 이 거대한 목판 포스터는 이어 붙일 수 있도록 조각조각 분리되어 인쇄되었다. 거대한 규모의 빌보드는 실물 크기의 인물상을 그렸는데 다섯 명의 곡예사들의 모습이 강조되고 포스터의 헤드 카피는 배경에 희미하게 물러나 있다.

영국에서는 1871년 올림픽 극장에서 공연된 「백의(白衣) 여인」(그림3)의 포스터를 영국 최초의 비쥬얼 포스터로 간주하고 있다. 이 포스터는 화가이자 일러스트레이터였던 프레데릭 워커(Frederick Walker, 1840-1875)가 목판 조각을 담당했다.

워커가 디자인한 유일한 포스터인 이 그림은 행인들의 관심을 끄는 활자와 더불어 거기에 그려진 인물의 극적인 모습으로 당시 런던에서 대단한 화젯거리를 불러 일으켰다. 이 포스터는 디자인에 있어서 하나의 분수령이었다.

(그림3) 프레데릭 워커(Frederick Walker) 작. 「백의(白衣)의 여인」, 1871.
대형 목판 포스터로 문틀 및 레터링의 직사각형 형태와 대조를 이룬 의상의 흐름은 그림으로써 흐르는 그래픽적인 느낌을 준다.

큰 규격의 종이 위에 화려한 색상으로 미모의 젊은 여배우의 모습을 인쇄한 쥬르-쎄레(Jules Cheret, 1836~1933)의 포스터는 파리대중의 관심을 끌기에 충분하였다. 주로 사라 베른하르트(Sarah Bernhardt)라는 당대 최고 여배우의 공연 내용을 알리는 극장 포스터로써 이전까지 보지 못했던 칼라 포스터의 출현은 다른 어떤 표현매체보다도 압도적인 힘을 가졌다는 사실을 사람들에게 인식시켰다.

빅토리아 시대의 그래픽에서부터 아르누보 양식으로의 전이는 파리에서 작업하던 두 명의 그래픽 아티스트인 쥬르-쎄레와 위젠느 그라세(Eugene Grasset, 1841~1917)에 의해 점진적으로 진행되었다. 쥬르-쎄레는 당시 기술이 우월한 영국에서 색채석판술을 배워 프랑스에 돌아와 파리에 공방을 개설한 뒤 포스터 디자인에 몰두하였다. 쥬르-쎄레의 포스터가 가두를 장식할 무렵 다른 화가들도 이에 자극을 받아 실험적인 제작들을 했다.

피에르 보나르(Pierre Bonnard)도 로트랙(Henri de Toolouse Lautrec)의 권유로 4매의 포스터를 제작하었다. 로트렉은 석판술에 흥미를 가지고 불편한 몸으로 몽마르트 공방에서 열심히 제작에 임하였으며 초기에는 메뉴, 삽화 등 소품부터 제작하기 시작하였다. 그의 최초의 포스터인 「물랑루즈」는 1891년의 작품으로 정성을 기울여 제작하였으며 현존의 대표작으로 남아 있다. 물랑루즈는 근경, 중경, 원경으로 구분하여 화려한 색상으로 처리되어 있으며 카피도 자신이 직접 삽입하였다. 그는 그의 짧은 생애에 걸쳐 무려 300매 이상의 석판화를 제작하여 후세인을 놀라게 하고 있다.

로트렉뿐만 아니라 당시 다른 예술가들의 포스터 제작 참여는 19세기 파리 사람들에게 새로운 매체시대의 감각을 거리의 예술로써 환영받게끔 하였다. 색채 포스터의 출현은 시각전달의 측면에서 매우 효과적이며 강한 인상을 일반인들에게 줄 수 있다는 점을 사회적으로 고취시켰으며 그 존재를 다시 확인하게 되었다.

2. 미술 공예 운동(Art and Crafts Movement)

이 운동은 사회적·도덕적·예술적 혼란상태에 대항하여 영국에서 꽃 피웠던 운동이다. 예술공예 운동의 지도자는 윌리엄 모리스(William Morris, 1834~1896)이다. 모리스는 옥스포드 재학시절 작가이자 화가였던 존 러스킨의 저서 『베니스의 돌(The Stones of Ve-nice)』을 접하게 되고 크게 감명을 받았다.

모리스가 베니스의 돌이라는 책에 심취하고 영감을 얻은 부분은 2권 6장의 내용은 다음과 같다.

① 거칠 것
② 변화에 넘칠 것
③ 자연존중
④ 괴기성
⑤ 강직성
⑥ 상부(上部)형태가 과잉될 것

등의 6가지 요소를 열거하고 그에 따른 설명을 첨부하고 있다. 거친 것이 좋다고 하는 러스킨은 불완전성을 중요시하였다. '불완전성은 어떤 의미에서는 모든 생명의 본질적인 것이며 유한한 생명의 표상 즉, 진보와 변화상태의 표상'이라고 하였다. 거기에 반해 '완전성은 기계의 원리에 의해서만 성립된다.' 라고 하였다.

그는 또 '제군들은 이 문제에 관하여 엄정한 선택을 하지 않으면 안 된다. 제군들은 이 인간을 기구로 하든가, 그렇지 않으면 그것을 인간으로 하든가 하지 않으면 안 되는 것이다.' 라고 하였다.

러스킨은 고딕의 특징을 다음의 요소로 특징지웠다. '고딕 건축은 정확한 완전성을 강조한 노예의 작품이 아니라 소박하고 자유로운 인간이던 공인의 손에 의하여 이루어진 것이다. 고딕이 뛰어난 예술일 수밖에 없었던 것은 바로 이점에 있다.' 고 주장하는 것이다.

그 당시의 건축물은 모두 섬세하고 부드러운 이미지로 그동안 활용되었던 디자인에 비해 생소한 것이었다. 또한 모든 산업공예는 보잘것 없는 과잉장식된 것들이었다. 1850년경의 영국은 낙관주의가 지배하고 있었다.

제조자와 상인의 활발한 활동 덕분에 이전

레드 하우스
필립 웹이 디자인 한 '빨간 집'은 주택 건축에 있어 하나의 이정표이다. 대칭의 피사드(Facade) 뒤에 직사각형의 상자처럼 딱딱한 방들이 아닌 , L자형 설계는 기능적인 내부 공간 설계에서 비롯된 것이다. 내부의 요구에 응해 여기저기에서 외부의 피사드가 밖으로 돌출되기도 하고 안으로 들어오기도 했다. 그집에 가구를 들여 놓으려 할 때 모리스는 갑자기 빅토리아 시대의 제품과 가구디자인에서 놀라운 품위를 발견한다. 그래서 수년 동안 '빨간 집'의 가구와 스테인드글라스와 타피스트리의 제작을 지휘했다.

에 누릴 수 없었던 부를 축적함으로써 부르주아의 지지에 둘러싸여 선정을 베풀 수 있었던 빅토리아 여왕과 남편 앨버트 공에 의해 세계 제일의 공장과 성공한 귀족들의 천국이었다. 사회가 이러한 상황에 처하게 된 것은 산업혁명과 1800년 이래 개시된 미학의 학설에 있었다.

러스킨과 모리스가 구현하고자 한 이상의 세계란 인간이 자유롭고 즐거운 생활을 보낼 수 있고 자연미가 손상되지 않고 고귀한 예술이 얻어질 수 있는 조직과 환경이었다. 생활을 청결하고 안락하게 하기 위해서는 올바른 예술이 필요하며 그 올바른 예술의 표본은 고딕의 건축과 중세 공인의 작업성격 속에 있다고 주장한 것이다. 올바른 사회를 만들기 위해서는 예술이 필요하며 올바른 예술은 곧, 일상생활을 풍요롭게 할 뿐만 아니라 인류를 올바른 방향으로 이끌어 간다는 것이다.

이처럼 올바른 예술을 낳기 위해서는 훌륭한 공인이 자랄 수 있는 자연환경을 만드는 일과 함께 산업혁명에 의하여 생겨난 사회의 왜곡을 시정하여야 한다고 하는 생각에 뒤따르는 추이로써 그들은 모두 사회주의 운동으로 향했던 것이다.

윌리엄 모리스(William Morris, 1834~1896)

수공예의 부활이라고 하는 그의 작업은 건설적이었으나 그의 교설(敎說)의 본질은 파괴적인 것이 되었다. 수공예만을 추구하고자 하는 그의 호소는 중세기적인 원시상태로 되돌아가자고 주장하는 것이며 그것은 곧, 르네상스 이래 도입되어졌던 모든 문명의 수단을 파괴하자는 것이기 때문이다. 물론 그 또한 그러한 상태까지를 바라지는 않았을 것이다.

그러나 그는 자신의 공장에서는 중세기 이후의 어떤 생산방식도 사용하지 않았기 때문에 결과적으로 그 작품은 모두 비싼 것이 되었다. 고급의 미술 수공예품은 오직 소수의 사람들에게 팔리는 것은 당연한 일이었다.

윌리엄 모리스의 직물

모리스는 '민중에 의한 민중을 위한' 예술을 원하면서도 '모든 예술은 시간과 노력과 사색을 요한다.'는 이유로 싼 가격의 예술은 불가능하다는 것을 시인하지 않을 수 없었다. 따라서 모리스의 예술은 역시 소수인을 위한 예술이 되었으며 이전에 자신이 비판한 바와 같은 소수 부유층을 위한 예술이 되고 말았다. 이처럼 윌리엄 모리스의 생애를 건 투쟁은 한 편의 희극이었다.

모리스는 '나는 소수인을 위한 예술은 원치 않는다. 마찬가지로 소수인을 위한 교육도 소수인의 자유도 원치 않는다.' 라고 말하였다. 뿐만 아니라 '만인이 나누어 가질 수 없는 것이라면 예술이 무슨 소용이 있겠는가?' 라는 중대한 질문을 던졌다. 이점에 국한한다면 모리스는 근대 예술의 아버지였다.

그래서 일반인들의 주택이 다시금 건축가들의 사고 대상이 되었으며 의자나 벽지나 화병이 예술가의 상상력을 발휘하게 되는 대상으로 되어졌던 것은 모두 모리스의 덕택이다. 그리고 기계기술을 저급한 것으로 취급하였다.

아름다운 자연을 잠식해가는 근대 기계문명을 원망하는 러스킨의 사고가 그대로 모리스에게 전해짐으로써 경쟁적인 상업주의에 대한 비판, 분업제도의 기계적 노동이 부당하다는 것에 대한 강조, 자본주의적 독점 계급제의 부정, 인간평등을 주장하는 길로 향하게 한 것이었다. 그러나 그는 수작업을 옹호하여 제품에 따른 가치를 높여 비싼 값에 판매됨으로써 자신이 추구하고자 했던 이상의 실현을 모순 속에 빠뜨렸던 것이다.

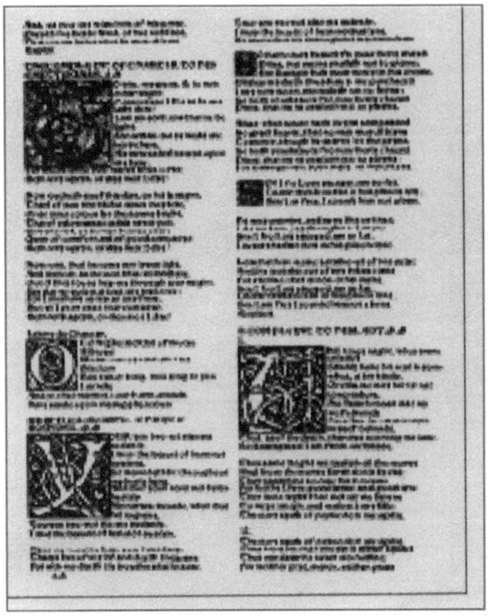

윌리엄 모리스가 제작한
「지오프리 초서 전집」의 본문 페이지, 1896년.

모리스는 기계에 의한 제품디자인의 통속성과 개성의 추락을 경고하고 수공예에 따른 아름다움을 재인식시키려는 운동을 주창하였으나 불행히도 그의 이러한 사상이 다음 시대와 연계되지 못하였다. 그러나 그 당시 활약상은 빅토리아조의 디자인사에 중요한 전환점으로 간주되고 있다.

3. 아르누보 시대(Art Nouveau)

아르누보는 20세기 시작을 전후로 하여 20년간 프랑스, 영국, 벨기에, 독일에서 미국에까지 그 영향을 미친 새롭게 번성했던 장식적 양식이다.

물랑루즈와 같이 연극이나 음악회 등 연예, 오락을 위한 포스터뿐만 아니라 출판물, 자동차, 약품, 식료품 등 생필품의 모든 제품은 거의 전부가 포스터에 의하여 일반 소비자에게 소개되었다. 표현양식에 있어서도 아르누보라는 새로운 미술 양식이 등장하게 되었다. 유연하며 휘어 감긴 선의 구사가 당초 모양

(唐草模樣)과 유사하나 곡선의 패턴은 모든 부분에 적용되고 있다. 포도덩굴, 장미나 백합과 같은 꽃과 새(특히, 공작)와 여성적인 모습 등을 주요 모티브로 하였다.

건축, 실내장식, 가구, 공업제품도 그 영향을 받았으며 시각전달 디자인에서도 Cheret나 Lautrec의 포스터에서 볼 수 있는 것을 비롯하여 문자의 형태, 서적의 장정, 잡지, 표지 삽화 등에 이르기까지 아르누보의 영향을 받고 있다. 아르누보의 대표적 인물로는 영국의 오브리 비어즐리(Aubrey Beardsley)를 들 수 있다.

비어즐리는 잡지, 서적의 삽화 제작에 참여하였으며 흑백의 대비와 화려한 곡선을 구사한 매우 상징적인 일러스트로 주목을 받았다. 그의 이러한 특성이 시각전달 분야에 큰 영향을 주기도 하여 26세란 젊은 나이에 요절한 그를 아르누보라 할 수 있을 정도이다.

당시 포스터 작가의 대표적 인물들을 열거하면, 체코 출신 화가 알폰스 뮤샤(Alfons Mucha)가 있다. 그는 파리에서 여배우, Sarah Bernhardt의 공연을 위한 화려한 장식의 독특한 극장 포스터를 제작하였다. 그리고 프랑스 태생의 일러스트레이터인 유진느 그라쎄(Eugene Grasset) 작품의 구성에 있어 아르누보기의 포스터 작가 중 매우 중요한 위치를 차지하는 디자이너의 한 사람이었다.

데오필 알렉산더 스타렝(Theophile Alexandre Steinlen)은 강력하고 사실적 표현으로 파리 서민을 소재로 한 많은 포스터를 제작한 그 시대의 증언자이기도 하다.

한편 영국에서는 베가스탑(Beggarstaff Brothers)이라는 필명으로 제작했던 제임스 프라이드(James Pryde)와 윌리암 니콜슨(William Nicholson)이 있다. 이 두 사람은 종이를 잘라 만든 듯한 단순한 구성의 일러스트로 독특한 분위기를 창출해냈다.

두들리 하디(Dudley Hardy)는 사실적인 표현가로서 레터링이나 구성에서는 아르누보의 영향을 강하게 반영하고 있으며 이태리에서는 아돌프 호헨스타인(Adolfo Hohenstein)이, 벨기에에서는 헨리 반 데 벨데(Henri Van de

오스카의 희곡 「살로메」를 위한 일러스트레이션, 1894.

아더 왕의 죽음의 전면 일러스트레이션

Velde) 등이 이 시기의 대표적인 작품을 제작하였다.

미국에서는 시카고의 디자이너 윌리암 브레들리(William Bradley)가 잡지(century)와 체크 북(check Book)의 디자인으로 국제적인 명성을 얻게 되었으며 그 외 이 시기에는 독창성을 가진 여러 작가들이 새로운 매체의 총아로 등장한 포스터에 온갖 정성을 기울이게 된다.

인쇄 능력의 대량화가 가능하게 되었으며 교육의 확대에 따라 문자를 해독하는 인구가 증가하고 공업화에 따른 인구의 도시 집중으로 정보의 요구가 신문 보급 확대의 중요한 배경이 되었다.

그 당시 신문을 바꾸어 표현하면 바로 커뮤니케이션이라 할 수 있다. 1814년 영국에서는 증기의 동력에 의하여 인쇄기가 가동되었고, 19세기 중반에서는 권지인쇄(券紙印刷)의 출현으로 매 시간당 1만 8천 부의 신문을 인쇄하고 동시에 접지가 가능한 기계가 등장하기도 하였다.

활자주조의 기술에 있어서도 1876년 리노 타입(Lino Type)이, 1885년에는 모노 타입(Mono Type)이 가능하게 되었으며 이 무렵 사진인쇄를 가능케한 망목 스크린(Half Tone Screen)이 발명되었다. 그 이전까지의 신문은 문자 위주의 편집이었으며 1820년경 영국 신문광고에 일러스트레이션이 삽입되었고, 1830년경에 미국 신문에도 상품의 컷 등 광고물이 많이 게재되기에 이르렀다.

신문과 광고는 불가분의 관계이고 광고도 문자에서 일러스트로 서서히 전환하게 되며 인쇄방법도 처음에는 주로 목판에 의한 것이었으나 점차 정확한 상품의 2차원적 · 사실적 재현으로 보는 사람에게 그 상품의 효과를 선명히 강조하게 되었다.

시각 전달이라는 표현 장르가 대량 전달의 주체로써 오늘에 이르기까지 신문이라는 커뮤니케이션 매체의 역할을 잊어서는 안 된다. 1870년대 초기, 잡지의 발행이 다양해짐과 동시에 적극적인 일러스트가 활용되었으며 직접적인 시각 전달 매체라 할 수는 없으나 중요한 커뮤니케이션 역할을 하는 우표가 1840년 영국에서 최초로 발행되었는데 빅토리아 여왕의 초상을 흑색 1도로 인쇄한 것이었다.

19세기 인쇄물의 풍성함은 범람이라 할 수 있을 정도였다. 그러나 그 표현 형식에 있어서는 기본적으로 시메트리

알폰스 뮤샤 작.
『트리폴리의 일제 공주』를 위한 일러스트레이션1901. 5개의 각기 다른 석판석으로 인쇄한 것으로 윤곽선은 짙은 청회색을 지니고 있으며 전체적으로 옅은 청회색, 황금색, 핑크색, 노란색, 갈색 등으로 이루어져 있다.

알폰스 뮤샤 작.
1898, 담배말이 종이 회사상표인 욥(Job)의 포스터. 진한 자주색 배경에 차가운 느낌의 녹색 글자가 따뜻한 분홍색과 대비를 이루고 있으며 여인의 갈색머리가 잘 조화되어 있다.

(Symmetry)에 치우치는 보수적인 구성에서 탈피하지는 못하였다.

아르누보가 보수적인 양식을 파괴하는 징후를 보이긴 했으나 20세기가 시작되고 세기말의 여운이 냉각상태에 있을 무렵 시인 마리네띠(Filippo Tommaso Marinetti)에 의한 'Free Typography' 즉 '상식적인 시각에서의 해방'을 주창한 1909년의 '미래파 선언'은 근대화를 향한 진일보의 중요한 계기가 되었다.

이탈리아의 시인 필리포 마리네티(Filippo Marinetti)는 미래주의를 모든 예술이 과학 · 산업사회의 새로운 현실을 배경으로 자체의 관념 및 형식들을 시험하기 위한 혁명적 운동으로 확립시켰다.

마리네티에 동조한 다섯 명의 예술가들은 '모든 종류의 모방을 완전히 무효화하라' '독창성을 가진 모든 시도를 고양하라' 등의 선언을 하기에 이른다.

이 선언은 전쟁, 기계문명 시대, 스피드 그리고 현대적 삶 등에 대한 열정을 표명한 것이었다. 어떤 지면에서는 서너 가지의 잉크 색깔과 스무가지가 넘는 활자체를 사용하기도 하였다. 이러한 것은 얽매임이 없는 동적인 움직임과 금방 폭발할 것 같은 스피디한 속도로 다양하게 나열되었다.

요컨대 '자유로운 타이포그래피'와 '자유로운 언어' 등으로 불리어진 새로운 회화적인 타이포그래픽 디자인의 인쇄지면이 탄생된 것이다. 마리네티와 그의 추종자들은 정확한 구문과 문법을 무시하고 격정적이고 감정이 충만한 시를 썼다. 구텐베르크의 활자 발명 이래 대부분의 그래픽 디자인은 엄격한 수평 내지 수직적인 구조를 가지고 있었다. 미래파의 시인들은 이러한 속박들을 타파한 것이다.

그들은 전통의 제약에서 벗어나 사진으로 복제하기 위해 단어 및 활자체들을 적당한 곳에 풀로 붙임으로써 이루어진 동적이고 비선적인 구성으로 지면에 활력을 불어 넣었다.

미래파의 화가들은 입체파에게서 많은 영향을 받기도 하였지만 그러한 영향 외에 움직임의 에너지, 그리고 영화와 같은 연속성을 표현하려 하였다. 그들은 하나의 미술 작품에 여러 시점들을 제시하는 것과 동시적인 존재 혹은 사건을 표현하기 위해 시각예술 분야에서 동시(Simultaneity)란 말을 처음 사용하였다.

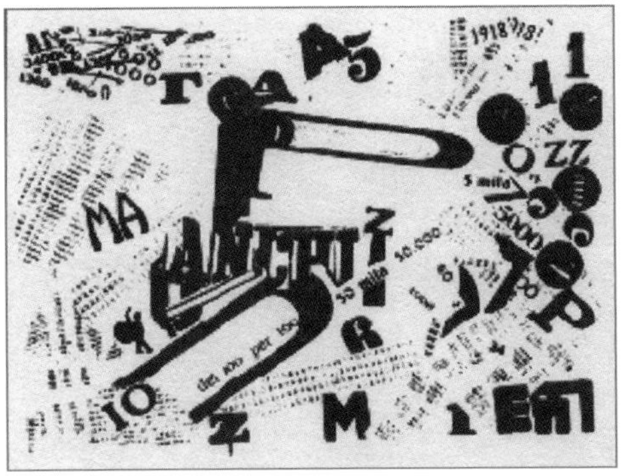

필리포 마리네티의 타이포그래피

미래파(Futurism)의 영향에 따라 칸딘스키(Wassily Kandinsky)의 추상회화나 말레비치(Kazimir Severinnovich Malevich)의 절대주의(Suprematism)를 파생하게 되었으며 입체파나 미래파의 기계적 개념은 절대주의적 추상화를, 조형을 중심으로 한 구성주의(Constructivism)가 그래픽 디자인에 큰 영향을 주게 한 것이 바로 이때이다.

이와같이 1910년 이후에는 모던이라는 새로운 양식의 디자인 운동이 시작되었고 시각 전달 분야에 있어서도 획기적인 현상의 발흥과 동시에 일반대중에게 시각 디자인 의식이 고조된 시기이다.

1914년에 발발한 1차 세계대전은 디자인 전반의 이같은 현상과는 달리 시각 매체가 하나의 기술로 전용되었고 포스터의 효력이 명확하고 확고해짐과 동시에 각국에서는 전의 고취, 국가 전선에 적극적으로 이용하였다.

평화적인 목적으로 사용되어져야 할 시각 전달 매체가 군사적 목적으로 사용되고 문자로 된 포스터보다는 일러스트가 주제가 되는 중요한 전환점의 계기가 되었다.

4. 다다(DADA)

전쟁 중인 1916년 다다이즘(Dadaism) 운동이 일어나고 1919년 창간된 기관지 『다다』는 기성예술 형식의 파괴를 주창하는 구체적 표현을 시도하였으며 다다에서 파생한 초현실주의(Sur-Realism)가 표현의 영역을 확대하였다.

그들은 세계대전의 공포, 유럽 사회의 타락, 기술진보에의 맹목적인 신앙의 천박성, 격동기에 처한 대륙에서의 종교 및 인습적 도덕률의 무력함 등에 과감하게 반항하였다. 그들은 또한 이미 결정되어져 있는 계획과 무의식적인 우연적인 행위를 결합함으로써 타이포그래피의 전통적인 틀에서 벗어날 수 있게 하였다.

1917년 데오 반 도스버그(Theo van Doesburg)와 피에트 몬드리안(Piet Mondrian)의 형성의 순수성에 대한 주장은 신 조형주의(Neo-Plasticism)라 칭하게 되었다. 그리고 기관지 『데 스틸(De stijl)』은 1917년부터 1932년까지 발간되었다.

이와 같이 1910년대 이태리에서는 미래파, 불란서, 스위스, 독일에서는 다다가, 네덜란드에서는 데 스틸이, 절대주의와 구성주의는 러시아에서 서로 지역을 달리 하여 새로운 양식의 미술 개념이 태동되고 이 모든 창조들은 근대적 그래픽 디자인에 큰 영향을 주었으며 시각 전달 디자인의 표현 가능성을 증대하였다.

혼란스러운 세계의 이념에 반기를 든 다다예술은 모든 전통을 부정하고 거부하며, 파괴적인 성향을 보이기까지 하였다. 다다는 이 운동의 어원에 대해서조차 의견이 난립하여 다다의 혼란상을 단적으로 보여주고 있다.

이 운동의 명칭은 사전을 마음대로 펼쳐 제일 먼저 눈에 띄는 '어린애의 장난감 목마' 라는 뜻인 'dada' 란 단어를 끄집어 낸 것이다.

1919년 개교한 바우하우스(Bauhaus)에서 시각 전달 디자인은 주요 과목이 아니었으나 공방에서 제작이라든가『바우하우스』14권을 기관지 바우하우스와 같이 발행함으로써 사진과 타이포그래피의 취급을 현대적인 커뮤니케이션으로 제시한 것은 획기적인 일이다. 당시 바우하우스의 교수였던 나즐로 모홀리나기(Laszlo Moholy-Nagy)와 허버트 베이어(Herbert Bayer), 그리고 슈미트(Joost Schmidt)에 의하여 이루어진 교육내용이었다.

베이어(Herbert Bayer)가 창작적인 활자 서체인 유니버셜 타입(Universal Type)은 소문자로만 된 자체(Letter Type)로써 대문자는 불필요하다는 기능주의적인 사고에 기인하였다. 이러한 양식은 일반적으로 (바우하우스 스타일)이라 하지만 바우하우스의 그래픽은 당시 이미 유럽 대륙을 휩쓸던 데 스틸이나 구성주의 영향을 충분히 받았었다는 사실이 중요하다.

문자의 조형적 표현에 있어서는 당시 이 분야에 독보적인 위치를 차지했던 독일에서 태어난 얀 치홀드(Jan Tschichold)를 들 수 있다. 그의 저서『New Typography』는 1928년에 발행되었으며 비대칭형(Asymmetry)으로 대비(Contrast)되고 명쾌한 표현은 근대적인 타이포그래피의 명저로 꼽히고 있다.

이와 같은 새로운 양상들은 전위적인 화가나 디자이너들의 부단한 실험 정신에 의해 이루어진 금세기 초 디자인계에 분수령을 이루고 있는 빛나는 성과라 할 수 있겠다.

1) 구상적 일러스트레이션

정면에 나서서 세상의 모든 것들에 반대 의견을 제시하는 반종적 성향의 다다에 맞물려 다다와 프랑스의 젊은 작가 및 시인들은 '현실의 배후에 숨어있는 실재 세계보다 더욱 진정한 직관과 꿈, 그리고 무의식적 영역(심리학자 프로이트의 이론에 입각한) 등을 세계를 추구하는 그룹이었다.

그들은 초현실주의 선언(초현실 주의, 남성명사. 말 혹은 글로써 사고의 진정한 기능을 표현하기 위

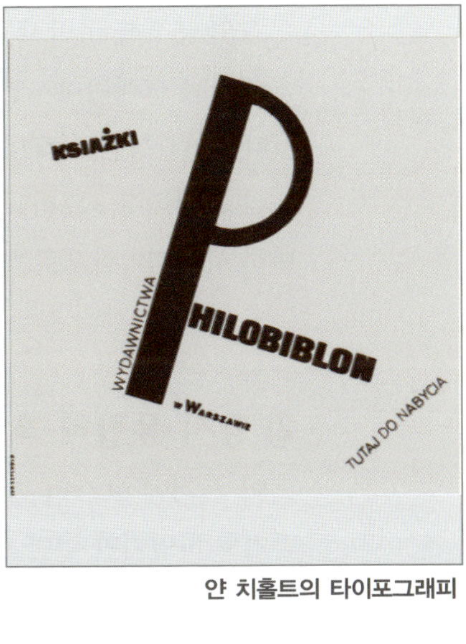

얀 치홀트의 타이포그래피

한 방법으로 순수한 영적 자동 기술법. 이성에 의한 통제와 모든 미 학적, 도덕적 선입관이 배제된 상태에서 구술된 사고)에 나오는 잠재의식적인 것의 신비 등의 의미가 포함되도록 하였다.

다다가 인습을 거부한 부정적, 파괴적 운동이었다면 초현실주의는 인간과 인간정신에 대한 시적인 신뢰를 부르짖는 것이었다. 그래서 직관과 감수성이 자유로워질 수 있었던 것이다. 초현실주의에 가담하였던 많은 예술가들 중 몇몇은 시각 전달 미술에 중대한 영향을 끼쳤다. 그 중요 영향은 사진과 일러스트레이션이다.

독일의 다다이스트인 막스 에른스트(Max Ernst, 1891~1965)는 그래픽 커뮤니케이션에 이용할 수 있는 많은 기법들을 선보였다. 19세기 소설과 카탈로그에 나타난 목판화에 매료된 에른스트는 콜라주 기법으로 목판화들을 재창조하여 새로운 일러스트레이션의 이미지를 창출하였다. 그의 프로타주 기법은 종이 위에 직접 구성하기 위해 탁본의 방법을 택하였다. 이러한 기법에 의해 그는 새로운 이미지들을 제시하면서 상상력과 직감력을 마음껏 발휘하였던 것이다.

초현실주의 이미지들은 비현실적인 꿈의 몽롱한 분위기들을 연출한다. 벨기에의 초현실주의 화가 르테 마그리트(Rerte Magritte, 1898~1967)는 불안정하며 불명확한 척도의 변화를 이용하고 중력 및 빛의 법칙을 무시하고 의외의 병치법을 고안하여 실재와 환상, 진실과 허구간의 시적인 조화를 유지하였다.

그의 풍부한 이미지들은 시각 전달 미술에 많은 영감을 주었다.

이처럼 그래픽디자인에 영향을 미친 초현실주의 영향은 다방면에 걸쳐 나타났다. 인간정신의 해방과 다양한 기법들의 제시, 환상과 직관의 시각화 작업 등이 그것이다. 그러나 불행히도 그러한 관념 및 이미지들은 대중매체에서 빈번히 사용되어짐으로 해서 평범화되었다.

2) 당시 유럽의 포스터

이 시기에 포스터 제작에 몰두한 디자이너들은 입체파 및 구성주의 영향을 받기도 하였지만 일반 대중에게 설득력 있는 포스터를 제작하기 위해 의미 있는 상징적인 이미지를 창조하려고 노력하는 한편, 화면의 전체적인 레이아웃에 대해서도 많은 관심을 기울였다.

제1차 세계대전(1914~1948) 동안 포스터는 그 어느 때보다도 전달매체로써의 역할을 확실히 하였다. 인쇄기술의 발달과 전파매체의 보급이 미비함에 따라 포스터는 선전과 시각적 설득의 주요 수단으로 자리잡은 것이다. 부족한 병력을 보충하고 전쟁에 대한 폭 넓은 지지를 얻기 위한 국민의 사기진작은 물론, 자국의 몰락을 방지하기 위한 모금운동, 자원의 고갈을 막기 위한 자원 보존 등에 이용되었다.

히틀러는 세계 제1차대전 동안 예술적으로 디자인된 영국과 미국의 작품들이 독일과 오스트리아에서 사용한 작가개념상으로는 단순하지만 보다 설명적인 작품들보다 그 효과면에서 뒤떨어진다는 확신을 가졌다. 히틀러는 시각적인 선전에 매우 비상한 머리를 지니고 있었다. 나치당의 상징인 스와스티커(卍)는 회색의 원 안에 스와스티커가 검게 그어진 붉은 완장을 채택하여 사용하였으며 나치 돌격대의 세력이 증가함에 따라 사용은 더욱 확대되었다.

나치당은 홀바인에게 포스터 작품을 의뢰했는데 그것은 홀바인의 작품성격이 효과적인 선전에 대한 히틀러의 생각과 일치했기 때문이었다. 히틀러가 독일 국민을 향한 연설에서 독일 국민의 우월성과 독일 운동선수들의 당당한 승리에 관해 종종 역설하였으므로 홀바인은 이러한 이미지들을 포스터에 담아 제작하였다.

히틀러의 상징은 시각적 표현을 통해 더욱 구체화되었으며 보는 사람에게 그 이미지들을 반복해서 주입시킴으로써 나치의 권력을 더욱 강화하였다.

카싱드르의 대담하고 단순한 디자인들은 2차원성을 강조하고 있으며 넓고 단순화된 색채면들로 구성되어 있다. 그는 주제를 도해에 가가운 상징으로 단순화 시킴으로써 종합적 입체주의에 매우 가깝게 접근하였다.

그는 디자인과 질에 있어서도 일대 혁신을 일으킨 활자체들을 개발하기도 하였다. 그 당시의 다른 디자이너들과 마찬가지로 현대의 각 사조들을 이해하고 이러한 지식을 시각 전달에 응용하였다.

또 다른 대표적인 디자이너는 폴 콜린(Paul Colin, 1892~)이다. 프로그램

표지나 포스터에서 가장 흔한 디자인 구성 방법은 채색한 바탕 위에 인물 또는 사물을 우선적으로 배치한 다음 이 상의 위 아래 또는 위 또는 아래에 활자나 레터링을 집어넣는 것이다.

그의 작품을 가치 있게 만들어 주는 것은 그의 작품 대부분에서 보여지는 단순한 스케치풍의 성격이다. 그가 제작한 포스터 수만도 1,000~2,000여 점 정도로 추산된다. 따라서 그가 그래픽디자인에 '아르테코' 또는 회화적 모더니즘의 방식으로 접근하여 가장 많은 작품을 남긴 디자이너라는 것은 이론의 여기가 없다.

5. 바우하우스(1919~1933)

바우하우스는 독일에서 생성된 최초의 조형예술학교이다. 바우하우스 생성 초기 독일에서는 새로운 기계 공업 제품이 일반대중의 주목을 받기 시작했다. 1851년 런던에서 개최되었던 만국박람회에 참관한 독일 참관인들은 수정궁에 전시된 신제품들을 보고 크게 놀랐고 기계기술에 대한 가능성을 새롭게 인식했다.

그에 따라 일부 뜻있는 사람들은 기존의 미술학교들이 마치 양로원과 같은 존재이며 각 미술학교들은 새로운 조형교육을 등한시하고 있음을 개탄하기에 이르렀다.

그 당시 유럽의 미술교육은 두 가지 유형이었다. 하나는 화가나 조각가를 양성하는 순수미술(Fine Art)이고, 다른 하나는 전통적인 공예가를 양성하는, 즉 장인을 육성하는 미술 공예(Art & Craft) 교육이었다.

새로운 조형교육 개혁의 필요성을 인식하고 뜻을 모은 사람들은 DWB(독일공작연맹)라는 단체를 설립하였다. 또한 젬퍼에 의해 산업혁명을 추종, 조형교육을 혁신하자는 풍조가 강하게 대두되었고 이러한 노력으로 후에 바우하우스의 모체가 된 '반 데 벨데 공예연구소'가 등장하게 되었다. 이러한 노력에 힘입어 1919년 3월 바이마르 구 미술대학과 구 공예학교의 교수회의에서 '국립 바우하우스'라 개칭하고 의전성에 청원서를 제출하여 마침내 1919년 4월 1일 바우하우스가 탄생하게 되었다.

바우하우스의 초대 학장은 젊은 건축가인 그로피우스가 맡았다. 바우하우스의 규약은 마이스터, 준마이스터, 직인 및 도제로 구성되며 교육은 6개월의 예비과정을 거쳐 정식 입학이 허용되었다. 체제는 2명의 마이스터가 하나의 공방을 운영하는 것이다. 공방은 인쇄 공방, 도자기 공방, 직물 공방, 석조 공방, 목조 공방, 스테인드글라스 공방, 무대 공방, 제본 공방 등으로 구성되었다.

바우하우스의 기본이념은 두 가지이다. 그 중 하나는 건축을 중심으로 모든 미술 활동을 종합하여 회화, 조각, 건축이 일체가 되는 종합예술을 창조한다는 것이며, 다른 하나는 미술의 기초는 손재주에 있기 때문에 미술가는 모두 수공예로 돌아가야 한다는 생각이다. 그러나 이러한 바우하우스의 기본이념과 체제는 전후(戰後)의 사회적인 분위기와 정치적인 문제로 말미암아 제대로 뜻을 펴지 못했다.

1) 바우하우스의 활동

바우하우스의 제1기는 바이마르 바우하우스(1919~1925) 이다. 구 공예학교의 건물은 공방으로 사용을 하고 구 미술대학의 건물을 본관으로 정하여 사용하였으나 교실은 여전히 부족하였다. 전쟁으로 인하여 공예학교는 병원으로 징발되어 사용되었으므로 공작 도구류는 모두 매각처분되고 공방에는 아무것도 없는 상태였다.

뿐만 아니라 전후의 어려운 경제상황으로 인해 작업장에는 난방장치도 없었다. 그래서 오전에만 수업을 진행하고 과제를 주어 각자 집에서 공부를 해오도록 했다. 그러한 분위기에서도 학생들은 위축되지 않고 학업과 과외활동에 마음껏 정진하여 알찬생활을 보냈으며 학생들의 갖가지 비평 및 시를 게재한 『교환』이라는 학생지도 발행되었다.

이것은 3호 잡지에 그쳤으나 갖가지 주의 주장을 서로 교환하는 전후의 개방적이고 자유로운 분위기의 상징이었다. 실제로 학생들은 다다이즘 또는 신즉물주의(新卽物主義) 등 당시 유행했던 전위적인 경향의 작품을 자유롭게 제작하면서 활발하게 토론을 벌였다.

요하네스 이텐

그 중에는 정치운동에 열중하는 학생도 있었다. 옷차림새 등을 무시한 채 멋대로 행동하면서 밤이 되면 바우하우스 식당에 모여 예술론 및 정치론에 열중했으며 때로는 노래를 부르고 춤추면서 자유분방하게 소란을 피웠다.

그러나 괴테 등 세계적인 문학가를 배출한 문학의 도시 바이마르는 인구 3만가량의 작은 도시이다. 문화의 도시답게 조용한 곳이었으며 또한 보수적인 경향이 강했다. 시와 학생들간의 불협화음이 일기 시작한 것이다. 보헤미안적인 생활 태도를 지닌 바우하우스 학생들은 갖가지 비난을 듣게 되었다. 보수적인 시민들과 급진적이고 보헤미안적이며 자유분방한 바우하우스 학생들이 충돌한 것이 이유가 되어 바우하우스는 바이마르를 떠나게 되었다.

그 후 바우하우스는 뎃사우(1925~1928)로 교사를 옮겼다. 인구 7만의 뎃사우 시는 바이마르와 마찬가지로 전통 있는 문화의 도시로 베를린까지는 약 2시간 정도가 걸리는 바이마르보다는 한결 개방적인 도시이며 발전도상에 있는 공업도시였다. 바이마르와 비교하여 뎃사우에서의 달라진 점은 다음과 같다.

첫째, 교수진의 보강에 따라 행해진 공방 운영을 들 수 있는데 기존에 2인 마이스터 1공방 체제에서 1인 마이스터 1공방 체제로 지도하도록 개정한 것이다. 뿐만 아니라 공방을 기능상으로 분류하였는데 실험공방과 교육공방이 그것이다. 이것은 중요한 개혁 부분인데, 바이마르에서 교육과 생산이 일체가 되도록 진행했던 것에서 비해 두 가지를 분리하여 진행한 것이다.

둘째, 유한회사인 '바우하우스 상회'를 운영한 것이다. 바우하우스의 생산 활동을 발전시키고 원활히 진행하기 위해 그로피우스는 개교와 거의 동시에 바우하우스 제품을 전문으로 판매하는 바우하우스 상회를 설립한 것이다.

바우하우스의 제품은 일반 제조회사와는 다른 차원에서 생각하였다. 우선 제품의 성격을 연구하여 기능적이고 견고하며 값이 싼 아름다운 제품의 제작을 목적으로 하였다. 따라서 공방은 실험실로써 기계공업시대에 알맞는 전형적인 제품 모델을 개발하는 연구실임을 강조하고 있다. 그러나 바우하우스 상회는 제품의 품질이 뛰어났음에도 거래량이 적어 상회 자체의 유지조차 힘들었다.

셋째, 새로운 교사와 마이스터용 주택의 건립이다. 건물의 규모는 건평 약 2,630평방미터, 용적 32,450입방미터인 철근 콘크리트 건조물로 공방, 기술학교, 학생용 작업장의 세 가지 주요부분을 유기적으로 결합한 복합적인 건축이었다. 공방의 건물은 거의 3면이 철제 창틀에 유리를 끼운 벽으로 되어 있어 밝고 경쾌한 인상을 주었다.

교사의 신축과 더불어 마이스터용 주택이 세워졌는데 이는 그로피우스의 설계로 교사로부터 멀지 않은 소나무 숲에 20미터 간격으로 배치되었다. 이 주택은 모두 콘크리트로 지어진 고급주택으로 테라스, 발코니, 옥상정원이 설치되어 있었다. 1926년 여름에 입주한 파이닝거는 곧, 이 주택과 주변환경과의 아름다움에 감격해서 '테라스에 나서면 나무들은 울창하여 빛나는 태양을 반사

바우하우스

칸딘스키 작품

하는 초록색을 마음껏 바라볼 수 있고 나무 끝은 하늘을 향해서 아름답게 솟아 오르고 있다. 여기에서는 모든 것에서 해방된 기분이 된다.' 고 감탄하였다.

넷째, 공방의 활발한 활동을 들 수 있다. 인쇄공방의 일은 이미 바이마르 시기에 모홀리나기가 앞장서서 판화인쇄에서 기계인쇄로 전환하고 있었는데, 뎃사우에서는 더욱 추진되어 판화인쇄는 거의 사라지고 활판인쇄가 등장하게 되었다. 그러던 중 정치적인 오해로 말미암아 바우하우스는 정부로부터 탄압을 받는다. 특히, 세계 도처에서 모여든 많은 학생들과 교수진들은 유태계나 공산국가 출신들이었으므로 이에 대한 정부의 압력과 탄압은 극심했다. 결국, 시(市)의 재정지원은 중단되었고 바우하우스는 이를 방어하기 위해 유한회사인 '바우하우스 동우회' 를 결성하였다. 그러나 그것도 진행이 잘 되지 않았을 뿐만 아니라 회계감사를 받게 되고 1925년 3월 연방 정부로 부터 계약 해제 통보를 받는다. 그래서 바우하우스는 1925년 4월 마이스터 평의회를 거쳐 해산을 결정하고 해산 성명서를 발표한다. 이로써 창립 6년 만에 폐교에 이르렀다.

그 후 초대학장인 그로피우스의 이념을 이어받은 마이어가 새 학장에 취임을 하고 바우하우스는 제3기(1928~1930) 뎃사우를 맞는다. 그러나 학생들의 신임을 얻지 못한 마이어는 자리에서 물러나고 미스 반 데어 로에가 새로 취임하고 바우하우스(1930~1932) 뎃사우를 정립하였다. 그는 이전의 이념을 계승하면서도 정부로부터 의심을 받지 않기 위해 정치적 색채를 배제하였다. 그리고 마이어 시기보다 더욱 건축 교육을 강화하였다. 베를린으로 교사를 옮긴 바우하우스 (1932~1933)는 시립연구소로 대부분의 교수와 학생이 이전하여 뎃사우의 교육을 지속했다. 교육 과정은 3단계로 합계 7학기로 구성되었으며 전문 교육에서 5개 분야를 설정했다.

기금 조달의 목적으로 일반에 공개할 카니발을 개최하였는데 이 카니발은 바우하우스 사람들에게 활력을 불어 넣는 계기가 되었다.

그러나 이러한 분위기에도 불구하고 베를린 경찰은 공산주의 문서를 압수한다는 표면상의 이유로 강제 수색하여 건물을 봉쇄하였다. 이로 인해 바우하우스는 독일에서 완전히 문을 닫게 되었다.

바우하우스

2) 바우하우스의 전승

그러나 독일에서 문을 닫게 된 바우하우스가 완전히 사라진 것은 아니었다. 바우하우스의 정신을 지닌 마이스터들이 미국, 영국, 프랑스 등으로 망명을 함으로써 바우하우스 정신이 전승되었던 것이다. 모홀리나기가 교장으로 있던 뉴바우하우스(1937~1938) 시카고는 미술 산업협회의 후원으로 비영리 교육 기관으로 출발했다.

학교명은 미국 디자인 학교로 교육 프로그램은 뎃사우 교육 프로그램을 기초로 작성하였다. 목표는 수공업 및 기계공업 제품의 디자이너 양성, 박람회, 무대, 전시, 상업미술, 타이포그래피, 사진 등의 디자이너, 그리고 조각가, 화가, 건축가를 양성하는 것이었다. 재정적 어려움을 해결하기 위해 유명한 회사에 원조를 부탁했으나 도움을 받지 못하고 문을 연지 1년도 채 못 되어 해산하게 되었다.

그 후 모홀리나기는 재정 원조에 의존하지 않는 자신의 연구소를 설립하기로 결심하고 시카고 디자인 학교(1939～1944)를 설립하여 재정이 좋아질 때까지 동조자들에게 무보수 강의를 부탁했다. 필요한 설비와 기구는 개인 물품을 사용하도록 하였다. 이러한 노력에 힘입어 1942년에는 처음으로 7명의 졸업생도 배출하게 되었다. 이 시기의 두드러진 교육의 성과는 17가지 특허를 출원하였고 공모전에도 수상한 점이다.

1944년부터는 디자인연구소를 대학 수준으로 발전시키기 위해 학교 명칭을 바꿀 것을 시카고 실업가 그룹에 제안하였다. 후원회의 역할로 디자인연구소가 활기를 찾아 자리를 굳혀 갈 무렵 모흘리나기는 백혈병으로 사망하엿다. 모흘리나기가 사망한 후 후에 하버드 대학의 교수가 된 그로피우스가 고문 자격으로 디자인학교 발전에 크게 기여하였다. 1949년 디자인연구소는 재정적인 문제를 근원적으로 해결하기 위해 일리노이 공과대학과 합병하였다.

1955년 이후 교육 프로그램이 축소되어 시각 디자인, 제품 디자인, 사진, 미술 교육의 4년 과정으로 변경되어 오늘에 이르고 있다. 1937년 바우하우스

바이마르 초대학장이었던 그로피우스가 하버드 대학의 교수로 부임한 이래 하버드 대학은 바우하우스 전통의 중심지가 된 것이다. 이와 같이 바우하우스는 독일을 떠났지만 세계 각국에 광범위한 영향을 주었다.

6. 1930년대의 디자인

시카고의 바우하우스 건물

1930년대 인쇄기술은 정점에 도달하였고 옵셋, 그라비아 인쇄의 진전이 대량색채 인쇄를 가능하게 하였으며 사진인쇄술은 보다 선명해졌다. 그래픽적인 표현이 다양하게 사용되었고 잡지가 규격화된 것도 이 시대이며 레코드나 라디오도 이 시대의 산물이었다.

교통기관의 발달은 편리한 여행을 가능하게 하였으며 선박, 자동차의 대형화, 스피드화는 국제적인 여행을 가능하게 하였다. 이와 동시에 근대적인 포스터는 전성기를 맞이하게 되었으며 그 대표적인 인물은 카산드라(Adolphe Mouron Cassandre)이다.

그는 이 시대의 모든 사회상을

포스터라는 시각 매체를 통하여 표현하였다 하여도 지나치지 않으며 당시 가두 풍경창조(街頭風景創造)의 제1인자라 불리게 되었다.

사진 몽타주를 그래픽 작품에 이용한 대표적인 디자이너(Designer)는 초기에 독일에서 활약하다 다시 고국 소련으로 돌아간 비주얼 타이포그래피(Visual Typography)의 선구자 엘 리스츠키(El Lissitzky)를 들 수 있다.

관광 포스터로 국제적인 명성을 얻은 스위스의 사진작가이며 디자이너인 허버트 매더(Herbert Matter), 프랑스의 디자이너 장 카르루(Jean Carlu)도 이 시대에 활약한 대표적인 작가이다.

이 당시 일본의 인쇄술은 상당히 높은 수준에 도달하였고 많은 디자이너와 전문가들이 구라파와 미국의 영향을 받아 개성적인 활동과 우수한 작품제작의 실례들을 남겼다. 그러나 이 모든 것들은 히틀러의 등장과 더불어 유럽에서는 세계대전의 기운을 싹틔우게 되었다. 1933년 나치의 바우하우스 폐쇄조치는 유럽 디자인계 전반에 쇠퇴를 예고한 전초적 징후였다. 그러한 이유로 당시 유럽대륙의 디자인을 이끌어 오던 수많은 인사들이 미국으로 이주하게 되었다. 대표적인 예로 1937년 모홀리나기에 의해 시카고에 개설된 미국 뉴 바우하우스를 들 수 있다. 이로 인해 바우하우스의 정신은 미국과 그 외 유럽에 전승되기에 이르렀다.

7. 후기 산업 사회의 디자인

과학기술의 진일보는 TV의 시청을 가능하게 하였으며 사진과 영화도 칼라시대를 맞이할 수 있게 되었다. 항공기의 발달은 국제간의 여행시간을 단축시켜 주었으며 빠른 정보의 회전을 맞이하게 되었다. 자동차와 전화기의 급속한 개발과 보급은 제품의 판매촉진에 따른 광고활동의 상품 양산을 더욱 부채질하였다.

이러한 TV, 라디오, 신문, 잡지 등 대량생산 매체는 정보활동을 더욱 활발하게 전개시켰다. 이 시대를 소위 '매스컴 시대' 라 지칭한다. 시각 전달 디자인은 개인의 능력이나 아이디어에 의해서보다는 공동작업에 따른 산업사회의 산물로 등장하게 되며 세계적인 유통구조의 확대로 상품도 자국의 상품뿐 아니라 외국상품도 일상적으로 구입 사용하게 되었다.

이에 따라 시각 전달 디자인도 타 디자인 분야와 마찬가지로 어느 한 양식이 오래 지속되지 못하게 되었다. 유행이라는 일반대중의 성향으로 양상이 반복되는 것을 보이게 되며 아르누보나 아르데코와 같은 복고풍의 영향이 혼합되어 전후의 독특한 변형 · 혼재 현상이 나타나고 있다.

세계의 타이포그래피 또한 1950년대 말까지 지배하던 엄격한 수학적인 그리드를 배제하고 형태언어를 다양하게 확대하며 다시 장식의 요소로써 문자를 사용할 뿐만 아니라 우회적이고 직관적인 레이아웃을 전개하는 경향이 강조되기 시작했다.

이러한 움직임을 주도한 디자이너는 스위스 태생의 볼프강 바인가르트로서 그는 딱딱한 느낌의 산세리프체를 거부하는 등 이른바 객관적인 사실을 전달하는 생생한 수단으로써의 디자인, 그리고 일체의 장식을 배제한 스위스파의 원리를 전면 거부하였다. 특히, 그는 시각적인 효과를 지닌 유희적인 요소를 강조했으며 타이포그래피의 사용에서도 획의 굵기의 변화, 자간의 넓이의 다양성 등 자신이 개발한 타이포그래피를 사용하였다.

8. 포스트 모더니즘

포스트 모더니즘(Post Modernism)

산업혁명 이후, 정치, 경제에 있어서 근대주의가 확립됨에 따라, 모습없는 사회를 구체화하는 영상분야에서도 전시대를 부정하는 논리에 기초한 양식성(樣式性)이 가치의 판단기준으로써 절대시되게 되었다. 특히 보들레르와 생트 부브에 의한 근대 비판의 성립 이후, 문화전반에 걸쳐 그러한 경향은 촉진되었다.

19세기 후반에서 20세기에 걸쳐, 아트와 디자인에서 일어난 잇따른 양식의 변천은 문명과 문화의 근대주의에 의한 합일화(合一化)를 보여주고 있다.

새로운 시대는 항상 새로운 형식을 요구한다. 아마 그것은 쌍방에 있어서, 종교를 대신하는 아이덴티티(동일성)였다고도 할 수 있을 것이다. 그러나 전(全)부정이라고 하는 것이 궁극적인 근대사상(近代思想)이면서도, 동시에 프리미티비즘(primitivism=원시주의)을 기조로 한 앤티테제를 포함한 다다이즘을 복선으로 하여, 역의 흐름이 금세기를 통해 발전해왔다. 그것은 두 차례의 세계대전의 발발에 의한, 근대디자인의 극치로서 들 수 있는 바우하우스도 이 중층성(重層性)을 인정하고 있는 것은 그 후의 동향을 분석하는 데 중요한 역할을 한다.

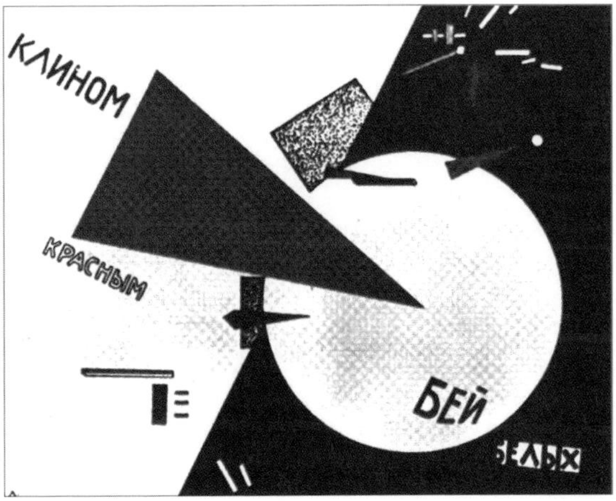

엘 리시츠키(붉은 파편의 백(白)에의 침투)

1970년대 말에, 영상 영역 전반에서 발생한 포스트 모더니즘은, 이와 같은 배경에서 생긴 일종의 절충주의(折衷主義)라고 할 수 있을 것이다. 거기에서는 양식성을 부정하지 않으면서도 획일성을 거부하고, 기능성을 중시하면서도 장식성의 부활을 촉구하는 표층에 있어서의 의미의 복합화를 볼 수 있다. 소위 앤티모던이라는 것과 구분하는 이유도 이점에 있다. 1981년에 에트레 스트사스가 결성한 대표적인 포스트 모더니즘 집단인 <멤피스>의 인테리어 작품, P. 존슨과 M. 그레이브스의 건축, 크리스찬 라크루아의 패션, 그리고 D. 사이레를 비롯한 뉴 페인팅에서 그 실험적 표현을 볼 수 있을 것이다. 그리고 그 주요한 수법인 콜라주와 표상의 코디네이션이 주장하는, 단 하나의 표준을 이해할 수 있을 것이다. 그것은 다양화하는 사회 속에서, 동질성(identity)을 모색하고 있는 '개인' 그 자체인 것이다.

9. 세기의 혁명과 디자인 패러다임의 변화

미래학자인 앨빈 토플러(Alvin Toffler, 1928)는 1990년에 이르러 현대의 산업사회는 정보화 사회로 전환되면서 권력의 원천이 지식으로 이전되고 있다고 주장하였다. 1993년 피터 드리커(Peter, Drucker)도 노동자본에서 지식으로 이동한다고 하였다. 미래학자들의 이러한 주장은 곧 현실화되어 세계는 지식 기반 경제(knowledge based economy)의 시대로 나아가고 있다. 지식 기반 경제란 성장이나 부의 창조가 지식에 의해 주도되는 경제를 의미하는데, 이것을 OECD는 제조업과 금융, 보험 통신 등과 같은 서비스 산업으로 정의하였다. 이 중에서 특히 디지털기술 발전은 시간과 공간을 넘어 전 세계를 동시에 네트워크(Network)로 연결하고 있다.

① 신석기 농업 혁명

BC 7000년경
신석기시대의 농업혁명
인간중심 사회

→

② 16세기 예술중심시대

르네상스시대 예술
레오나르도다빈치
자연의 비밀
새로운 기술을 예술로 표현

→

③ 17세기 정치중심시대

18세기 기술중심시대

샤를르몽테스키(1689~1755)
제임스와트(1736~1819)
청교도혁명
종교혁명 시민혁명

④ 산업혁명

증기기관 → 동력혁명
농업중심 → 공업중심
상품의 대량 생산체제
기술, 디자인 가치 우선

→

⑤ 19세기 경제중심시대

칼 마르크스(1818-1883)
경제중심시대의 인물
신흥산업부르주아지 발흥
마르크스와 엥겔스

→

⑥

20세기 경영중심시대
프레드릭 테일러(1856~1915)
계량과 효율을 강조
경영학의 기반 마련
이데올로기, 세계대전

→

⑦ 20세기후반 디지털혁명

3D시대(Digital, DNA, Design)
생산자중심 디자인 →
→ 마케팅중심 디자인 →
사용자중심 디자인
디자인 혁명시대

→

⑧ 21세기 영국의 文化혁명

비틀즈음악-페허의 리버플도시
오페라의 도시
서점의 활성화(이야기좋아하는 영국인)
스토리文化 : 해리포터, 반지의제왕

1) 신석기 농업혁명

BC 7000년경의 신석기시대는 농업이 주생활이었다. 모든 것은 자연과 더불어 친화적인 인간중심 그룹을 이루면서 사회가 형성되었으며 각종 자연재의 농업용 기구들이 출현하였다.

2) 16세기 예술중심시대

르네상스시대라고 불리는 15~16세기는 세계사에서 문화와 역사가 변화되는 시기였다. 이 시대의 중심가치는 종교보다 예술에 몰아졌으며 단순히 심미성이나 관상을 위한 것보다는 인간과 집단이 소통하고 새로운 변화를 창출하는 시기였다. 이탈리아의 화가, 조각가, 철학자인 레오나르도 다빈치는 르네상스시대의 대표적인 화가로서 위대한 인물이며 이 시대를 이끈 리더였다.

3) 17세기 정치중심시대

1748년 법의 정신을 완성한 몽테스테외는 정치와 권력, 법과 관련된 이슈가 등장할 만큼 시대적 삶의 중심가치로 자리잡게 되었다. 특히 이 시대에는 법과 정치에 대한 급속한 발전을 이루었으며 계몽사상과 같이 인간의 자유, 평등, 인간 가치를 추구하려는 사상이 강하게 나타났다.

4) 18세기 산업혁명

제임스 와트(James Watt, 1736~1819)의 증기기관 발명에 의해 동력혁명이 일어났으며 이때 발명한 증기기관은 수력, 인력, 풍력 등 농업사회에 기본동력을 넣어주었다. 이 시대의 산업혁명은 디자인사에서 수공업시대에서 기계공업시대로 전환되는 중요한 시기였다. 특히 윌리엄 모리스, 러스킨 같은 디자이너들의 수공업에 반대하는 사회적 이슈도 가져왔다.

5) 19세기 경제중심시대

19세기를 경제중심의 혁명적 시대로 이끈 칼 마르크스(Karl Heinrich Marx, 1818~1883)의 등장은 소련이 붕괴된 후에도 역사적 인물로 남아 있다. 그는 경제라는 인류에게 새로운 삶의 공식을 제공해준 경제중심의 대표적 인물이다. 18세기의 산업혁명은 경제 구조뿐만 아니라 정치사회 구조에도 커다란 변화를 가져왔다.

6) 20세기 경영중심시대

이데올로기, 자유민주주의, 사회주의, 그리고 두 차례의 세계대전으로 인한 전쟁의 황폐함은 인류의 관심을 자본주의 체제의 경제활동으로 집중시켰고 경영이론의 시조인 프레데릭 테일러(Fredrik Winslow Taylor, 1856~1915)는 개량과 효율을 강조하며 기업의 성장을 촉진하는 경영학의 기반을 마련하였다.

제강회사에 근무하던 테일러는 형편에 따라 주먹구구식으로 관리하는 비능률을 지적하며 (『과학적 관리원칙』, 1911.)에서 "경영의 중요한 목적은 종업원을 최대한 활용할 수 있도록 하는 것."이라고 주장하였다.

7) 20세기 후반 디지털혁명

세기말 많은 학자들은 21세기를 예측하며, 많은 정의를 내놓았는데 그 중에서 정보화시대에는 '3D(Design, DNA, Digital)'가 주도할 것이라고 말했다. 그 중에서도 디자인의 가치와 역할은 기업과 경영에 있어 중요한 경쟁력이 될 것으로 예측하였다. 시장의 고객들은 점점 심미적 가치를 중요시하고 있으며, 소비자는 사용자 중심의 디자인을 원하고 있으며, 기업 경쟁력의 원천이 생산과 기술에 있는 것보다는, 기업의 이미지 차별화 브랜드 파워가 기업을 이끌 정도로 정보화시대는 소비자의 태도 변화를 가져왔다. 20세기에는 10인 1색 시대라 할 만큼 제품의 단일성이 요구되었으나 21세기는 10인 10색 시대라 할 만큼 개성화로 소비형태가 바뀌고 있다.

감각까지 섬세하게 케어해주는
노비타 블랙로즈 비데 탄생
섬세한 케어 기술에 감각적인 디자인을 더한 아트 비데, 블랙로즈~
공기방울세정, 연속온수기능은 물론 디자인까지
섬세한 블랙로즈가 욕실의 분위기를 바꿉니다.
당신의 감각을 꽃피웁니다

제2장 디자인의 개념

1. 디자인의 의미
2. 디자인의 조건
3. 디자인의 분야
4. 디자이너의 임무 12계명

1. 디자인의 의미

커뮤니케이션디자인은 문자 그 자체로는 평면이라는 뜻을 갖고 있다. 이것은 커뮤니케이션 디자인은 평면상(인쇄와 홍보물)에서 이루어지는 작업의 형태에서 비롯된 것으로 생각된다.

요즈음 파리에서는 디자인이라는 말 자체를 부정하면서 일반 패션 디자인이나 건축, 미용 분야와 동떨어진 구체적인 의미를 갖고자 하여 디자인의 의미 자체를 바꾸고자 한다. 그것은 너무 일반화된 디자인 용어에서 산업 디자인이라는 특수성을 차별화하고자 함일 것이다. 커뮤니케이션 디자인은 간단하게 '사람들이 읽는 것과 보는 것을 디자인 하는 것' 이라고 정의할 수 있다.

현대의 정보화시대에 사는 우리들은 하루가 다르게 변화되고 새롭게 펼쳐지는 사회의 변화에 곧바로 대응하기도 힘든 형편이 되었다. 복잡한 사회현상에서 개성과 차별화라는 독특한 자기현시가 필요하게 된 것은 당연한 일일 것이다.

그래픽 디자인을 다른 표현으로 비주얼 커뮤니케이션 디자인(Visual Communication Design)이라고 하는 뜻이 바로 여기에 있는 것이다. 다시 말하면 시각적 표현으로 타인에 대한 전달과 설득의 의미를 갖는다는 것이다.

언어를 사용하지 않고 대중을 설득시킬 수 있는 것으로는 시각적 요소도 중요하지만 심리적, 조형적 수단이 더욱 필요하게 된다. 그러므로 그래픽 디자이너는 사회화하는 모든 기법과 친근해야 되고 사회적 시스템이나 관련자와도 친근해야 되는 것으로 다방면에서 상식을 갖추어야 한다.

그 밖의 그래픽 디자인의 표기는 평면디자인(Graphic Design) 상업디자인(Commercial Design) 시각디자인(Visual Design) 등 여러 가지가 있으나 근래에는 앞의 시각 커뮤니케이션 디자인(Visual Communication Design)을 주로 사용하며, 해석하는 의미에 따라 조금씩 차이가 있다. 디자인은 조직의 도구, 설득을 위한 수단, 사람과 물체를 연결시키는 수단, 안전성과 효율을 개선하는 방법이라고 할 수 있다. 또한 디자인은 사회의 필요성에 따라 반응해야 한다.

디자인의 효능은 현시적이고 측정 가능해야 하므로 디자이너는 자기가 작업한 디자인에 대하여 책임을 질 수 있어야 한다. 효과적인 디자인은 인건비, 재료비, 생산비를 절감시킬 수 있는 중요한 역할을 하기 때문이다.

그리고 디자인을 한다는 것은 기업에 대해 생산과 판매를 신장시킬 수 있는 책임을 갖고 있기 때문에 디자인 실행에 있어 생산자와 소비자의 중간에서 디자이너는 냉정한 판단을 할 수 있어야 한다. 그러므로 기업을 성장시키는 일의 한 부분에서 중요한 위치를 갖고 있는 비즈니스맨이라고 할 수 있다. 그래픽 디자이너는 다음과 같은 일에 종사한다.

그래픽 디자이너는 대기업, 병원이나 정부기관을 위해 일하기도 한다. 하나의 조직체 내에 전속되는 경우도 있으며 다수의 서로 다른 클라이언트(Client)를 위하여 컨설턴트(Consultant)로 일하기도 한다. 때에 따라서 그래픽 디자이너는 기능적이고 우아하며 적절하고 단순하며 경제적인 시각적 해결을 시도하기도 한다. 때로는 판촉용 제품과 같은 단순한 것에서부터 국제공항의 사인 시스템과 같은 복잡한 것에 이르기까지 다양한 문제를 해결하는 해결사이기도 하다.

그래픽 디자이너는 사진, 영화, 일러스트레이션, 심볼리즘, 타이포그래피 등의 네 가지 방식으로 커뮤니케이션하며 스스로의 생각을 표현한다. 이 모두를 마스터할 수는 없지만 디자이너라면 위의 네가지에 대해 작업할 수 있는 능력을 겸비해야 한다. 그래야만 비로소 뛰어난 디자이너가 될 수 있는 것이다.

중요한 것은 그래픽 디자인은 예술이 아니라는 것이다. 순수예술가는 오직 한사람만의 관람자를

심볼 (symbol)	브로슈어	영 화	타이틀	로고 (logo)
서식류	연 간	보고서	서 적	레터해드
명 함	잡 지	포스터	레코드 재킷	그래프/사인
신 문	지 도	카렌다	패키지	목록차트시스템
빌보드	운송수단	아이덴티티	광 고	판촉물
슈퍼그래픽	전시장	게 임	컴퓨터그래픽	
카탈로그	TV	그래픽	기 타	

갖지만 디자이너는 때로는 수백만에 이르는 대중을 관람자로 갖기 때문에 그래픽 디자이너는 유능한 비즈니스맨이 되어야 한다.

2. 디자인의 조건

디자인은 조형예술이지만 회화나 조각 같은 순수예술과는 달리 실용성과 기능성이 있어야 한다. 디자인의 조건은 그들이 각기 다른 존재의 의미를 가짐으로써 각각의 입장에서 비판되는 것이 아니고 전체의 조건이 만족되고 그들이 융합되어 서로간에 균형이 잡혔을 때 디자인으로서의 가치를 지니게 된다.

1) 합목적성(合目的性)

여기에서의 목적이란 실용상의 목적을 말한다. 건축, 포스터, 의자, 커피잔 등 각각의 물건은 나름대로의 목적을 가지고 있다. 따라서 물건을 사용할 때를 고려하여 인간의 몸의 치수 또는 형태 등에 대해 그 재료나 구조가 적절한가의 관점에서 디자인이 구상되어야 한다.

또한 물건을 합리화하는 것도 상당히 중요하다. 예를 들어 생활도구나 실내는 유효한 공간의 활용이 필요하며 인체공학적인 측면에서 인체의 조건에 맞는 합목적성을 지녀야 하고 더불어 편리성도 갖추어야 한다.

2) 심미성(審美性)

인간은 형이나 색, 재질의 미(美)를 보았을 때 쾌감을 느낀다. 디자인의 경우 아름다움이란 곧, 대중이 공감하는 미의식에 적합한 것으로서 시대성, 국제성,

민족성, 사회성, 개인성 등 복합된 것의 공약수적인 것이어야 한다.

또한 디자인에 있어서의 미의 표현기준은 상당한 객관성을 지녀야 한다. 따라서 전통이나 유행에 대한 사용자층의 기호를 조사한 데이터도 필요하다. 그리고 인간의 심리적, 생리적 기능도 포함시켜야 하며 시각적인 아름다움도 중요하지만 디자인을 활용하면서 즐거움을 느낄 수 있는 쾌감이 필요하다.

3) 독창성(獨創性)

디자인은 디자이너에 의해 새롭게 창조되는 것으로서 독창적이지 않으면 안 된다. 즉 다른 것을 모방한 것이라든지 옛 것을 되풀이한 것은 무의미하다.

우수한 디자인은 보기에 평범하면서도 새로운 느낌을 주는 것이어야 한다. 디자인의 독창성은 합목적적인 면에서나 심미적인 면에서도 존재하는 것이다.

따라서 디자이너는 항상 새로운 것을 만들어 낼 수 있도록 신선하고 예민한 감각훈련을 통해 조형감각을 신장시키기 위한 노력을 기울여야 한다.

4) 경제성(經濟性)

최소의 비용으로 최대의 효과를 얻는다는 것은 경제의 통칙이다. 디자인 또한 마찬가지로 적은 비용으로 좋은 디자인을 얻을 수 있도록 하지 않으면 안 된다. 즉 최소한의 재료와 노동력에 의하여 최고의 기능을 발휘하는 것이 디자이너의 수완인 것이다. 따라서 너무 장식적인 면에 치우쳐 경제성을 잃지 않도록 주의해야 한다.

결국, 디자인은 일반대중이 사용하는 것이므로 처음 계획 단계나 제작, 실행에 이르기까지 경제성을 고려하여 디자인의 전과정이 이루어져야 한다.

5) 질서성(秩序性)

앞에서 언급한 합목적성, 심미성, 독창성, 경제성은 각기 독자적인 성립 이유를 갖고 있으면서도 서로 관련성을 지니고 있다. 이것이 바로 질서성이다.

앞의 4가지를 다른 측면에서 생각한다면 지적 활동과 감성적 활동으로 생각할 수 있는데 이 중에서 직관적으로 처리되는 것은 심미성과 독창성이고, 합리적으로 처리되는 것은 합목적성과 경제성이다. 일반적으로 디자인의 조건은 앞의 4가지 요소를 말하지만 여기에서는 합리적인 질서성을 추가하였다.

3. 디자인의 분야

1) 산업디자인(Industrial Design)

산업디자인이라는 말은 순수한 공예디자인을 제외한 디자인 전체를 의미하는 것으로 광의(廣義)의 뜻을 가지고 있다. 대략적인 디자인의 범위는 다음과 같으며 시각디자인의 범위는 더욱 세부적으로 다룰 수 있다.

① 시각 전달 디자인(Visual Communication Design)

우리가 읽고 보는 것의 모든 영역에 관련된 디자인으로 대중적인 매체나 미디어를 통한 상업적인 광고 등이 이에 해당된다. 인쇄매체에 의한 것으로는 선전물, 브로슈어(Brochure), 판촉물, P.O.P, 포장 디자인(Package Design), C.I.P(회사 이미지 통합 계획), 포스터(Poster), 안내문, 빌보드, 레코드 재킷, 카렌다, 슈퍼 그래픽(Super Graphic) 등이 있다.

요즈음에는 컴퓨터와 과학기술의 발달로 컴퓨터 그래픽이 등장하고 있는데 이는 영상에 의한 일러스트레이션이나 그래픽의 제작을 가져오고 있다.

특히, 컴퓨터 그래픽에 의한 애니메이션(Animation)은 새로운 디자인 분야로 각광 받고 있다.

현대의 산업은 제조방법의 다양화, 다국적화를 가져오고 있으며 세계의 단

일시장 추세를 보이고 있다.

더불어 컴퓨터 그래픽의 발전으로 매년 새로운 정보를 가져오고 있으며 멀티미디어와 인터넷의 정보산업이 날로 발전하고 있어 이에 따른 광고, 홍보의 산업이 계속 확장되고 있어 초를 다투는 정보화 산업의 미래 세계를 예측하기 어려울 정도이다.

② 제품디자인(Prouct Design)

현대산업에서 각광을 받고 있는 디자인으로 사람들이 사용하는 도구나 기기(器機)를 기획하여 디자인하는 것으로 기계에 의해 대량생산을 할 수 있는 것이어야 하며 일반적으로 제품 디자인(Product Design)이라 불리기도 한다.

전자제품, 가전제품, 일반 생활용기류, 자동차, 선박, 비행기 등 다양한 산업전반에 관한 것들이 이에 속한다. 특히, 차량 등은 트랜스포테이션 디자인(Transportation Design)으로 그 범위는 대단히 광범위하다.

현대의 소비자들은 모든 도구에 있어 생활에 편리하며 경제적이고 조형적으로 아름다움을 갖춘 것을 선호하고 있다. 또한 생활에서 편리한 기능을 요구하고 있으므로 디자이너는 항상 사용자와 인체공학적인 측면을 고려하여 인체에 해를 주지 않는 제품을 기획하여야 한다.

③ 공예디자인(Craft Design)

공예디자인은 작업하는 방법에 따라 크게 두 가지로 구분할 수 있다.

하나는 귀족 공예라고 할 수 있는 일품공예(一品工藝)이며, 다른 하나는 기계에 의한 대량생산으로 대중이 사용할 수 있는 도구를 제작하는 대중공예(大衆工藝) 이다.

기계에 의하지 않고 개인이 행할 수 있는 것으로는 수공예가 있는데 이는 대중의 취미생활로 이어지는 공예이기도 하다. 공예에는 도자기공예, 금속공예, 초자공예, 염색공예, 염직공예, 양초공예, 초경공예, 지공예, 목공예, 목칠공예 등이 있는데 이는 제작하는 방법이나 내용에 따라 분류되고 있다.

근대산업의 발달로 새로운 재료와 첨단소재의 개발이 계속되고 있으며 공예의 제작방법이나 테크닉의 개발 또한 계속되고 있다. 더불어 컴퓨터 그래픽의 등장, 소재와 소재의 합성으로 이루어진 제3의 재료 등장은, 다양해지는 소비문화시대와 접하고 있어 산업공예 분야는 앞으로 획기적인 발전이 있을 것으로 기대된다.

2) 커뮤니케이션디자인의 분야

디자인이 독자적인 개념을 가지고부터 상업 디자인 또는 광고 디자인이라 호칭되던 시기가 지나 인쇄물을 대상으로 '그래픽 디자인(Graphic Design)' 이라는 새로운 개념의 어휘가 발생하였다.

그러나 현대에 와서는 디자인이 꼭 상업적인 의미에만 종속되는 것이 아니며 더구나 인쇄물에 한정된 의미로 사용되지도 않는다. 조금 더 본질적이고 실제적인 표현을 빌리면 '시각 디자인(Visual Design)' 혹은 '커뮤니케이션 디자인(Communication Design)' 이라 함이 옳을 것이다.

전달(Communication)이란 인간이 인간에게 무엇(정보: Information or Massage)인가를 전(傳: Communicate)하고자 함을 말한다.

방법으로는 인쇄에 의해 정보가 양산되어 수송기관의 힘을 빌어 배포되는 과정이 오랜 동안 우리 생활을 지배해 왔으며 오늘날도 마찬가지이다. 이 중 신문이 대표적 인쇄매체이며 점점 시간이 지남에 따라 인쇄술이 기술적으로 혁신되고 운송기관도 다변화되어 소위 정보의 스피드화는 놀라운 변혁을 가져왔다.

동시에 정보의 수집방법도 다양화되어 '보다 빨리, 보다 많이' 라는 구호가 등장하였으며 인쇄에 의한 정보수집과 전달의 역사는 바로 신문의 역사라 할 수 있다.

뉴욕 타임즈의 '인쇄가 된 것은 전부가 뉴스' 라고 한 표어는 인쇄매체가 갖는 위력을 한마디로 대변하고 있음이며, 뉴스의 즉시성이라는 점에서는 TV가 더 유리하다. 그러나 TV의 영상은 순간적이기 때문에 정착성은 없다. VTR 장치로 보존할 수 있다고는 하지만 인쇄매체와 영상매체의 광고 이용률을 보더라도 아직 우위를 점하고 있는 것만은 분명하다.

사람들은 중대 뉴스나 흥미 있는 스포츠 중계 등을 TV로 시청한 후에도 신문의 동일한 기사를 읽고 싶어하고 사진으로 확인하고 자료나 상세한 기록을 알고자 하는 심리가 보편적이다. 이러한 이유로 TV와 신문 등의 인쇄물의 공존이 가능하며 컴퓨터 그래픽스의 경우도 마찬가지이다.

사실상 현대에 와서는 신문의 기능이 단순히 기사를 읽는 것의 중심에서 보는 신문, 즉 화보 중심으로 행해지고 있다. 산업사회의 다변화된 생활에 디양해진 독자의 취향을 충족시키기 위한 화보중심의 인쇄매체가 탄생됨은 자연적인 추이이며 이와 함께 시각 전달의 중요성이 더욱 강조되어야 한다.

신문이나 잡지뿐만 아니라 모든 인쇄매체에는 다양한 분야가 있으며 디자인 영역의 중요성에 비추어 다음과 같이 구분할 수 있다. 신문광고, 잡지광고, 서적, 팜플렛, 포스터, 카렌다, 안내장, 초대권, 입장권, 카드 등이 있으며 지도나 설명서 또한 그래픽 디자인의 주요한 영역이며 전달매체라 할 수 있다.

패키지는 본질적으로 전달이라고 할 수는 없지만 외적 시각효과는 전달기능을 충분히 가지고 있다. 특히 옥외광고로서 간판, 안내표지, 교통표지, 옥외표지류는 전달매체로서의 기능을 수행한다.

전시회, 박람회, 쇼 윈도우, 점포광고로서 P.O.P 등도 시각 전달 디자인의 큰 몫을 담당하는 것이며, 동시에 TV나 영화 등 영상에 의한 전달은 시각 전달 영역을 보다 많이 점유하는 중요한 분야이다. 시각 전달 디자인의 기능별 분야를 세분하면 다음과 같다.

① 신문광고

신문광고의 효시를 정확히 파악할 수는 없으나 기록에 따르면 런던 가제트 (London Gazette)가 세계 최초인 것으로 알려져 있다.

그 당시에는 상업적인 성격의 것을 저급한 것으로 여겼기 때문에 신문광고란에 게재한 것이 아니라 별지에 인쇄하여 배포하였다.

그 후 19세기 중반에 이르러서야 자본주의의 상징인 광고대행사가 출현하게 되었다.우리나라 최초의 신문광고는 독일인이 경영하던 세창양행의 한성주보에 게재된 한문, 한글의 혼용광고를 들 수 있다. 그것이 1886년의 일이다.

신문은 읽는 요소가 강하다. 최근에는 각 신문사들이 사진을 비교적 많이 게재하여 독자들에게 시각적으로 메시지를 전하는 정보전달 역할을 수행하고 있다. 신문의 상세한 도해(Illustration)는 TV에서는 기대하기 어려운 것이다.

그리고 신문은 활자의 크기에 따라 뉴스 비중의 대소를 감지할 수 있다는 신문 특유의 편집방법으로 인해 인쇄에 의한 신문의 시각 전달 매체로의 우위는 당연한 것이다.

물론 TV에 비해 속보성(速報性)은 떨어지는 편이다. 반면 신문은 공간적인 형태를 지니므로 그것을 일반대중이 소유하게 되며 물적 증거로 기록성을 가졌다는 특성이 매스미디어로서 큰 장점이라 할 수 있다.

시각적인 측면에서 신문의 중요부분은 역시 광고이다. 신문광고는 한정된 공간으로 조형감각을 이용하여 카피, 일러스트레이션, 사진, 마크 그 외에 여러 가지 문양 등 시각 전달 디자인의 표현요소로 구하여 일반 독자들에게 메시지를 전달한다는 점에서 커뮤니케이션 디자인의 기본이 된다 하겠다.

현대의 신문광고는 광고로서의 효용성뿐만 아니라 광고 그 자체가 시사성을 지닌 뉴스로 변모되었다. 즉 새로운 생활용품의 정보와 신형 자동차, 새로 창간되는 잡지, 패션의 유행 등을 신문광고를 통하여 소비대중을 접하게 된다.

가. 장 점

- 넓은 독자층을 갖는다. 신문의 보급도에 따라 신문의 소구대상 범위는 상당히 넓다. 이러한 사실은 광고의 단위별 비용을 저렴하게 하는 요인이 된다. 따라서 신제품을 국소적인 범위에 소구하려는 것이 아니라면 신문에 광고를 게재하는 것이 효과적이다.
- 신뢰성을 지닌다. 신문은 정보로써의 신뢰도가 높은 편이다. 그러므로 신문이 지닌 신뢰감이 광고에까지 영향을 미치게 되는 것이다.
- 배포지역이 명확하므로 반복광고나 연속광고에 적합하다.
- 매체로서의 수명은 짧지만 많은 발행부수가 넓은 지역과 다양한 계층에 소구되므로 기록성, 반복성의 성격을 지닌다.
- 신문은 안정적인 정기 구독자를 가지므로 신문에 게재된 광고 효과가

크다.

• 발행빈도가 높아 광고 게재에 효과적이다. 최근에는 조간은 물론 조 · 석간인 복간으로 발행되고 있기 때문에 광고게재의 시간제약이 거의 없다.

나. 단 점

• 여러 신문들에 따로따로 게재해야 하는 불편함이 있다.
• 신문용지의 특성으로 칼라인쇄 적성이 좋지 않으며 따라서 고가품이나 무드광고에는 적합하지 않다.
• 광고의 수명이 짧고 특정한 독자층을 선정하기 힘든 난점이 있다.

다 신문광고의 종류

① 표제하광고: 신문의 이름 밑에 위치한 광고를 말한다.
② 광고란 광고: 분실, 사망, 행사 등을 알리는 임시광고와 구인, 구직, 연극 등의 광고를 제목을 붙여 정리한 소광고물의 안내광고를 말한다.
③ 기사중 광고: 기사면에 있는 특별 규격광고이다.
④ 돌출광고: 영업광고란에서 돌출되어 놓인 광고지면을 말한다.
⑤ 멀티광고: 상품광고에서 한 광고물 안에 두 개 혹은 그 이상의 상품 또는 서비스가 제시된 것을 말한다.
⑥ 영업광고: 상품광고의 총칭을 말한다.
⑦ 단독 기사중 광고: 기사면의 중간에 놓이는 광고지면을 말한다.

② 잡지광고

잡지 역시 현대인의 취미와 정보습득에 필요한 존재이다. 동일한 인쇄물로서 대량전달이라는 측면에서 볼 때 신문과는 상이한 양상을 보인다.

신문은 매일매일 조간, 석간 또는 복간(조 · 석간)으로 새로운 뉴스를 게재하고 있으나 잡지는 주간이나 월간이 주가 되며 뉴스 중에 선별하여 일반의 관심과 흥미가 있을 것으로 예상되는 이슈를 특집 형태로 만든다.

다소의 시간적 차이 등으로 신문이 일반적인 독자를 대상으로 하는 것과는

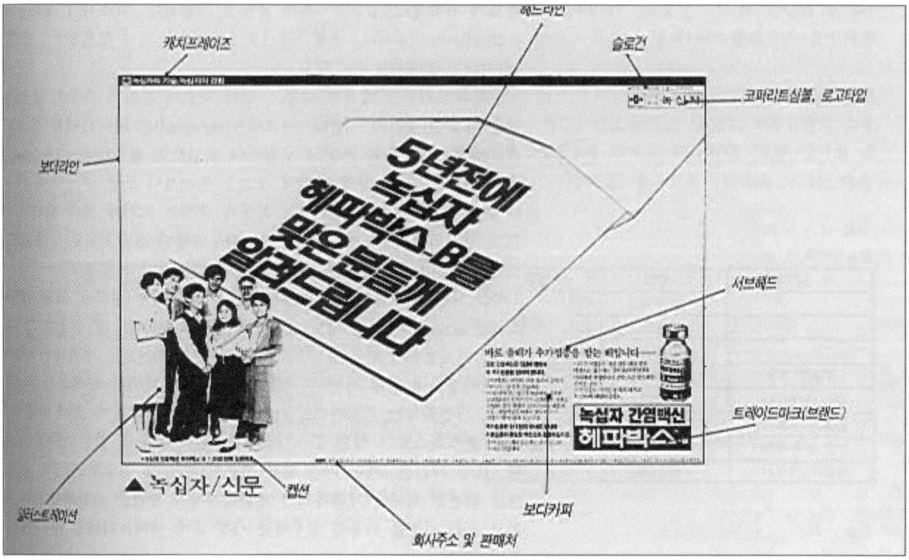

▲녹십자/신문

달리 잡지는 비교적 특정집단을 대상으로 하고 있으며 기능으로 보아 신문은 1일 생명인 것에 비해 잡지는 오래두고 볼 수 있는 장점이 되기도 한다.

사실상 잡지는 독자에게 선택되어지는 것이므로 독자를 대상으로 다양한 잡지가 발행되어져야 한다. 예를 들면 종합 교양잡지, 경제지, 문예지, 패션잡지, 스포츠잡지, 여성지, 소년소녀지, 미술, 음악, 디자인, 사진잡지 등 다양한 분야를 망라해야 한다.

성별, 연령, 사상, 교육 정도, 취미, 오락 등에 의해서도 분리되며 학교, 종교, 정치 등 일반단체, 정부, 공공단체 등을 위한 다양한 잡지를 접할 수 있다.

이와 같이 다양한 분류 속에서 알 수 있는 바와 같이 독자가 신문보다는 확실하게 구분되어지므로 편집내용도 특성을 가지고 명확하게 표현하여야 한다.

잡지의 특성은 인쇄의 지질에 있어서나 용지의 품질에 있어서 최상의 인쇄효과를 위해 고도의 기술을 요구하며 특히, 표지나 도판의 사진 인쇄에 있어서는 그 잡지가 담고 있는 내용을 일목요연하게 정리하여 그 잡지의 특성을 최대한 살려야 한다.

잡지편집의 초기에 각 페이지의 디자인들은 타이포그래피에 의존한 경향이 높다. 그러나 오늘날의 잡지는 시각적인 효과를 높히기 위하여 일러스트레이션, 사진 등 많은 요소가 활용되고 있다.

잡지는 독자가 보는 시간이 길고 보존률, 회람률이 높다. 사실상 발행된 부수보다 독자는 더 많다. 이러한 특성을 지닌 잡지광고의 디자인은 독자의 대상에 따라서 그리고 손에 들어가는 시기와 장소 등을 고려하여야 한다. 뿐만 아니라 광고 경쟁자와의 특성을 연구, 검토하여 디자인하여야 한다. 잡지광고는 신문광고에 비해 상질의 종이에 인쇄가 되므로 무드광고와 고가의 상품광고에 적합하다.

신문에 비해 칼라풀한 상품의 광고에 적합한 매체이며 동시에 독자가 지니고 있는 기간이 길어 광고기간이 그만큼 길어지는 이점도 있다. 반면, 신문이나 TV의 높은 적시성, 즉시성에 비해 알려지는 시기가 늦은 편이다.

가. 장 점

- 잡지는 종이의 지질이 좋아 감정적 무드 광고나 고가품 광고에 적합하다.
- 잡지의 가장 큰 장점은 특정한 독자층을 갖는다는 점이다.
- 회람률, 열독률이 높아 매체로서의 수명이 길어 소구력이 우수하다.
- 스페이스의 독점이 가능하다.
- 매체로서의 수명은 짧지만 많은 발행부수가 넓은 지역과 다양한 계층에 소구되므로 기록성, 반복성의 성격을 지닌다.
- 정기구독자의 애정이 잡지에 게재된 광고에까지 미치게 된다.

나. 단 점

- 속보성이 적다.

다. 잡지광고의 종류

① 표지 1면 광고: 앞표지에 게재된 광고를 말한다.

② 표지 2면 광고: 앞표지의 내면에 게재된 광고이다. 표 3면 광고보다 효과가 크다.

③ 표지 3면 광고: 뒤표지의 내면 광고를 말한다. 표2보다 게재료가 저렴한 편이다.

④ 표지 4면 광고: 뒤표지 광고를 말한다. 앞표지와 같은 색도로 인쇄할 수 있으며 앞표지와 같은 비중이므로 광고효과가 가장 큰 지면이다. 게재료가 가장 비싸다.

⑤ 차례 광고: 차례의 전면 또는 후면, 차례의 좌우상하에 놓이는 광고를 말한다.

⑥ 기사중 광고: 본문기사 속에 삽입한 광고를 말한다.

⑦ 표지 대응면 광고: 표지2, 3면 광고에 대응하는 광고를 말한다.

⑧ 광고만 실리는 광고, 안내광고, 삽입광고 등이 있다.

③ TV 광고

영상의 역사는 사진이 발명된 시기부터 시작된다. 이른바 '흑 카메라(camera obscura, 암실을 뜻하는 라틴어)는 BC 4세기부터 알려져 있었으며 1665년경에는 운반이 간편한 상자모양의 작은 흑카메라가 개발되기도 했다.

1877년과 1878년에 머이브리지(E. Muybridge)는 24대의 카메라로 시간과 공간의 동시성이 그래픽적인 표명 위에 포착된 '달리는 말' 이라는 연속사진을 완성시켜 움직이는 영상의 개념을 완성하였다. 이것은 스틸사진과 영화사진의 경계에 위치하는 작품으로 1895년에 이르러 영화촬영법의 발명을 가져왔다.

한편 TV로 움직이는 그림을 전송시키는 데 성공한 사람은 1925년 영국인 베어드(J. Logie, Baird)이다. 그 후 최초로 TV방송이 시작된 것은 1937년 영국의 BBC방송이었다. 미국에서는 1939년 실험방송이 시작되고 1941년에 TV는 상업경영의 대상으로 등장하였다.

그것이 2차대전 중에는 잠시 중단되었다가 1945년에 재개되어 1950년경에는 신문광고가 31%를 차지하고 TV가 30%를 차지하기 시작했다.

그 후 지속적인 발전을 이루어 1953년부터는 컬러 TV가 보급되기 시작했으며 이로써 TV광고 시대를 형성하게 되었다. TV는 오디오와 비디오로 되어 있어 시청각 소구가 가능함으로 가장 강력한 매체가 되었다.

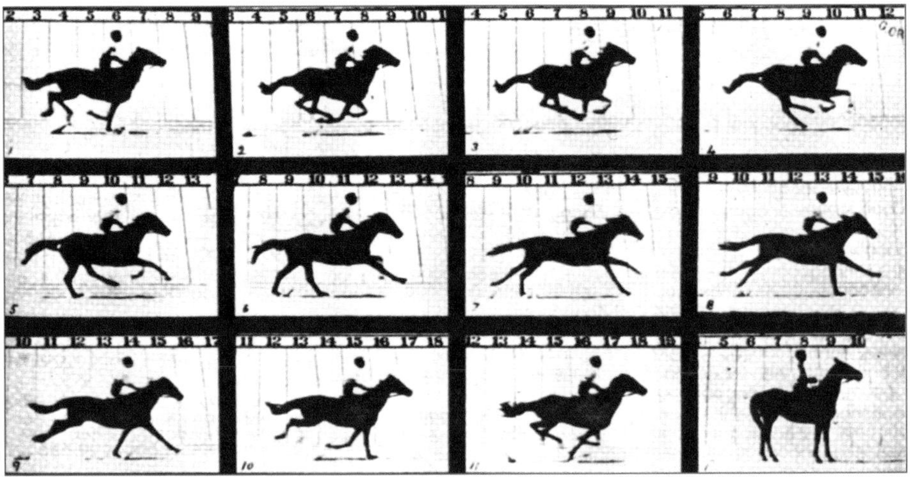

머이브리지「달리는 말」, 미국, 1878.

시각 소구매체이므로 일련의 움직임이나 흐름을 표현할 수가 있기 때문에 광고상품과 그것의 사용 모습을 실제로 보여 주기에 적합하다.

광고의 탄력성도 특성의 하나이다. 광고시장이 전국, 지역, 지방 어느 곳이든 TV는 이들 시장에 메시지를 전달할 수가 있다. 또한 속보성, 광고의 타이밍 등의 면에서 볼 때 TV는 유력한 광고매체이지만 한편으로 시간적 한계성, 기록성의 결여라는 점에서 라디오와 같은 주의를 요한다. 개인뿐만 아니라 가족 또는 운집 대중을 상대로 시청되기 때문에 한번에 많은 사람에게 소구할 수가 있다.

탤런트의 개성을 부각시키거나 탤런트와 시청자 사이의 친밀한 관계를 제품 이미지와 연결시킬 수 있다. 즉 세일즈맨 만큼의 친근효과를 가져오며 대화나 몸짓을 통한 동조의식이 촉진된다. 개인적인 몰입의 기능은 TV광고의 특징의 하나로 중시되어진다. 이것을 감정이입이라고도 하는데 시청자가 광고를 보고 있는 사이에 그 광고에 나오는 CF모델의 입장에 서는 것이다.

④ 표지 디자인(Book Cover Design)

서적, 즉 책의 디자인을 장정(裝丁)이라 말한다. 요약하면 책의 시각적 조형으로 표현할 수 있다. 장정이라는 단어의 본래 의미는 서화류를 거는 것이나 종이를 붙여 형성한다는 어원에서 기인한 것으로 현재는 서적의 체제를 갖춘다는 것으로 정리되어 사용되고 있다.

장정이란 구체적으로 표지의 디자인뿐만 아니라 속표지, 면지 부분까지를 뜻하며 책표지나 책의 케이스까지도 조형적으로 디자인함을 말한다. 장정의 요건은 인쇄된 낱장을 어떻게 철하느냐 하는 것으로 이것을 제본 혹은 제책(製冊)이라 한다. 어떤 형식을 취하느냐에 따라 책 전체의 형태가 결정되며 그 책의 쓰임새에 따라 견고성, 내구성의 문제와 사용될 재질도 달라진다.

책은 그것이 담고 있는 내용도 중요하지만 하나의 책으로 완성된 다음에는 용지나 제본, 사용된 활자(최근에는 사진식자에 의한 처리가 많다.)의 서체와 조판 형태, 도판과 그것의 배치(Layout), 그리고 표지에 관한 부분이 있으며 이러한 여러가지 요소들을 조형적으로 해결하는 작업을 북 디자인(Book Design)이라 한다.

유럽에서는 오랫동안 책표지에 피혁을 사용했으며 그것이 일반적인 사례가 되기도 했지만 시간이 지남에 따라 포류(布類) 등을 사용한 하드 커바가 등장하였다. 또한 현대에서 가장 많이 활용되는 종이류 표지가 주를 이룬다. 특히 페이퍼 백(Paper Back)으로 지칭되는 종이를 사용한 염가판의 표지도 상당히 많이 사용되고 있는 형편이다.

책은 인간의 사고를 보존하기 의한 하나의 수단으로 활용되었다. 이전에는 단지 정보의 전달이라는 단편적인 의미의 디자인에 국한되었던 것이 현대에 이르러 그 쓰임새가 확대되었다. 더 나아가 문화를 생산하는 역할까지 담당하는 '하나의 상품' 이 되었다.

현대 책 디자인의 특징은 상품성을 강조한 팬시화, 상업화, 고급화를 들 수 있다. 독서층을 넓게 차지한 청소년은 영상매체를 접하면서 성장한 시 · 청각세대이기에 그들에게 강하게 어필하기 위해 팬시화, 상업화 등을 이용하는 것이다.

이러한 경향은 지나친 표면의 장식추구로 가식적며 지나치게 상업화된 디자인의 전개를 가져왔다. 책표지에 금박, 은박, 엠보싱, 도무송, 코팅 등의 가식적인 고급화를 위해 광고와 더불어 책 판매량의 총 10~30%를 투자하고 있는 것이다. 이것이 바로 가격상승의 요인이 되어 소비자에게 부담을 안겨 주는 것이다.

지나치게 불필요한 책의 고급화는 소비자들에게 고가의 책을 구입해야만 하는 불편을 안겨주는 것이다.

그러므로 디자이너는 단지 책을 예쁘게 또는 아름답게 장식한다는 생각을 버려야 한다. 그보다는 쉽게 읽혀질 수 있도록 가독성을 고려한 디자인과 독창적이며 차별화된 디자인 전개에 골몰해야 한다. 통일성이 있는 디자인 컨셉으로 정보를 습득함에 있어 즐거움을 줄 수 있도록 전개되어야 하며 눈의 피로도를 줄일 수 있도록 해야 겠다. 책을 디자인한다는 것은 비주얼, 타이포, 포토, 일러스트 등의 종합적인 조형언어에 어느 정도 충실하게 접근할 수 있느냐에 따라 생명이 달린는 토탈 디자인이기 때문이다.

⑤ 포스터

포스터는 도망 간 노예를 찾기 위해 기둥(Post)에 붙힌 벽보에서 유래된 것이다. 포스터는 전달하고자 하는 내용을 일반대중에게 알리기 위해서 문자나 그림, 사진 등을 사용하여 알기 쉽게 구성한 형식으로서 여러가지 인쇄방법을 사용하여 똑같은 것을 대량으로 인쇄하여 배포 또는 벽면에 부착하는 것을 말한다. 즉 포스터는 전달하려는 내용을 널리기 알리기 위하여 시각적인 형식을 갖추어 대량으로 제작한 선전매체이다.

신언모 작, 제주, 1970.

초기의 포스터는 고지형식의 알림이 그 목적이었다. 현대적인 의미의 포스터란 대량복제가 가능한 인쇄술이 발달하면서 생겼다고 말할 수 있다. 전달내용을 여러사람에게 알려야 하기 때문에 같은 전달내용이 대량 인쇄되지 않으면 안 된다.

1798년 오스트리아의 제네펠더(Alios Senefelder)가 발명한 석판인쇄술은 포스터를 발달시킨 직접적인 원동력이 되었다. 이후 목적을 지닌 포스터가 아닌 예술의 경지에 이른 포스터가 등장하게 되었다.

연극이나 음악회 등은 장소와 시간, 그리고 연주곡명 등을 알리는 용도로 이용되었으므로 초기의 벽보지류는 행사나 상품의 판매를 알리기 위하여 제작되었고 상가나 사람이 많이 모이는 곳에 나붙게 되었다. 이후 1881년 파리에서는 범람하는 포스터를 규제하기 위해 포스터의 부착을 법령으로 제한할 정도로 포스터의 홍수시대를 맞기도 하였다.

로 드가(Lo Duca)는 '포스터는 높은 미적 수준에 도달할 수 있는 조형적 수단이며 거기에는 아이디어와 착상의 신선미가 예술가의 모든 작품을 지배하고 있다.' 라고 지적했다. 이처럼 시각 전달 디자인에 있어서 포스터는 그 표현 수단이 매우 자유로운 매체이며 작가나 향유하는 측에서는 충분히 예술적인 매력을 느낄 수 있다.

돌하루방의 심벌화 과정, 1970.

현대의 포스터는 단순한 고지의 성격에서 벗어나 예술적인 개념으로 진행되고 있다. 따라서 어느 특정한 알림의 내용이 없는 포스터도 성립이 될 수 있다. 그러한 포스터는 장식 포스터로서 그 존재가치를 갖는다.

엄밀한 의미에서 포스터의 역사는 문자가 만들어져 널리 보급되고 인쇄라는 복제기술이 발명되어 하나의 원화를 많은 양으로 복제할 수 있게 된 이후부터라고 하겠다. 초기의 포스터 작가들은 석판인쇄의 힘을 빌어 복제하는 방식을 취했기 때문에 많은 양을 얻을 수가 없었다. 개막시대의 대표적인 포스터 작가들은 쉐레, 로트렉, 스텐렌 등이며 이들을 포스터의 효시라고 부른다.

밀레스의 '거품' 이라는 순수회화 작품은 포스터에 사용된 최초의 작품이었으며 그 포스터는 당시에 상당한 호평을 받았다.

이후부터 순수회화 작품들을 포스터로 활용하는 기업들이 늘어나기 시작했다. 그러나 하디는 '포스터는 처음부터 본래의 목적을 위하여 디자인 되어야 한다.' 는 이론을 피력했다.

그는 철학적 사고를 가진 포스터업계에서 독특한 스타일을 창조한 작가이다. 그의 포스터는 창조성과 목적성의 양면을 조화시켰으며 과감한 생략과 여백을 살리기 위한 활자체를 사용하였다.

제 품 + 포 장 = 상 품

⑥ 포장 디자인

포장은 인류 역사 초기부터 일상생활의 물품을 보관하고 운송하기 위하여 필요하게 되었다. 포장산업이 활발하게 된 것은 2차 세계대전을 치르면서 군사물자의 수송과 보급의 필요성에서였다. 특히, 도로가 없고 해상이나 산업지대의 전투에서는 고립된 병력에 수송할 방법은 비행기 수송뿐이었다. 따라서 레이션 박스에 의한 수송, 장기보관 병기인 대포나 자동차를 운반하는 공업포장이 급속하게 발달하게 되었다. 그 후 대량생산과 소비의 시대를 맞아 슈퍼나 연쇄점이 출현함에 따라 소비지향적 마케팅 정책의 수립과 더불어 포장의 중요성이 크게 부각되었다.

인스턴트 식품의 범람에 따라 새로운 규격과 품질보호를 위한 비닐이나 알루미늄 등의 신소재가 등장하면서 새로운 포장의 방법이 출현하게 되었다. 1980년대 이후에는 포장이라는 분야가 하나의 중요한 산업으로 각광을 받게 되었다.

가. 소비자와 포장 디자인

오늘날의 시장은 치열한 시장경쟁에 의하여 상품도 소비자들에게 더 매력적이고 기능적이며 편리하고 더 안전해야 하기 때문에 인체공학이나 포장공학적인 연구가 필요하게 되었다. 특히 최근들어 소비자들의 상품에 대한 안목이 높아짐에 따라 지기구조의 편리성이나 색채에 대한 과학적인 관리가 필요하게 되었으며 수준높은 디자인으로 동류상품과의 현저한 차별화의 정책이 필요하게 되었다.

오늘날 소비자의 생활패턴은 소비자 연령층 구성의 변화, 소비자 수명의 연장, 소비자 수입의 증가에 의한 생활향상, 직장여성의 증가, 생활양식의 현대화, 여가 시간의 증대, 도시와 농촌인구의 생활관습 쇄신 등 다양한 생활패턴의 변화로 새로운 포장 디자인을 요구하게 되었다.

오늘날의 시장은 유통의 대형화로 인한 치열한 경쟁 속에서 제품의 포장은 더욱 과학적이고 매력적인 것으로 안전성, 편리성 등이 요구되며 또한 인체공학적인 요구는 더욱 늘어날 것으로 본다. 즉 잘 된 디자인은 색채, 디자인, 일러스트레이션, 심볼, 재질, 레터링 등의 표현이 특이해야 하며, 소비자층에 따라 여성적, 남성적, 경제적 고소득층 혹은 저소득층에 맞출 수 있는 소비자 분석이나 데이타에 의해 제작되어야 한다.

최근 소비자들의 정신적, 물질적인 생활양상으로 그들의 안목이 높아지고 소비 욕구가 강해졌다. 그 원인은 소비자의 학력수준이 높아졌으며 색채나 디자인에 대한 감각에 예민해졌고 범람하는 매체나 미디아를 통해 지식과 정보의 습득기회가 넓어진 데 있다.

이러한 변화는 새로운 제품 및 새로운 포장방법의 필요성의 결정적 요인이 되고 있다.

a. 소비자 연령층 구성의 변화
b. 소비자 수명의 연장
c. 소비자 수입의 증가
d. 여성 직장생활의 기회 확대
e. 생활양식의 변화
f. 여가시간의 증대
g. 도시와 농촌의 생활 패턴의 변화 등

나. 현대 포장의 기능과 분류

A. 포장의 주요기능

포장은 제품기능, 의사 전달기능, 그리고 가격기능 등 세 종류의 기능을 수행한다. 물론 포장의 세 가지 기능 중에서도 가장 기초적인 기능은 제품기능(Product Functions)이다. 제품기능이란 포장이 제품가치가 가지는 각종 한계를 연장하고 극복해 주는 것을 말하며 구체적으로 아래와 같은 기능을 포함한다.

- **제품을 담는 기능 :** 액체나 가루 등으로 되어 있는 제품은 용기에 담지 않고 그 취급이 불가능하거나 어렵다.
- **제품을 보호하는 기능 :** 이 기능을 통해 제품이 상하거나 훼손되는 것을 막는다. 식품은 통조림하여 상하는 것을 막고, 가전제품은 수송 중 훼손되는 것을 방지하기 위해 특수포장한다. 포장은 도난을 방지하는 역할도 수행한다.
- **제품의 사용을 편리하게 하는 기능 :** 제품은 사용자의 손에 도달하면 포장을 쉽게 해체할 수 있을 뿐만 아니라 그 제품의 소비를 편리하게 하여야 한다. 고리를 당겨 여는 음료수 깡통, 분사가 가능하도록 되어 있는 모기약통, 펌프가 달려 있는 스킨로션 등이 그 예다.

포장이 수행하는 두 번째 중요한 기능은 의사전달(Communication Functions)이다. 포장이 수행하는 구체적인 의사 전달기능은 다음과 같다.

- **제품 식별기능 :** 포장의 형태나 색상들을 독특하고 개성 있게 디자인하면 진열대 위에서 쉽게 식별된다. 맥스웰 커피병, 코카콜라병 등은 멀리서도 식별이 용이하도록 포장의 모양과 색상이 특징적이다. 이 중 코카콜라병은 어듬 속에서 만져 보아도 식별이 가능하다. 식별되지 않는 상품은 선택되지 않을 가능성이 높으므로 이 기능은 중요하다.
- **제품의 인상을 지어주는 기능 :** 포장의 형태, 색상, 재질의 적절한 선택과 조화로 제품이 원하는 이미지를 형성할 수 있다. 예를 들면 둥근형, 핑크색상,천으로 된 포장재는 여성의 이미지를, 그리고 정방형, 갈색, 금속포장재는 남성의 이미지를 짓는 데 사용된다.

- **정보를 제시하는 기능 :** 포장은 보통 넓은 겉면적을 가지고 있다. 이 면적은 제품을 만족스럽게 사용하고 구매하도록 유도하기 위한 각종 정보를 인쇄하는 데 활용할 수 있다. 제품의 안전하고 만족스러운 사용을 돕기 위한 정보는 식품이나 의약품 포장에서 많이 발견된다. 제품의 구매를 유도하기 위한 문안이 자주 눈에 띄는 곳은 어린이 장남감 포장이다.
- **태도변화의 기능 :** 포장은 단순히 정보를 전달하는 기능 이외에 제품에 대한 태도를 바꾸는 능력까지도 지니고 있다. 특정제품에 대한 호감을 갖는 이유가 제품 그 자체 때문일 수도 있지만 포장이 그 원인일 수도 있다. 고급술이나 대부분의 고가 화장품은 제품의 품질도 우수해야 하지만 포장이 우아하지 않으면 소비자로부터 외면당하기 쉽다.

포장의 세 번째 기능은 가격기능(Price Function)이다. 포장이 수행하는 가격기능을 살펴보자.

- **대형포장 구매유도 기능 :** 예를 들어 100g의 치약을 1,000원 받고 있는 회사가 200g짜리 가족용 포장을 개발하여 1,800원을 받는다면, 대형포장의 치약선택을 하는 소비자는 소형포장의 치약을 사는 경우보다 상품을 싸게 사는 셈이 되고 기업은 보다 많은 양을 팔게 되는 이점이 있다.
- **다량 구매유도 기능 :** 보통 낱개로 구매하는 음료상품을 다수량 포장을 개발, 낱개로 사는 것보다 가격이나 운반의 이점이 있도록 하면 고객이 한 번에 많은 수량을 사도록 유도하는 것이 가능하다. 병으로 된 콜라는 운반하기에 번거롭다. 따라서 손잡이가 달린 6병들이 2차 포장을 개발해서 낱개로 살 때보다 가격면에서도 유리하도록 하면 1병을 사는 대신 6병짜리 포장을 선택하게 되는 경우가 많다. 이때도 역시 6병들이 포장을 선택하는 고객에게 가격을 낮추어 준 결과를 낳는다.

포장은 크게 나누어 상품보호, 운반편리, 판매촉진을 위한 상업포장, 수송보관 하역의 공업 포장으로 나눌 수 있는데 특히 공업포장은 대형이면서 무거운 제품들의 수송이나 하역에 관한 것이 많다. 포장의 분류는 다음과 같다.

1. 형태별 분류

- 단위포장 : 낱개포장을 말하며 상품의 가치를 높이거나 보호하기 위해서 이다.
- 내부포장 : 포장된 화물의 내부포장을 말하며 습기, 광열, 충격들을 방지하기 위하여 적합한 용기나 재료들을 말한다.
- 외부포장 : 상품의 상자, 푸대, 나무통 등의 재료 등을 이용하여 기호, 상품명, 상표명, 구성비, 라벨들을 표시하는 포장이다.

2. 기능별 분류

상업포장과 공업포장으로 구분된다. 상업포장은 포장의 기능을 판매촉진에 중점을 두는 것이므로 심미성 위주로 전개되는 것이며, 공업포장은 수송과 보관관리의 문제에 중점을 두며 효율적인 기능상의 목적에 우선하여 전개되는 것이다.

이 두 가지 분류는 사실상 현대에 들어 그 구분이 명확하지 않은데, 그것은 미적인 감각과 고도의 기술이 같이 발전하는 데 기인한다.

3. 사용 재료별 분류

- 상자형 포장 : 나무, 종이, 알루미늄, 플라스틱 등의 재질을 이용한 것
- 봉투형 포장 : 종이, 천, 비닐 등의 재질을 이용한 것
- 원통형 포장 : 금속제를 이용한 캔, 종이통 등의 재질을 이용한 것
- 기타재료 포장 : 플라스틱, 유리, 도자기 등을 이용한 포장이 있으며 현대에 이르러 재료 또한 다양하게 발전하고 있다.

다. 새로운 포장전략의 필요성

오늘날 마케팅 도구의 하나인 포장전략의 중요성은 모든 기업에서 인정하고 있으며 실제 포장관련 연구부서를 두어 적극적 개발에 몰두하는 기업도 많이 볼 수 있다. 여기에 맞추어 포장관계의 일만 연구하는 전문 스튜디오들이 속속 늘어나고 있다.

국내에서도 각종 마케팅 지향적인 연구 조사 등의 결과에 의하여 새로운 포장 방법이나 기술의 연구개발이 진행되고 있어 상당한 마케팅 성과를 올리고 있

다. 이러한 포장의 전략적 중요성을 인식하게 된 이유는 다음과 같다.

- 좋은 포장은 소비자들에게 많은 호감을 주도록 제품을 투영하는 가장 효과적인 수단의 하나이기 때문이다. 특히 스낵류 청량음료, 화장품, 선물용품등 소비재의 경우 제품에 호감을 갖고 구매하도록 만드는 데 포장의 역할이 중요하다.
- 좋은 포장은 판매자와 구매자에게 다같이 이익을 주기 때문이다. 좋은 포장의 개발로 물적 유통에서 일어나는 제비용의 절감으로 궁극적으로는 증가된 매출액과 이익 등을 실현할 수 있으며, 제품의 신선도, 파손 방지 사용의 편리 등 다양한 이익을 가져올 수 있다.
- 소매점들의 소비 패턴(Retailing Pattern)과 소비자들의 구매 패턴이 변화함에 따라 셀프 서비스에 의한 상품의 판매가 확대되고 있기 때문이다.
- 소비자들이 경제적으로 풍요해지고 여유가 생김에 따라 소비자들은 편의성, 매력적인 디자인, 유용성, 긍지, 지위 등을 제공하는 제품 포장을 원하기 때문이다. 따라서 제조 유통업체는 마케팅 프로그램의 능률과 이익성을 높이기 위해 이러한 욕구와 기대를 만족시키기 위해 노력할 수밖에 없다.
- 뛰어난 제품포장은 제품 이미지, 기업 이미지를 향상시킴으로써 마케팅 목표의 달성뿐만 아니라 소비자의 여론을 조성시켜, 나아가서는 기업의 이미지로 연결시키는 중요한 역할을 수행하게 된다.
- 특히, 신선도 유지용, 단위 포장, 손쉽게 딸 수 있는 캔과 같은 포장방법은 소비자들에게 편익을 줄 수 있는 제품포장으로 기업의 이미지를 높이는 데 크게 공헌하고 있다.

라. 포장 계획

포장 계획은 생산, 운송, 유통, 소비의 각 단계에 있어서 취급과 작업의 능률화, 코스트의 인하 등이 충족 되어야 한다. 또한 제조과정에서는 취급과 작업 능률화와 코스트의 인하, 수송의 편리와 파손방지, 구매결정에 영향을 미칠 수 있는 색채와 디자인 방향, 저장, 개폐의 편리성, 사용빈도, 포장의 크기 등이 중요한 요소이다. 그래서 포장의 기능이 충분히 발휘될 수 있는 계획을 세우는 것이 필요하다. 그러면 포장계획을 하기 위해 어떠한 점을 체크하여야 할 것인가를 알아보자.

- 포장되어야 할 제품은 무엇인가
- 포장의 목적은 무엇인가
- 포장의 크기는 얼마나 되고 단위는 어떻게 할 것인가
- 디자인과 크기에 제한이 있는가
- 태양광선의 영향은 어떠한가
- 수분의 관계는 어떠한가
- 산이나 알칼리에 저항하는 포장을 필요로 하는가
- 운송중 충격에 대하여 어느 정도의 저항성이 필요한가
- 포장에 투입될 수 있는 최대의 비용은 어느 정도인가
- 포장에 드는 비용을 절약할 수 있는 가능성이 있는가
- 생산라인에서 포장기계에는 어느 정도의 투자가 필요한가

◈ 포장 설계시 고려해야 할 요인

사용장에서의 포장

- 포장은 곧 찢게 되는가
- 다 사용할 때까지 내용물을 보관하는가
- 포장에는 개폐의 장치가 있어야 하는가
- 1회 평균 사용량은
- 재사용을 위한 설계는 필요한가
- 반송 가능한 포장인가
- 포장의 저장 장소는? 사용 전 / 사용중
- 사용 후 포장은 어디에 두나
- 포장은 사용 후 재사용되나
- 크기, 색채, 소재의 요인은 어떤 영향을 미치는가

점포 내에서의 포장

- 운송방법, 운송수단은?
- 어떤 고객에게 판매되나
- 포장이 판매의 주역인가
- 포장이 진열의 일부가 되는가
- 어느 정도의 거리에서 식별되어야만 하는가
- 내용의 확인은 어떻게 하나
- 상품의 회전율은?
- 어떤 장소에 두나
- 점포 내에서 포장은 어떻게 다루어지나

운송중의 포장

- 운송방법, 운송수단은?
- 골판지나 나무 상자가 사용되는가
- 재질의 요인은 어떠한 영향을 미치는가
- 온도, 습도, 충격, 도난 및 충해에 대한 보호책은?
- 운송수단과 관련하여 고려해야 할 사항은?

창고에서의 포장

- 보관방법은?
- 취급방법은?
- 적송 단위는?
- 재고는 어떻게 다루나
- 필요한 보호 수단은?

공장에서의 포장

- 포장형태와 수량은?
- 빈 포장의 저장소는?

- 제품을 넣고 표찰을 붙이는 방법은?
- 사용포장의 기계는?
- 종업원의 유능한 정도는?

신언모 작.
연말연시 겨냥한 제일제당 선물세트,
1990.

마. 포장 디자인의 개발 조건

포장 디자인의 개발은 회사 내외의 여러 기관과의 협동과 노력이 포함되는데 여기에는 경영팀, 디자이너, 엔지니어, 화학자, 회계사, 심리학자, 영업부 직원 등 각 방면의 배경과 의견 및 관심을 가진 많은 사람들을 포장 개발 프로그램을 위한 정보의 수집, 데이터의 평가에 응용할 수 있어야 한다.

이러한 포장 디자인의 개발요건들은 다음과 같다.

• 제품의 성격	식품, 의약품, 화장품, 장난감 등 포장재료의 선택에 의해 분류
• 제품의 형태	액체, 고체, 건체 또는 크기와 모양, 발화성의 유 · 무 등을 고려
• 제품의 특성	부패, 폭발, 파손, 감광 정도, 온도, 화학적 변화 등의 요인 분석
• 유통시 취급의 특성	운송방법에 있어 충격, 진동, 압력의 차이, 기온, 습도 등을 감안
• 보관 창고의 특성	에어콘 설치, 온도와 습도의 적합성, 곤충이나 동물의 침입, 물품 출 · 입고의 편리성 등이 고려되어야 하며 출 · 입고시에 제품명, 브랜드명, 포장의 규격, 수량, 색채 및 주의서 등을 쉽게 알아볼 수 있는가의 필요성
• 소비자의 특성	포장의 크기, 종류, 포장색의 구별, 기능적, 외모의 미려, 크기나 모양의 정도
• 시장의 특성	소비자의 연령, 성, 인구분포, 경제생활 정도, 교육수준 등의 파악
• 생산의 특성	대량 시스템의 적합 여부, 재료의 결합이나 구입이 용이한가
• 포장의 제한 및 법적 규제	소비자보호법에 적용 여부, 상품등록의 문제, 일러스트레이션의 등록, 상호의 등록 등
• 포장 재료	제품 생산에 맞는 적절한 포장재의 선택이 필요하며 생산비에 코스트 다운, 생산자, 포장 기술자들의 세밀한 계획이 필요

⑦ 편집 디자인(Editorial Design)

에디토리얼(editorial)이라는 단어를 직역한다면 '편집의' 또는 '편집상에 관한' 이라는 뜻이 된다. 신문이나 잡지, 서적, 그리고 책자형식의 인쇄물들을 시각적으로 구성하는 그래픽 디자인의 한 분야라고 할 수 있다.

즉 레이아웃, 타이포그래피, 일러스트레이션, 지질, 인쇄방법의 선택 등을 그 내용으로 하며 편집 디자인, 출판 디자인, 북 디자인이라고도 불리는데 미국에서는 퍼블리케이션 디자인이라는 단어로 총칭하여 사용된다.

편집 디자인의 발달은 잡지의 역사와 어느 정도 맥락을 같이 한다. 미국의 경우 1890년경부터 잡지가 대중화되면서 1930년을 전후하여 『포춘(Fortune)』지에서 실시한 시각개념과 에디토리얼 개념을 통합한 대중잡지의 발행을 편집 디자인의 시작으로 보고 있다.

특히, 에디토리얼 디자인에서 그리드(grid)의 적용은 종전 여타 잡지에서 볼 수 없었던 시각적 질서를 창출했으며 이것은 곧, 그래픽 디자이너들에게 새로운 가능성을 마련해 준 계기가 되었다. 에디토리얼 디자인에 있어서 레이아웃은 상당히 중요한 부분이다.

허버트는 에디토리얼 디자인을 '인쇄물의 지면을 꾸미는 아이디어와 형태, 그것의 독특한 조합' 이라고 정의했다. 즉 레이아웃은 페이지 디자인을 수용하는 보다 큰 규모의 아이디어, 형태, 그것의 조합이다.

레이아웃의 형태는 크게 프리(free) 방식과 그리드(grid)방식으로 나눌 수 있다.

프리 방식은 디자이너의 직관에 의존하며, 그리드 방식은 모듈(module)에 의한 그리드의 구성과 그 구조에 의존하는 방식이다

황아경 작 (2004.2.)

4. 디자이너의 임무 12계명

1) 디자이너는 생각을 그리는 사람이다.

모든 생각의 근원은 풍부한 경험과 축적되어진 지식이 얼마나 있느냐? 는 문제를 해결할 수 있다. 디자이너는 인류의 꿈(소비자의 꿈)을 시각화하는 사람이다 그래서 늘 꿈을 꾸고 혁신적이며 창의적인 사고(모험)을 통해 이루어다 (2008년, GM본사에는 총 디자이너 200명중 43명이 한인 출신 디자이너로 그들의 혁신적인 디자인에 감탄하고 있다.

GM의 야심작, 허머HX
남성적인 컨셉카
제주도의 파도 풍광서 영감을 얻음
2008년 디트로이트 모터쇼에서
릭 왜고너 회장이 직접공개.
강민영(여), 제주대졸 2001년 유학

2) 생각(Thinking)은 혁신적(Innovation)이어야한다.

미국사람과 영국사람이 다른 것은 영국인은 전례가 있을 때 시작을 하고 미국사람은 전례가 없는 것을 찾아서한다. 바로 벤처와 모험정신이다. 하루에 1시간 무엇을 생각하고 무엇에 대한 행동을 하느냐, 그리고 어떤 인생철학을 가지고 있느냐가 중요한 관건이다. 나는 여기서 월급받고 일한다는 생각을 버리고 내회사라고 생각하며 일하라.

3) 긍정적인 생각을 가져라(Making Change)

그것은 안돼.. 이것은 원래 이런것이야 등등의 기본적인 출발이나 생각에서부터 부정적인 생각과 행동을 버리고 생각해야한다. '디자인 한다' 라는 의미의 가장 기본적인 행동은 긍정적인 생각 (Making Change)(만들기+변화)이다.

우리가 살아가는 것에 대한 변화 그것은 바로 디자인이다. 그래서 창의적이면서 관계적 사고가 중요한데 새로운 개발에 도전하려면 본인이 젖어 있는 타성에서 벗어나는 것이 중요하다.

(음악감상과 명상은 긍정적인 마인드에 큰 힘을 준다)

4) 디자이너는 비젼(Vision)이 있어야 한다.

비젼이란 다른 사람들이 보지 못하고 생각하지 않는 것을 먼저 깨닫고 행동하는 것을 말한다.

5) 자신의 일에 대한 열정과 사랑을 갖어라(The Passion, 이채욱저).

우리는 항상 현실의 세계를 쉽게 인정하는 습관이 있다. 그것은 안돼! 특히 why not? why who 라는 끈질긴 의혹과 "왜"라는 생각.. 이것은 상상력의 출발이며 새로운 발상의 기초가 된다. 일상생활에서 불편함을 느끼면 "왜 이런 물건이 없을까?" 왜 아무도 안 만들고 있을까? 현 디지털시대에 이러한 생각은 미래를 향한 경쟁력의 첫걸음이 될 중요한 요소이다.

6) 수평적 사고를 가져라.

수직적 사고는 한번 실패하면 좌절하기 쉽다.

그래서 수평적 사고가 좋은 점이 많다. 다시말해 한구덩이를 파다 실패하면 다른 구덩이를 팔 수 있는 방법, 항상 넓게 보고 넓게 생각해야 한다.

7) 디자인 마케터(Design Marketer)가 되도록 노력해라.

디자인 마케터란 디자인과 마케팅의 세계를 자유롭게 넘나들며 소통과 조화를 이끌어 낼 수 있는 사람 (히트 상품을 만들 수 있는 사람)

어떤 사람은 디자이너들의 행동에 괴상하고 희귀한 사고방식이라고 말 할 때도 있다. 그러나 지금까지 논리적 혁신에 기댔던 기업들이 지금은 조금 엉뚱한 것에 관심을 두고, 조금 더 뻔뻔스런 것에 눈길을 주고, 또한 조금 더 창조적(혁신적)일 때 박수를 준다는 사실을 기억해라. 장사/사업은 다른데, 장사는 100원에 사서 그 자리에서 110원에 팔지만 사업은 100원에 사서 90원에 팔기도 한다. 서로 목표가 다르기 때문이다.

8) 미래지향적인 삶을 가져라.

IBM은 일찍이 컴퓨터의 시장을 상세히 파악하여 손바닥 보듯 앞을 내다보며 컴퓨터 시장에서 성공한 선두기업이 되었다. 그러므로 마케팅과 소비자에 대한 철저한 연구가 필요하다.

9) 타인을 감동시키는 논리를 가져라.

디자이너는 필히 경제 신문을 구독하여 시장의 신기술, 경제의 흐름이나 전망을 보고 디자인에 접목시키는 능력이 필요하다.

일반적인 과학이나 공학, 문학 등 다양한 분야의 책을 폭넓게 독서하는 습관을 가져라. 그런 기본이 되어야 모든 소비자가 공감하는 명품디자인이 될 수 있다. 한국의 쌈지 시장은 CEO자신이 디자이너들 예술가들과 같이 생각을 공유하며 신제품을 만들어 내고 있다.

10) 다문화 사회를 대비해라.

요즘에는 아시아의 뜨는 별, 가수 등 연예 엔터테인먼트 부분이 날개를 달고 동남아 특히 중국, 일본에 까지 한류가 넘치고 있다. 불란서의 엔터테인 작가는 앞으로 동남아 문화는 한국이 주도할 것이라고 예언도 했다. 이제는 다국적 문화, 인종, 언어가 등장하고 있다. 기업은 자원이 없어 동남아로 갈 수 밖에 없고 120만 명의 외국인이 함께 살고 있는 나라, 그러므로 다국적 문화와 언어를 이해하고 world 비즈니스 감각을 가져야 한다. (2010년 오리온 고래밥 단일 품목만 보아도 한국시장에서 300억 중국시장에서 800억 매출을 올렸다. 다음은 베트남 시장이라고 한다.)

11) 유비쿼터스(ubiquitous) 문화가 온다.

연탄은→ LPG로, LP는→CD→MP3로 IQ(지능)→EQ(감성)→SQ(사회적지능)시대로 가고 있다. 자동차, 가전, 가정, 사회가 유비쿼터스 문화로 접어들었다.

12) 디자이너는 비즈니스맨이다.

엔지니어가 제품을 구성하면 디자이너는 잘 팔리는 제품으로 만들어 판매에 성공하는 것이 기업인의 목표이다. 디자이너는 대중이 좋아하는 예술감각 감수성을 줄 뿐이지 예술가는 아니며, 생산자와 소비자 사이에서 교량역할을 하는 중요한 위치의 비즈니스맨이다.

디지털시계

아날로그에 담긴 철학과 미학적 외형! 디지털은 편리하고 친절하지만 금속성의 차가운 느낌은 남아 있다.

제3장 커뮤니케이션 디자인 방법론

1. 크리에이티브
2. 컨셉(concept)
3. 창조적인 아이디어 개발 전략
4. 커뮤니케이션
5. 아이덴티피케이션
6. 광고 디자인
7. 홍보와 디자인
8. 디자인 가치의 측정

Google(엉뚱한 사람들)

"다양성은 창조의 기본이다."
미국의 3M이 그러하듯이 어느 조직이든 다양한 생각과 경험을 가진 사람이 있어야 한다.
구글은 기존의 관성이나 관행을 타파하기 위해 일부러 회사코드에 어긋나는 인재를 꾸준히 채용하고 있다. 성 연령 인종 등 인구 통계적 다양성 사고와 지식 등 사회문화적인 다양성이 창의성을 좌우한다고 믿고 있다.
그래서 구글의 인재는 운동선수, 퍼즐챔피언, 산악인, 과학자, 의사 등도 더 많은 에너지와 아이디어를 창출하고 있다. 구성원들은 자신의 전문 분야뿐 아니라 주변사람들의 전문 분야까지 지식을 넓혀가고 있다. 구글의 인적관리는 다양성과 자율성보호를 위해 창조적 혁신으로 이어지도록 제대로 관리하고 있다. 관리되지 않은 다양성은 오히려 갈등을 유발 할 수 있기 때문에 장기적으론 창의적 인재를 도태시킨다.
다시 말해 포용의 文化와 공유의 문화를 구축하고 있는 것이다. 구글이 각자 근무시간의 20%를 자기가 하고 싶은 일에 투자하도록 (3M도 같다)하는 20%의 룰도 여기에 기반한 것이다.
직장이자 놀이 공간인 "구글 캠퍼스"는 총천연색이다. 빌딩사이의 광장에는 빨강, 노랑, 파랑의 피라솔이 즐비 옆 뜰에선 비치발리볼 하는 사람, 부메랑 날리는 사람, 꽃밭을 가꾸는 등 직원들이 자유롭게, 구글본사의 메인 빌딩에는 커다란 모형비행기?...가 있고 벽에 걸린 화이트보드는 낙서와 메모로 꽉 차! 낙서속에는 세상을 바꿀만한 아이디어가 가득?

(구글창업자 Laray page의 지시로)

숫자로 본 구글(전세계 500개의 지사) 노트

창업일. 1989. 9
CI. 칼라풀의 CI는 한국인디자이너가 제작.
시장점유율, 세계검색시장의 60.8% (2007. 7)
입사지원자 수, 하루평균 3,000여명
매출액 증가추이 2003년 15억$에서 2006년 106억$로 매년 200%신장

엉뚱한 상품탄생?
약점 → 강점으로, 강점 → 약점으로, 관점의 변화가 대중 성공작품으로 변신한 예

1. 비이그라의 탄생
1991. 화이자 심장약인 실데나벨을 개발 했으나 별 이익을 보지 못했으나, 실험도중 부작용으로 나타난 성기능 활성화 효과를 발견

2. 일본의 Cutter
매일같이 종이를 자르는 인쇄소직공, 몇 번 자르고 칼날을 교환 또 날을 세워야해! 깊은 생각 끝에!

3. 웅진코웨이 렌털사업
IMF이후, 창고에 쌓여만 가고 민중! 차라리 나누워주자!

4. 3M 포스트잇
쓰리엠의 연구원이 강력한 접착제를 만들려 했지만 접착력이 약한 실패작품!

5. 송승환의 난타(만두썰기. 깜짝전통혼례)
주방장의 칼질을 보고 기획. 뉴욕무대에서 성공. 주방에서 벌어지는 상황을 코믹하게 해석한 비언어극.

6. 박진영. Wonder Girls
원더우먼 장면을 살려서 만든 춤. Tell me를 키운 엔터테인 사업가. 미국시장을 뚫은 최초의 아시안 프로듀서

7. SM엔터테인먼트, 동방신기 (시스템으로 교육, 운영체계)
동방신기는 이수만씨가 애초부터 중화권을 겨냥 멤버중 1명은 중국인을 키워, 중국 현지 설문조사에서도 1위로 상승. SM은 국내 처음으로 스타육성 시스템을 체계화 한 회사.

구글Google.
無所不在한 검색엔진. 어느 평론가가 말했듯이, "구글은 신이나 마찬가지다."

1. 크리에이티브

크리에이티비티(창조성)는 동일한 사물이나 아이디어를 다양한 방법으로 볼 수 있는 능력에 의존하며 여러가지 다양한 의견이나 아이디어를 창출해 내는 능력을 말한다.

창조성에는 각 개인의 개성과 함께 생각하고 행동하는 데에 독립적일 것, 자발적일 것, 독창적일 것 등이 요구된다. 일반적으로 고정관념이 깊은 사람은 보수적인 경향을 띄고 새로운 것에 대해 부정적인 성향을 보인다. 이는 틀에 박힌 교육과 경험에 의해 기능과 사고가 굳어진 것으로 볼 수 있다.

이러한 사람의 경우 문제해결에 있어 기계화, 경직성, 고착화의 현상을 갖는다. 특히 우리는 학교교육을 통해 평면적 사고, 수렴적 사고에 익숙해져 있다. 습관화된 사고방식 또한 새로운 행동을 어렵게 하듯이 새로운 형태의 사고도 저해하게 된다.

1) 크리에이티비티와 지능과의 관계

일반적으로 지능이 높은 경우 창조성도 높을 것이라 인식하고 있다. 이에 대해 게첼스(Getzels)와 잭슨(Jackson)은 창조성과 지능과의 상관관계를 연구하였다. 연구는 실례적인 지능시험에서 높은 점수를 받은 그룹의 특성과 소위 창조성 시험을 받은 그룹의 특성을 대조시켰다.

결과는 '매우 지능이 높은' 그룹은 순응적이고 순종하였으며, 윗사람의 승인을 얻으려 했고 '매우 창조적인' 그룹은 보다 독립적으로 자신의 표준과 가치를 설정하였으며 교사들에게 인정받지 못하는 경향이 있는 것으로 나타났다.

두뇌의 기능분화에서도 볼 수 있듯이 창조성과 지능은 각기 다른 특성을 지니고 있다. 즉 창조성은 직관적이고 감각적인 기능을 지닌 좌뇌의 사고영역에 해당되는 것이며, 지능은 정해진 하나의 답을 구할 수 있는 경직된 우뇌의 사고를 요한다.

이러한 측면에서 창조성과 지능은 상당히 큰 차이가 있음을 알 수있다. 창조성은 직관적이고 감성적인 영역으로 정해진 틀을 거부하는 성향을 지니고 있다.

그러므로 창조적인 성향의 사람이 높은 지능을 지니기도 하지만 지능이 높은 사람이 반드시 창조적인 것은 아니다.

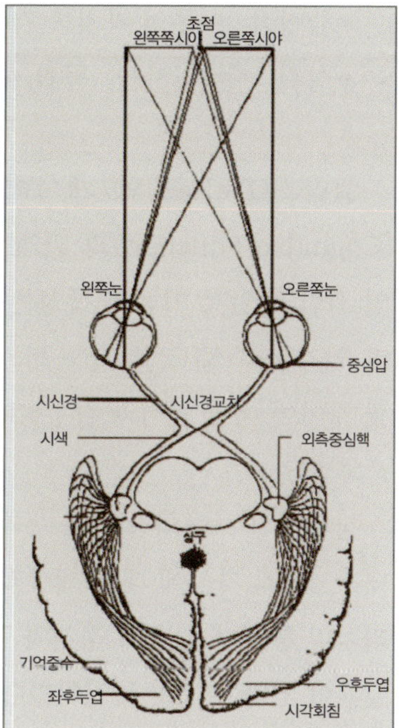

양쪽 망막에서 시각피질까지의 시자극 경로

뇌반구 및 신체구조

2) 창의적 인간의 특성

성격 특성론자들은 창의적인 인간의 특성을 다음과 같이 설명하고 있다.

- 창의적인 인간은 사회적인 문제보다는 아이디어나 사물에 보다 깊은 관심과 흥미를 갖고 있으며 그러한 문제를 해결하는 데에 보다 높은 가치를 부여하고 있다.
- 확신하고 있는 일에 용기를 가지며 호기심이 강하고 스스로 판단하며 위험이나 실수를 두려워하지 않는다.
- 판단과 사고에 있어서 독립성을 보다 많이 보인다.
- 자기 표현의 강한 의욕이 보이고 타인의 통제를 거부하는 태도가 강하며 지배욕이 강하다.
- 다방면에 걸친 새로운 경험 영역에로 자기자신을 개방한다.(즐겨 빠진다.)
- 복잡하고 모호한 문제에 관용적이며 그러한 문제에 오히려 도전하려는 경향을 보인다.
- 창의적인 인간은 대다수 사람의 생각 혹은 행동상의 표준에서 용감하게 이탈하며 그러한 태도를 굽히지 않는 끈기와 용기를 보이고 있다.

- 심미적, 이론적 가치를 가장 많이 선호하고 있다.
- 성취, 지배, 자율, 독립, 무질서, 변화, 공격의 욕구가 더 강하다.

델라스(Dellas)와 게이어(Gaier)는 창의성이 지능보다는 인지기능(Cognitive Function)과 관계짓는 것이 더 합리적이라고 제안하였다. 창의적인 사람의 인지 기능의 특성은 인지 복잡성(Cognitive Complexity)을 선호하며 인지 신축성(Cognitive Flexibility)의 폭이 넓고 자유롭다는 것, 외부세계 및 자아에 대한 인식과 감수성이 높은 지각적 개방성(Perceptual Openess) 등으로 보았다.

창의적인 사람의 인성과 동기적 특성을 연구한 결과 창의적인 사람의 인성은 내적, 외적 자극에 대해 개방적이며 억압에 의해서 무엇인가를 해야 한다는 심리적인 통제가 없으며 정서와 감정에 대해 폭 넓은 개방성과 미적 감수성이 발달되어 있다는 것이 특징이었다.

Dewing (1970), Wallach (1970) 등의 연구를 종합한 결과, 첫째, 모든 경험에 대해 개방적이고 수용적이다. 둘째, 군중이나 사회적 압력으로부터 비교적 동요되지 않는다. 강한 자아 정체감, 자아 수용감, 독립심을 갖고 있기 때문에 남보다 자신을 더 신뢰한다. 셋째, 부모와의 관계에서 덜 의존적이며 정에 얽메여 행동하지 않고 부모 자신도 지적 흥미와 관용적인 자녀 양육 철학을 갖고 있다.

창의적 사고력에 대한 학자들의 견해는 다음과 같다.

- 그들은 엉뚱하고 바보 같은 생각을 지니고 있다는 비난을 흔히 받는다. 그리고 유머 감각이 풍부하다.(Torrance)
- 예술 감각이 풍부하고 글씨를 잘 못 쓴다. 사람의 이름을 잘 잊는다.(Arnold C. Copper)
- 이타적, 정력적이며 자기주장이 강하고 틀을 거부한다. 다재다능하다. 사고 판단이 독립적이며 괴짜 습성을 지니고 있다.(Hirsh. N)
- 높은 자신감과 뛰어난 사회성을 지니고 있으며 융통성이 풍부하고 자기 수

용적이다. 항상 판에 박힌 양식을 거부한다. 예리한 식별력과 관찰력을 지니고 있다.

3) 사고의 유형

① 좌뇌와 우뇌의 사고

반구의 분화에 대한 과학적 증거는 뇌 손상을 당한 환자들에 의해 연구되었다. 좌뇌가 손상된 환자는 말을 잘할 수 없는 언어장애를 초래한 반면, 우뇌를 다친 환자는 공간지각을 할 수 없었다고 한다. 따라서 좌뇌는 언어적 사고의 장이며 우뇌는 창조성을 발휘할 수 있는 비언어적 사고로서 각각 고유의 다른 기능을 갖고 있음이 밝혀졌다.

좌뇌는 신체의 오른쪽을 담당하고 있다. 우리가 학교교육에서 우수한 성적을 올릴 수 있는 기능을 가지고 있으며 지식을 습득해가면서 더욱 우세하게 발달된다. 이것은 좌뇌가 분석적, 논리적, 언어적 사고에 익숙해 있기 때문이다.

좌뇌는 복잡한 것을 간단 명료한 단어나 상징, 추상으로 해체하여 인지하고 이름을 붙이고 나누는 일을 즐겨한다. 또한 읽기, 쓰기, 말하기, 셈하기에 능숙하다. 따라서 현재의 교육 내용은 좌뇌 방식에 지나치게 편중되어 있음을 알

좌 뇌	우 뇌
언어적 사고 **수렴적 사고**	**비언어적 사고** **확산적 사고**
논리적, 수학적 계열적, 순차적 합리적, 기억 분석, 정보 훈련, 판단력 객관성	공간적, 직관적 은유적, 동시적 상상력, 감각적 감정, 무의식 개방(수요성) 육감, 영적

좌뇌와 우뇌의 비교분석표

수 있다. 그러므로 창조성 개발의 열쇠는 사고를 활성화시킬 수 있는 우뇌의 개발에 있다 해도 과언이 아니다.

우뇌는 직관적이고 감각적인 능력을 지니고 있으며 비언어적인 사고와 확산적 사고로서 시각적, 공간적, 연관적 정보에 강하다.

그리고 정보처리 과정은 직선적이며 받아들이는 동시에 즉각적으로 처리한다. 이러한 우뇌의 기능 특성에 해당되는 요소들은 창조성 개발방법으로 받아들여져야 하며 집중적인 감각훈련이 필요하다.

다음 L-모드와 R-모드를 설명하는 데 좋은 역할을 하리라고 본다.

L-모드는 똑바로 앉아서 완벽하게 각이 진 자세로 세상에 대해 눈을 감고 있다. R-모드는 항상 세상을 다른 각도에서 보면서 크게 뜬 눈으로 장난스럽게 거꾸로 본다.

앞에 열거한 기능은 두뇌의 왼쪽 반구와 오른쪽 반구로 양분되어 인간의 95%에 해당되며 나머지 5%는 혼합형으로 왼손잡이나 오른손잡이의 경우 그 위치가 다를 수도 있다. 여기에 L-모드, R-모드라는 말을 붙이고 있는 것은 두뇌의 위치를 엄격히 나타낸 개념이라기보다 사고방식에 따른 것이다.

② 수평적 사고

수직적 사고란 논리적 사고, 즉 추리력을 말하며 어떤 문제에 집중적으로 깊게 생각하여 해결책을 찾는 방법이다. 수평적 사고는 어떤 문제에 대해 횡적으로 다양하게 생각하여 그 중 알맞는 해결책을 찾아내는 시각적, 창조적인 방법으로 다각적으로 사고함으로써 치밀성이 부족하고 허점이 따를 수 있으나 상황

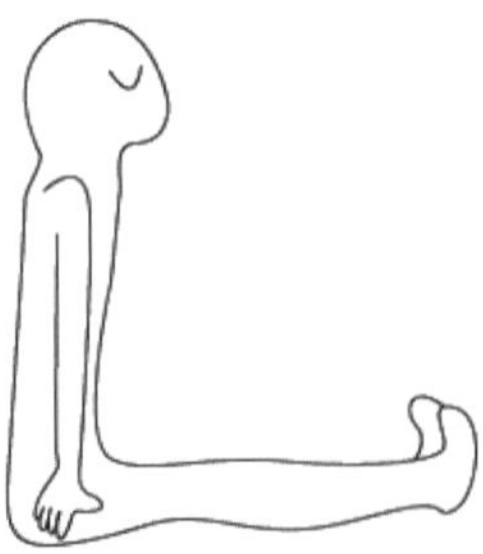

L모드- LEFT

R모드- RIGHT

에 따라 아이디어를 다양하게 구상함으로써 문제를 쉽게 풀어나갈 수 있는 장점이 있다.

4) 창조성 개발을 위한 방법

① 고정관념 탈피

흔히 해보는 성냥개비 퍼즐을 풀다보면 재미있는 현상을 발견하게 된다.

즉 상식적인 사고가 아닌 3차원적 사고로써만 문제가 해결되는 경우가 있다는 점이다. 다음의 예도 그 한 가지이다.

(퀴즈 1)

성냥개비 6개로 정삼각형을 만들어 보자. 이때 성냥개비를 구부리거나 꺾어서는 안 된다.(해답은 뒤에)

지금까지 해오던 것처럼 평면적인 사고로서는 풀 수 없다. 입체적 사고 또는 3차원적 사고를 해야만 문제를 풀 수가 있다.

(퀴즈 2)

성냥개비 4개로 밭 전(田)자를 만들어 보자. 역시 성냥개비를 구부리거나 꺾어서는 안 된다. (해답은 뒤에)

(퀴즈 3)

다음과 같은 9개의 점을 연필을 떼지 않은 채 연결된 4개의 직선으로 한 번에 지나가게 해보라.(해답은 뒤에)

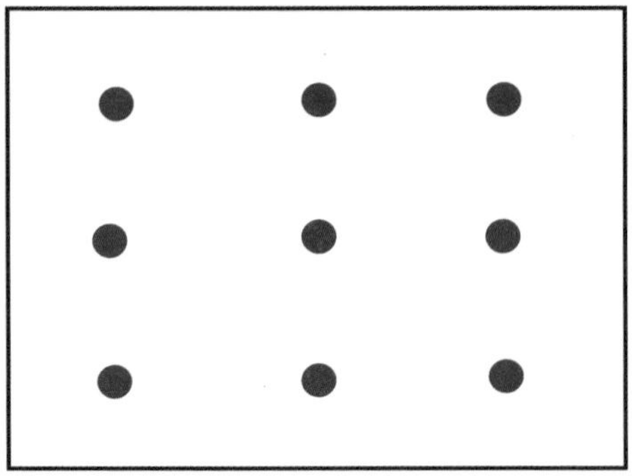

고정관념이란, 어떠한 것에 대한 가치를 무의식적으로 부여하는 것이라고 할 수 있다. 틀에 박힌 생각은 좀처럼 바뀌지 않는 것이 보통인데 이러한 의식이 강한 사람들에게는 흔히 '보수적' 이라고 표현한다. 이러한 보수적인 성향의 사람들에게서는 창조성을 찾아보기 힘들다. 창조적인 사고를 위해서는 개방적인 성향의 사람이 가능성이 더 높기 때문이다. 시대적 유형도 보수적인 사회에서 보다는 진보적인 사회에서 더 빨리 보급되는 이유도 여기에서 기인함을 알 수 있다.

앞의 문제를 풀이하는 데 있어서도 한 번에 지나가야만 한다는 것 외에는 아무런 제약이 없다. 그러나 대부분의 사람들은 사각의 틀에 얽매여 이 문제를 쉽게 풀수가 없다.

이와 같은 고정관념의 틀은 창조성이 요구되는 디자인 분야에서 큰 문제로 대두된다. 중요한 사실은 창조성이 새로운 아이디어를 창출해 내는 것뿐만 아니라 낡은 아이디어를 피하는 능력도 포함한다는 것이다.

② 자아 중시

창조적인 인성개발과 함께 창조성개발에 있어 학습자가 갖추어야 할 중요한 내적 조건으로는 '나도 창조성을 발휘할 수 있다.' 는 스스로의 능력에 대한 신념을 갖는 일이다. 부정적인 마음과 생각을 지니고 있으면 반드시 결과도 좋지 않다. 따라서 모든 크리에이티브 작업에는 긍정적인 자아관을 확립하는 것이 무엇보다도 중요하다. 이것은 자신을 가치 있는 존재로 인정하고 개성을 지닌 독립적인 인간으로서의 가능성을 깨닫는 것이다. 즉 자신의 생각들을 중히 여겨 작은 아이디어도 버리지 않고 주의를 기울이는 것을 말한다.

실제로 당신은 창조적이라고 생각하는가라는 질문에 '그렇다' 라고 대답한 부류는 창조적인 성향을 보인 반면, '그렇지 못하다' 라고 대답한 부류는 경직된 사고의 소유자들로 창조적이지 못했다.

③ 풍부한 경험과 지식의 축적

지식이나 경험은 많을수록 창조적인 문제해결에 많은 도움을 주며 많은 정보를 지닐수록 훌륭한 해결책을 갖는 기회가 마련된다.

인간의 두뇌에는 항상 다양한 체험이나 교육을 통해 기억된 정보와 지식이 축적되어 있는데, 이것은 어떤 문제에 부딪쳤을 때 그 문제와 관련된 과거의 체험이나 기억된 지식이 먼저 떠오르게 되는 것이다. 이러한 사고를 재생적 사고라 한다.

창조적 사고를 위한 사고의 유형에는 재생적 사고와 생산적 사고 두 가지가 있다. 우리는 체험을 바탕으로 하는 재생적 사고의 바탕 위에 새롭고 창조적인 생산적 사고를 더함으로써 창조적 사고를 유도할 수 있다. 이러한 이유에서 사회적인 경험이라든가 많은 책을 읽어 지식을 습득하여 생각할 수 있는 것은 재생적 사고의 기틀에 큰 보탬이 된다.

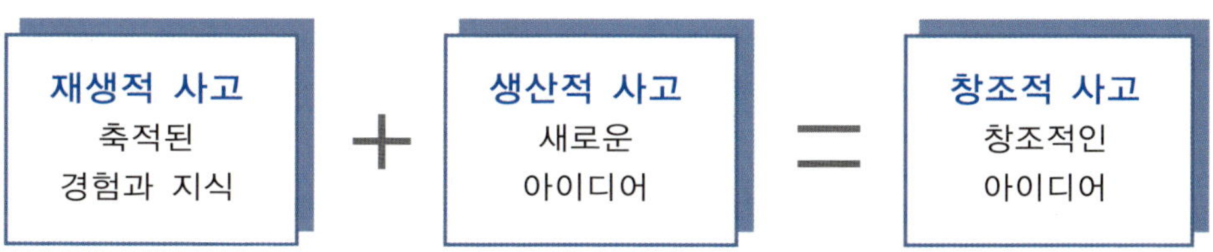

④ 풍부한 상상력

마음의 눈을 통한 내적 심상, 즉 상상력은 창조적인 사람들의 사고과정에서 매우 중요한 역할을 한다.

우리가 평상시의 생활에 익숙해져 있을 때, 즉 타성에 빠져 있을 때 상상력은 그 문을 굳게 닫아 버린다. 따라서 상상력을 활성화시키기 위해서는 수동적인 생활방식에서 벗어나 능동적인 삶으로 전환하고자 하는 적극적인 노력이 필요하다.

낯선 장소에 서 있을 때, 끝없는 가로수 길을 바라볼 때, 또는 눈 내리는 겨울바다를 바라볼 때, 편안한 자세로 의자에 앉아 있을 때 자신의 사고의 장이 열리는 것을 느껴 본 적이 있을 것이다. 따라서 자신의 마음을 텅 비우고 취향에 맞는 분위기를 연출하여 직접 체험할 수 있는 능동적인 자세가 풍부한 상상력을 지닐 수 있는 첩경이라고 할 수 있다.

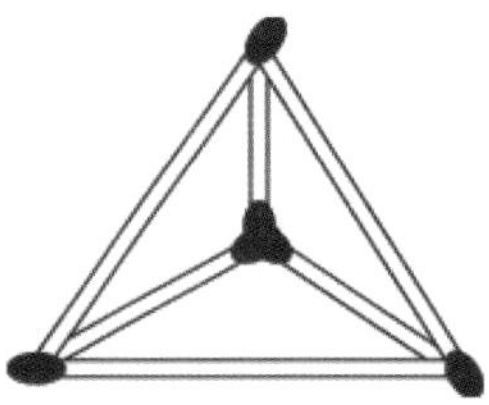

★ 퀴즈 1의 해답
성냥개비 3개로 바닥에
정삼각형을 만들고
그 위에 성냥개비 3개를 세운다.

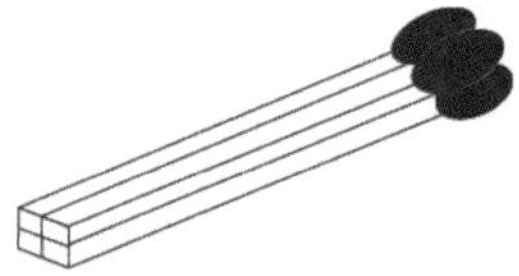

★ 퀴즈 3의 해답
성냥개비 4개를 모아 쥔다.

★ 퀴즈 3의 해답
점을 벗어나도록 선을 긋는다.

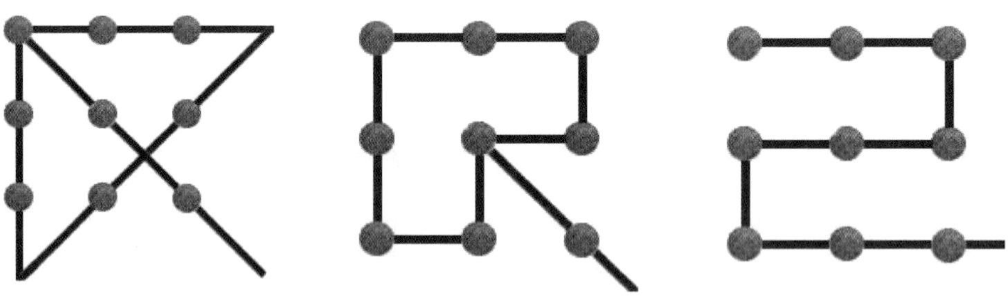

5) 크리에이티브 아이디어(Creative Idea)

① 아이디어(Idea)

도대체 아이디어란 무엇인가? 디자인에 종사하는 사람들이 사용하는 이 말에 대해서 정확한 지식을 가질 필요가 있다. 아이디어는 일반적으로 '반짝 떠오르는 착상(着想)' 정도로 인식하고 있다. 여기에서는 두 가지 타입(Type)의 사람을 비교해 보겠다.

- '반짝 떠오르는 착상' 으로 곧 행동에 옮기는 사람
- 항상 질서정연하게 사물을 고려, 적절한 판단아래에 행동을 하는 사람

이 두 가지 타입을 비교했을 때 전자를 '적극적이다', 후자를 '소극적이다' 라고 단적으로 단정할 수는 없다. 아이디어와 판단력은 카테고리(Category)가 다르기 때문에 이 두 유형은 비교될 수 없다.

따라서 판단력이 좋은 사람이 반드시 풍부한 아이디어를 가지고 있다고는 볼 수 없다. 이것은 관리직에 있는 상사가 반드시 그의 월급에 상당하는 아이디어를 가지고 있다고는 볼 수 없는 것과 마찬가지이다. 우리들은 현재 눈앞에 없는 것 혹은, 손에 닿지 않는 것들의 상(象)을 머리 속에 그릴 수가 있는데 이것을 상상이라 한다. 상상은 다음의 3가지 타입으로 나누어 볼 수 있다.

- 적극적 상상 : 목적이 있어 그것에 도달할 수 있도록 의식적으로 상상해 가는 것
- 소극적 상상 : 과거에 경험한 일을 머리 속에서 해체 · 결합하여 꿈같이 상상하는 것
- 공상 : '어떻게든 이 문제를 해결하지 않으면 안 된다.' 라고 하는 생각에 자기를 몰아넣어 여러 가지 상상을 쫓아가는 적극적 상상. 이 일을 아이디어라고 부른다.

② 분위기 조성

우리에게는 그동안 하지 말아야 할 규범들이 너무나 많았다. 감수성이 풍부한 중·고생 시절에는 엄격한 통제아래서 타율적으로 틀에 박힌 생활을 해왔다. 그러나 중요한 것은 창조성이 자유인의 산물이라는 것이다. 무엇보다도 창조적인 사고는 틀리는 것을 두려워하지 않고 새롭고 독특한 아이디어가 제안되고 탐색되는 자유스럽고 적극적인 분위기 속에서 가장 잘 길러진다는 점이다.

- 따라서 수업 분위기는 자유스럽게 조성되어야 하며 어떤 아이디어라도 처음에 이상해도 결코 하찮게 넘겨서는 안 된다.
- 시간적 압박 속에서는 혁신적인 아이디어가 생기지 않으므로 생각할 여유를 주어야 한다.
- 아이디어를 평가할 때는 옳다(○), 그르다(×)는 식의 평가방법을 피해야 한다.
- 수업 분위기는 학생중심으로 하여 자발적이며, 긍정적인 분위기로 작업에 임할 수 있도록 해준다.

2. 컨셉(concept)

1) 컨셉의 개념

우리는 일상생활에서 컨셉이라는 단어를 자주 사용하지만, 그 뜻을 확실하게 집어서 말할 수 있는 사람은 드물다. 컨셉이라는 단어는 우리가 경영전략을 세울 때, 상품 디자인 기획을 수립할 때, 마케팅 전략을 세울 때, 어김없이 등장한다. 그리고 전략, 비전, 상품광고, 마케팅, 포지셔닝, 차별화 등 기업의 모든 것을 좌우한다.

이제 비즈니스 현장에서 컨셉을 빼놓고는 아무것도 할 수 없을 만큼 컨셉은

중요한 기술이 되었다. 그렇다면 이렇게 일방적으로 사용하는 컨셉의 진정한 의미는 도대체 무엇일까?

컨셉의 사전적 정의는 개념이다. 그렇다면 컨셉은 단순한 개념에 불과한 것일까? 결론부터 말하자면 그렇지 않다. 컨셉은 개념이 아니다. 컨셉은 본질이며 특징이다.

그러므로 컨셉은 단순히 사전적 의미로만 이해해서는 안 되며, 컨셉은 개념이 아니다. 컨셉은 본질이며 특징이다.

컨셉이 명확한 사람은, 컨셉이 강한 사람이다. 반대로 컨셉이 명확하지 않은 사람은 컨셉이 약한 사람이다. 컨셉을 잘 표현하려면 비교할 수 있는 근거를 찾는 것이 중요하다.

그래서 컨셉은 본질이기도 하지만, 확실한 차이가 있기도 하다.

그래서 컨셉에 강한 사람은 언제나 타인이나 타사에 기준을 두어 평가하고 있다. 예를 들어 아시아 나라 중 젓가락을 사용하는 중국, 일본, 한국, 세 나라가 있는데 이들 나라에는 음식문화와 민속과 풍습, 신과 인간관계 문화에 다른 금기 사항 등 국민성과 문화에서 특별하고 명확한 차이가 있다.

이들 나라의 차이점을 잘 비교하여 설명할 수 있는 사람이 컨셉이 강한 사람이다. 반대로 미사여구만 모아놓고 그것이 전략이라고 생각하는 사람은 컨셉에 강한 사람이 아니다.

미사여구의 애매모호한 단어는 전략적, 특징적이지도 않으며, 본질적이지도 않기 때문이다. 컨셉이 강한 사람은 기업의 본질, 경영의 본질, 전략의 본질을 잘 알고 있는 사람이다.

컨셉의 개념을 이해하기 위해 몇 가지를 열거해 보았다.

① 기업이 도산하는 것은 전략이 잘못되었기 때문이 아니라 전략이 없었기 때문이다.

② 차별화된 컨셉이 없는 기업은 변화에 대응할 수도 새로운 변화를 창출할 수도 없다.

③ 당신은 당신의 경영철학을 한마디로 말할 수 있는가? 물론 그동안 느낌이나 노하우도 중요하겠지만 그 속에서 차별성과 우위성이 있어야 하며 그것으로 설득력이 있어야 한다. 그래서 컨셉을 모르는 경영자는 자격이 없다.

④ 컨셉 사고를 못하는 사람, 컨셉을 모르는 사람, 컨셉을 말할 수 없는 사람은 새로운 가치를 창출할 수 없다.

⑤ 애매하고 추상적인 메시지만 전하는 경영자는 물러나야 한다. 변화에는 시대적 변화(과거, 현재, 미래), 포지셔닝의 변화(경합), 자기변화(고객, 사장), 명확한 변화(비젼) 등에서 무엇인가를 찾아야 한다.

⑥ 광고에서는 결정적인 한 마디가 사람의 마음을 움직인다.

⑦ 사람들을 유혹하는 것은 상품이 아니라 컨셉이다. 그래서 상품의 개발에서 마케팅에 이르기까지 소비자의 심리를 파고드는 컨셉 창조의 기술이 필요하다.

⑧ 소비자를 유혹하는 상품의 컨셉은 미래의 경영전략 유권자를 사로잡는 정치인의 구호, 광고주의 뇌리에 박혀야 할 광고카피, 신문기사의 헤드라인, 연인들의 달콤한 메시지, 자연의 소리, 시인의 가슴 속 이야기… …. 등 수많은 부분에서 찾아낼수 있는 박식한 지식이 있어야 한다.(디자이너=제너럴 리스트)

① 컨셉은 전략의 핵심이다 (남학생의 전략과 컨셉)

→ 한 여대생이 우울한 표정으로 지하철을 타고 가다가 학교앞 정거장에 내렸다.

학교에 갈까 그냥 순환하는 지하철에서 멍하니 서 있을까 갈등을 하다 습관적으로 학교 앞 정거장에 내린 것

그러나 수업은 들어갈 생각이 아니다.

힘없이 걷고 있는데 라벤더 향기가 나는 건장한 체격의 한 남학생이 다가와 힘을 내라고 말을 건낸다. 그의 눈동자를 보니 자신의 심정을 잘 이해하고 있는 것 같아서 전율할 뻔했다.

그리고 그 남학생은 환한 미소를 보내고는 뒤돌아서 사라졌다.

그 멋진 남학생은 누구일까?

그 날 이후 여학생은 지하철을 탈 때마다 혹시 그 남학생 어디에선가 라벤더 향기가 느껴져?

어쩌면 이 장면은 삼류 연애소설 같은 이야기.

그러나 우연한 이 만남에 전략이 숨어 있어.

그 남학생은 원래가 게으른 성격이었다.

그러다 보니 잘 씻지도 않으며 향기가 나는 남성화장품 따위는 발라본 적도 없다.

의상은 신경쓰지도 않고 게임하느라 밤을 새는 날이 허다하고 강의시간에 지각하기 일쑤다.

중간고사를 앞두고 성적관리를 위해 첫교시 수업을 위해 세수와 양치질도 하지 못한 채 지하철로 달려갔다.

그때 지하철 맨 앞 칸에서 그녀를 보았다.

그녀의 미모에 반해 자신이 내릴 정거장을 지나쳐 그녀의 학교 앞까지 따라갔다.

말을 걸고 싶었지만 용기가 나지 않았고

용기를 낸다고 해도 지금 자신의 몰골로는 안 될 말이었다.

그날 이후 그는 매일 아침 지하철 첫칸으로 향했다.

아침 일찍 일어나기 위해 인터넷을 자제했고 세수와 양치질을 꼭했다.

일주일에 서너번 그녀와 마주칠 때 그녀의 표정을 살펴

그녀는 때때로 우울한 표정을 하고 긴 한숨을 내쉬어.

그는 시간이 지나면서 차츰 의상에 신경을 썼으며 헬스크럽에서 운동도 했다. 누나의 충고로 라벤더 향의 남성 화장품을 사용했다.

인기드라마의 여자 주인공이 했던 "느낌이 좋은 당신이 있어 혼자가 아니다"라는 대사가 자신에게 딱 맞는 말이라고 생각.

그 말을 활용하기로,

그러면서 언제 다가갈까 기회를 보았다.

몇 번의 기회가 있었지만 몇 번의 기회를 보다가 종강을 몇일 앞 둔 비오는 어느날 그녀가 유독 우울해 보이던 날!

금방이라도 눈물을 흘릴 것처럼 보여, 무엇인가 말을 하지 않으면 안 될 것 같았다.

그는 타이밍을 고민하며 그녀를 주시했다.

그리고 그녀가 지하철을 내리는 순간 따라 내렸다.

"어깨가 축쳐진 그녀 앞으로 다가가 말을 건넸다.

너무 슬픈 표정 짓지 마세요 이 세상에 혼자가 아니랍니다."

그녀의 동공이 커지는 것을 볼 수 있었다.

그녀는 미소를 남기고 뒤돌아 달렸다.

다음날 아침 일찍 지하철 첫 번째 칸에 오르고 싶었으나 참았다.

그 다음날도 또 그 다음날도 참았다.

비가 오는 날 아침 일찍 시간을 맞춰 지하철 첫 번째 칸에 탔고 그녀를 만날 수 있었다.

틀림없이 그녀와 사귀는데 성공했을 것이다.

그는 그녀와 사귀기 위한 계획을 세웠고 상당히 오랫동안 준비했으며 그녀에게 그의 모습은 함께 하고 싶은 느낌이 좋은 남자였다.

그가 준비했던 계획이 전략이며 말과 표정 그리고 행동을 결정한 개념이 바로 컨셉이다.

종이를 펼쳐놓고 작전 계획을 짠 것은 아니었지만 머릿속으로 어떻게 접근할 것인지 생각하고 연구하고 실천에 옮긴것이다.

그의 행동은 목표와 분석,
그에 따른 적응과 트렌드의 반영 등
전략적 사고체계를 통한 결과였다.
각각의 요소들은 서로 유기적인 관계를 맺고
최종 개념화를 위해 자연스럽게 흘러갔다.
그는 분명 전략과 컨셉에서 성공했다.

마케팅 제품개발 유통에 이르는 과정에서 만난 컨셉의 명수들은 나름대로 컨셉에 대한 정의로 내렸는데.

컨셉은 ① 개념이었으며
② 전략이었고,
③ 아이디어였으며
④ 본성이었고,
⑤ 차별성이었으며
⑥ 시장이었고 철학이었다.
이것들은 서로 다른 얼굴을 하고 있지만
크게 보면 한울타리에 있었다는 것.

전략과 컨셉이란?

1. 먼지 기획과 전략의 핵심이 무었인가를 생각한다.
2. 다시 말하면 하고자 하는 일을 앞에 놓고 큰 틀 (strategy)을 짜는 것
3. 그러므로 컨셉이란 그 큰 틀 한가운데 점을 찍는 (Key point)단 한마디의 표현이다.

우연한 조우 → 여자친구로 만든다는 목표 → 결론 느낌이 좋은 남자로 변신

장해요인
인터넷 게임. 잦은 음주, 늦잠지각

↓

장해요인 극복
인터넷 게임 금지, 외모 변신, 누나도움

↓

그녀에 대한 분석
자기관리 철저, 문학서적 탐독
우수에 찬 표정, 허브향과 세련된 패션감각

↓

전략의 핵심
일방적 접근보다 좋은 인상과
뜸을 들이는 접근 방식 선택

(자료/ 기획의 99%는 컨셉이다 / 탁정언저 ①에서 참고)

② 기업의 미션(Mission)과 비전(Vision)

컨셉이 강한 기업은 공통적으로 사명감이 있다. 창업자가 품고 있던 강력한 문제의식과 목적의식이 시대와 국경을 초월해 전달 되는 것을 볼 수 있다. 그리고 그 근원에는 '우리가 하지 않으면 누가 하겠는가.' 라는 사명감이 있다.

이탈리아 베네통	창업자 루치아노 베네통. 바른 것을 바르게 행하자. 그 윤리를 공유할 수 있는 사람들과 같이 일하고 있다고 단언한다. 윤리는 타인을 존중하는 것이다.
미국의 월마트	창업자 샘 월튼은 '월마트는 세일을 하지 않는다. 매일매일 최저가로 공급하기 때문이다.' 라고 말한다. (Every day low price, EDLP. 매일 최저가격)
방글라데시 그리미은행	창업자 무하마드 유니스가 젊은 날 가슴에 품고 있던 뜨거운 집념인 가난한 농민을 위한 은행 (Banking for the poor) 소액대출로 유명
이부카마시로의 소니	패전국 일본을 세계에서 우뚝 세우자고 호소 소니다움(function Follows Form)
마쓰시다 고노스케 마쓰시다전기	2차 세계대전 후, '일본인의 생활을 쾌적하게' 라는 구호를 목청 높여 외쳤다.
오꾸라마사오 야마토 운송회사	택배사업을 세상에 확산시킨 회사로 홋카이도의 눈 덮인 산골 마을까지 소포 하나를 배달하기 위해 애쓰는 모습을 보면 저절로 숙연해진다.

〈일본인의 연대별 생활가치관〉

Needs의 변화

00년대	명품과 본질에 대한 욕구 (자신을 표현할 수있는 명품을 원한다.)
90년대	자신다움을 추구할 욕구 (자신만의 물건을 원한다.)
80년대	주관화 욕구 (자신이 좋은 것을 고르고 싶다.)
70년대	차별화 욕구 (타인과 다른 것을 갖고 싶다.)
60년대	비교 욕구 (타인보다 좋은 것을 가지고 싶다.)
50년대	동일 욕구 (타인과 같은 것을 가지고 싶다.)
40년대	가장 기본적인 욕구 (있으면 좋다.)

(일본인은 1940년 종전 후 물자 부족시대 / 한국의 6.25전쟁과 비교)

3. 창조적인 아이디어 개발 전략

1) 브레인스토밍 기술과 마인드

인간은 어떤 문제에 직면하면 자연히 예전의 경험이나 일상의 논리에 의존하여 답을 구하고자 한다. 이럴 때 판단력은 대부분 가장 현실적이거나 과거에 성과가 있었던 방법을 사용하려고 한다. 이것은 우리가 지금까지 살아오는 동안 끊임없이 받아온 훈련의 최종 결과이면서, 이 과정은 어른이 될 때까지 계속된다. 그러나 어떤 사람들은 판단력만 있고 상상력은 전혀 없는 사람도 있다. 사실 우리는 그런 사람이 되어가고 있지 않은가? 선례와 경험에만 전적으로 의존한 채 새로운 견해를 가져보는 것을 두려워하고 있지 않은가? 우리는 여러 사람을 통하여 아이디어를 꽃 피우는 풍토를 만들어내고, 다양한 출처의 방대한 리서치 결과와 정보를 이용하여 창조적인 사람은 어떻게 행동하고 생각하는가에 대하여 연구할 필요가 있다.

첫째, 창조적인 사람은 어떤 문제에 대해 민감하다. 그리고 그는 문제에 대해 많은 접근법을 생각해 낸다는 점에서 아이디어가 풍부하다. 또 그가 낸 수많은 아이디어들의 특징은 참신하다. 즉 그의 아이디어는 새롭고 다르다. 또한 창조적인 사람은 생각이 유연하게 흐른다. 그런 사람은 한 방향의 사고를

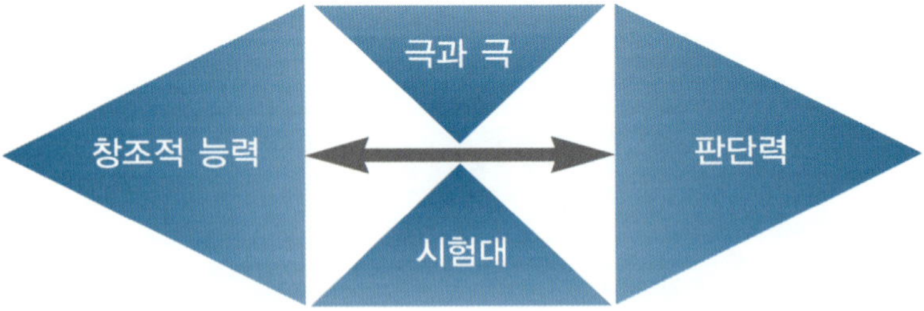

아이디어 친화적 분위기, 개방적 풍토조성

중단하고, 쉽게 다른 방향에서 사고할 수 있다. 그는 또 새롭고 더 나은 방법을 찾아 끊임없이 움직이는 정신을 가진 '건설적인 불평분자' 이다.

제너럴모터스의 사장 할로우 H. 커티스는 이러한 특징을 '탐구적 정신(inquiring mind)' 으로 묘사했는데 이는 매우 설득력 있는 표현이다. 그에 따르면 '탐구적 정신' 이란 결코 지금 이대로의 상태에 만족하지 않고, 항상 더 나은 것을 만들고 더 나은 일을 할 수 있는 방법을 찾는 태도이며, 모든 것을 향상시킬 수 있고, 어떤 것도 개선할 수 있다고 생각하는 사람이다. 디자이너들은 일터에서나, 집에서나, 여럿이 하든 혼자하든, 브레인스토밍을 활용하도록 노력하여야한다. 인간의 두뇌는 믿을 수 없을 만큼 경이롭고 환상적 도구이며, 인류의 진보를 위하여 지속적으로 사용할 수 있는 유일한 도구라는 사실이다.(제너럴 모터스, 조지프 A. 앤더슨)

브레인스토밍은 구체적인 문제해결에 효과를 발휘한다. 뿐만 아니라 인생에 대한 한 개인의 안목을 넓혀준다. 브레인스토밍으로 인해 그의 존재는 머리부터 발끝까지 아이디어라는 개념 'idea concept' 에 눈을 뜨고 일상생활의 모든 문제에 끊임없이 신선한 열정을 갖게 될 것이다. 창조적 능력은 많은 경우 적절한 판단력과 반대된다. 창조적 능력에는 결과가 신통치 않더라도 새로운 아이디어를 시험해 보고 싶어하는 기질이 포함되어 있다. 이것은 '무모하고' '정신나간 듯' 보이는 새로운 아이디어를 위험을 자초하면서 시도해 보는 것이다. 그러므로 창조적 능력은 적절한 판단력과는 본질적으로 극과 극인 경우가 많다.

2) 브레인스토밍 (Brain storming)

창의적인 아이디어를 짧은 시간 내에 되도록 많이 얻어 내기 위해서 도입된 이 기법은 이제까지의 다른 아이디어 수집방법보다 훨씬 효과적임이 많은 연구결과를 통해서 입증되었다.

여기에서는 알렉스 오스본(Alex Osborn)이 직접 고안하고 전파한 브레인스토밍 기법의 원리와 절차, 그리고 유의점 등을 발췌, 요약하여 소개한다.

브레인스토밍은 '백지장도 맞들면 낫다.' 는 속담처럼 문제도 여러 사람이 함께 풀면 더욱 쉬워진다는 의미이다. 이러한 원리는 아래의 그림을 통해 설명할 수 있다. 이 방법은 미국에서 광고대리점을 경영하던 알렉스 오스본이 광고관계의 아이디어를 창출하기 위해 전통적인 회의방식에 불만을 품고 그것을 개선하여 고안해 낸 방식이다.

브레인스토밍이라는 용어는 원래 정신병 환자의 정신착란을 가리키는 것이었지만 여기에서는 아이디어를 산출한다는 뜻이 된다. 이는 일상적인 사고방법대로가 아니라 제멋대로 거침없이 생각하도록 격려함으로써 좀더 다양하고 폭넓은 사고를 통하여 새롭고 우수한 아이디어를 얻어 보려는 방법이다.

특히, 브레인스토밍은 적절히 운용하면 집단적인 효과를 살리고 아이디어의 연쇄반응을 일으켜 보다 짧은 시간내에 전통적인 회의방법보다 더 많은 우수한 아이디어를 생성할 수 있다. 미국에서 브레인 스트밍은 회사, 관청, 각종단체 등에 가장 우수한 방법으로 활용되고 있다. 이 방법의 특징에는 4가지 규칙이 있다.

일단, 제출된 아이디어는 절대 비판하지 않는다. 언뜻 보기에는 지극히 어리석게 보이는 아이디어라도 자유스럽게 제출하도록 한다. 가능한 한 많은 아이디어를 제출하도록 한다. 다른 사람이 제출한 아이디어를 발전시킨다.

멤버는 누구라도 좋지만 리더 1명, 서기 1명, 아이디어를 제출해 내는 브레인 스토머(Brain Stormer) 4명으로 구성하는 것이 표준형태로 되어 있다. 물론 이보다 적거나 많아도 관계는 없다. 다만 사람 수가 많을 때에는 몇 개의 그룹으로 나누어서 실시하는 것이 좋다. 시간의 제한은 없지만 대개 1시간 정도가 적당하다.

처음에 리더는 적당한 문제를 제기하고 워밍업을 시켜서 두뇌의 회전을 부드럽게 한 다음 본 과제인 문제를 멤버에게 제시한다. 문제에 대해서는 미리 문제의 환경을 충분히 설명해 두면 이해하기도 쉽고 아이디어도 적절한 것이 많이 나온다.

전술하였듯이 제출된 아이디어는 절대 비판되지 않으므로 계속하여 반짝이는 아이디어가 제출되도록 분위기를 조성하고 서기(書記)는 용지에 기록한다. 아이디어가 더 이상 나오지 않으면 일단 아이디어 회의를 중단시키고 분류, 정리하는 단계로 나아가 다른 멤버에 의한 평가회의에 이것을 제출한다. 요컨대 이 방법의 포인트는 집단의 힘을 이용하여 비판을 무시한 가운데 자유분방하게 많은 아이디어를 제출하는 것이다.

아이디어 산출에 도움을 주는 기법에는 오스본의 체크리스트법, MIT체크 리스트법, 두 가지가 있는데 그 중 오스본의 체크리스트법은 아래와 같이 창조적 사고의 체크리스트로서 가장 뛰어난 것의 하나로 착상을 위한 힌트(Hint)를 질문의 형태로 정리한 것이다.

3) 오스본(Osborn)의 체크리스트(Cheklist)법

사고의 출발점은 문제해결의 착안점을 미리 정해 놓는다. 그리고 그에 따라 다각적인 사고를 전개함으로써 능률적으로 아이디어를 얻는 방법이다.

① 그 외의 용도는 없는가?
  a. 현재 그대로
  b. 조금 변화시켜 보면?

② 바깥에서 아이디어를 빌어올 수 없을까?
  a. 이것과 유사한 것은 없는가?
  b. 그 외에 어떤 것을 생각할 수 있는가?
  c. 과거에 유사한 것이 없었는가?
  d. 무엇인가 흉내낼 수 있는 것은 없는가?
  e. 누군가 본보기가 될 사람은 없는가?

③ 변화시킬 수 있는 것은 없는가?
  a. 조금 뒤틀어 보면 어떤가?
  b. 의미, 색, 운동, 음, 향기, 모양, 타입(形) 등을 변화시켜 보면 어떤가?
  c. 그 외에 변화시킬 것은 없는가?

④ 크게 하면 어떤가?
  a. 무엇인가 첨가하면?

b. 더 시간을 들인다면?

c. 횟수를 더 늘린다면?

d. 더 길게 한다면?

e. 더 강하게 한다면?

f. 더 두껍게 한다면?

g. 다른 가치를 덧붙인다면?

h. 다른 의미를 덧붙인다면?

i. 중복시킨다면?

j. 서로 합쳐 본다면?

k. 과장해 본다면?

⑤ 작게 한다면 어떤가?

a. 무엇인가 없앤다면?

b. 더 작게 한다면?

c. 압축한다면?

d. 소형으로 한다면?

e. 낮게 한다면?

f. 짧게 한다면?

g. 가볍게 한다면?

h. 생략한다면?

i. 분할한다면?

j. 내부문제로 한다면?

⑥ 대용(代用)한다면 어떤가?

a. 다른 것으로 대체한다면?

b. 다른 사람으로 대체한다면?

c. 다른 성분으로 대체한다면?

d. 다른 재료로 대체한다면?

e. 다른 프로세서로 한다면?

f. 다른 모양으로 한다면?

g. 다른 방법으로 한다면?

h. 다른 장소로 한다면?

⑦ 교체하면 어떤가?

c. 다른 레이아웃으로 한다면?

d. 원인과 결과를 교체한다면?

e. 경로를 바꾼다면?

f. 일정을 바꾼다면?

⑧ 역(逆)으로 한다면 어떤가?

a. 반대로 한다면?

b. 역할을 바꾼다면?

c. 상대방의 입장이 되어본다면?

d. 입장을 바꿔본다면?

e. 상하를 바꿔본다면?

f. 역(逆)으로 태도를 취한다면?

⑨ 조합하면 어떤가?

a. 혼합한다면?

b. 여러 가지로 배합한다면?

c. 앙상블로 한다면?

d. 목적을 조합한다면?

e. 기능을 조합한다면?

f. 재료와 성분을 조합한다면?

g. 아이디어를 조합한다면?

3) MIT 체크리스트법

이는 메사추세츠 공과대학의 체크리스트이다.

① 기능의 증가: 무엇인가 보다 좋은 물품을 설계할 경우 이상의 기능을 할 수 있도록 한다.

② 성능의 향상: 제품의 품질을 좋게 하여 더욱 기대감을 갖게 하고 정확, 안전, 편리하게 하여 수리와 보수가 편하도록 개선하는 방법을 연구한다.

③ 가격을 줄임: 불필요한 부품을 제거하고 싼 재료로 바꾸고 공정을 개선하고 부품을 표준화하고 자동화하여 경비를 줄인다.

④ 매력의 증가: 제품의 포장 등을 개선하여 더욱 사람들의 관심을 끌도록 한다.

4. 커뮤니케이션

1) 커뮤니케이션이란

커뮤니케이션은 인간의 활동 가운데 서로 이야기를 주고받는 것을 의미하는데, 텔레비전이나 신문을 보는 행위도 커뮤니케이션의 일종이 될 수 있으며, 어떠한 방법으로 정보를 확산시키는 것도 마찬가지이다. 우리의 헤어스타일이나 옷을 입는 것도 커뮤니케이션의 하나가 될 수 있으며 문학비평도 이에 해당한다.

커뮤니케이션을 학문 차원에서 볼 때, 이는 단일 테마를 다루는 통상적인 학문 영역이라기보다는 다학문적인(multi-disciplinary) 연구 경향이라는 관점을 가지게 된다.

이렇듯 커뮤니케이션이란 우리 문화의 생존에 있어서 핵심적인 것이며, 커뮤니케이션 없이는 어떠한 유형의 문화도 살아남지 못할 것이다. 결과적으로 커뮤니케이션 연구는 커뮤니케이션이 포괄하고 있는 모든 문화에 관한 것도 포함된다고 할 수 있다. 모든 커뮤니케이션은 기호(sign)와 약호(codes)를 수반한다. 기호란 그 자체가 아닌 다른 어떤 것을 지시하는 행위 혹은, 그 결과물을 말한다. 즉 기호는 의미를 부여하는 구성물(Signifying Constructs)이다. 약호란 기호가 조직화된 체계이자 기호들이 서로 어떻게 관계를 맺을 것인지를 결정짓는 체계를 말한다. 또한 이러한 기호나 약호는 타인에게 전달되거나 혹은 타인이 사용 가능한 것이다.

● 기호(Sign)

퍼스(Peirce, C.S.,1931~1958)는 기호를 도상, 지표, 상징이라는 세 가지 유형으로 분류했다.

첫째, 도상(icon) 기호는 대상처럼 보이거나 들리는 기호 대상과 닮은 기호를 말한다. 둘째, 지표(index) 기호는 기호와 기호의 대상간에 직접적인 연계성이 있으며, 이 양자가 실체적으로 연관되어 있는 기호를 의미한다. 반면 상징(symbol) 기호는 기호와 대상간에 어떤 연계나 유사성이 없다. 상징 기호는 이 기호가 어떤 것을 나타낸다는 사람들의 약속에 의해서만 의사소통의 수단이 되는 것이다.

옆의 도로 표지를 예로 들어보자. 삼각형은 고속도로 표지법(Highway Code)에 따르면 '경고를 의미하는 상징이다. 가운데의 십자가 표시는 도상과 상징의 혼합이다.' 즉 십자가 표시는 그 형태가 대상(교차로)의 형상에 의해 집결된다는 점에서 도상적이지만, 이것을 교회, 혹은 병원이 아닌 교차로로 이해하기 위해서는 이 같은 규칙을 알아야 할 필요가 있다는 점에서 상징이 된다. 또한 이 기호는 차를 운전하는 실제 상황에서는 교차로에 거의 도달하고 있다는 사실을 지시한다는 점에서 하나의 지표가 될 수도 있다. 그러나 실제 고속도로상에서는 이 표시의 대상인 '교차로'와 직접 관련되지 않는다는 점에서 지표로 작용하는 것은 아니다.

우선 도로 표시

● 약호(Codes)

약호는 기호들이 조직화된 체계이다. 이 체계는 약

호를 사용하는 공동체의 모든 성원들이 합의한 규칙에 의하여 규제된다. 따라서 약호의 연구는 흔히 커뮤니케이션의 사회적 차원을 강조하는 것을 의미하기도 한다.

관습적이거나 사회 성원들에 의해 합의된 규칙의 규제를 받는 사회생활의 모든 측면은 '약호화(Codes)' 된 것이라고 말할 수 있다. 이 경우 행위약호(Code of behaviour)와 의미 약호(Signifying Codes)를 구별할 필요가 있는데, 행위약호는 법률적인 약호나 규범의 약호 혹은 이 두 가지 약호를 모두 지닌 럭비 경기에서의 규칙 등이 그 예이다. 의미 체계로서의 모든 약호는 다음과 같은 기본적인 특성을 갖는다.

① 약호는 하나의 선택이 이루어질 수 있는 많은 기호의 단위들을 가지며 이것이 기호의 계열체적(paradigmatic)인 차원이다. 이러한 기호 단위들이 규칙 혹은 관습에 의해서 결합될 때 기호의 통합체적(syntagmatic) 차원이 된다.

② 모든 약호는 의미를 전달하는데, 이때 약호의 기본단위는 다양한 수단을 통해 그 자체 외의 다른 어떤 것을 지시하는 기호이다.

③ 모든 약호는 그 약호 사용자들간의 합의와 공유된 문화적 배경에 의해 규정된다.

④ 모든 약호는 사회적인 기능이나 의사소통의 기능을 수행한다.

⑤ 모든 약호는 그 약호에 걸맞는 의사소통 매체나 채널을 통해 전달된다.

2) 인간과 커뮤니케이션

우리는 일상생활에서 또는 학문적 연구나 생산적인 작업 속에서 끊임없이 자신의 생각을 타인에게 전하고, 타인으로부터 혹은 책이나 신문으로부터 갖가지 사항의 정보를 주고 받는다. 이같이 정보를 주고받는 행위를 커뮤니케이션이라 부른다.

커뮤니케이션의 요소는 인간의 모든 행동 속에 포함되어 있다고 생각할 수 있다. 위버(Wappen W. Weaver)는 커뮤니케이션이란 말을 '어느 한 마음이

다른 마음에 영향을 주는 방법의 모두를 포함한다.' 는 넓은 의미로 사용하였다. 쓰여진 말에 의한 언어, 음악, 픽토리얼 아트(Pictorial Art), 연극, 발레 그리고 모든 인간 행위를 포함한다는 말이다. 이와 같이 커뮤니케이션은 광범위한 의미로 사용되고 있다. 그러나 여기에서는 커뮤니케이션의 의미를 무엇인가 전달하려는 의지가 주체로 되어 있는 행위에 한정하려고 한다.

예를 들면 공포에 질려 지르는 소리는 단순한 감정의 표현에 불과하다. 또 넓은 의미에서 복장이나 헤어스타일 등은 모든 외견적인 것이 커뮤니케이션의 요소라고 생각되고 있다. 그 까닭은 그 사람의 신분이나 성격, 사회적 입장, 직업, 거주 지역 등 여러가지 사항을 보는 이에게 전달하는 것이라고 생각되기 때문이다.

① 커뮤니케이션의 분류

가. 대상에 의한 분류

• 인트로 퍼스널(Intro Personal : 자기 전달)

- 타인에 대해서뿐만 아니라 자기 자신에 대해서도 행해지는 것
  이를테면 자명종 시계, 수첩 메모, 심령적 자기 감응

• 인터 퍼스널(Inter Personal : 대인 전달)

- 1 : 1로 사람들과 대화하거나 편지를 쓰는 것

• 그룹 시스템(Group System)

- 수인 또는 다수의 인간간의 커뮤니케이션. 교실에서의 수업, 토론, 회의, 파티 등

• 소셜 시스템(Social System)

- 다수의 인간을 상대로 하는 커뮤니케이션. TV 방송, 신문, 잡지에 의한 커뮤니케이션

이와 같이 대상이 달라질 경우 커뮤니케이션의 형태나 방법이 바뀌지 않으면 안 된다. 즉 무엇인가를 전달하려고 할 때 우선 그 대상을 고려하고 연구할 필요가 있다.

② 감각기관에 의한 분류

무엇을 전달하려고 할 때는 상대편이 이해할 수 있는 사인(Sign)을 사용한다. 커뮤니케이션은 보내는 쪽과 받는 쪽이 그 사인을 합의적으로 확인했을 경우에만 커뮤니케이션이 성립된다.

- 청각적: 대화적 언어, 현관이나 전화의 벨, 종, 나팔, 사이렌 등
- 촉각적: 맹인의 점자, 악수, 손에 의한 진찰 등
- 시각적: 문자로 쓴 언어, 외모, 제스처, 부호, 그림, 사진 등
- 후각적: 가스 냄새, 향수 등
- 기타 감각: 온도, 통증, 압박 등의 감각이나 평형 감각 등에 의한 사인

③ 커뮤니케이션의 방법

가. 버벌 커뮤니케이션(Verbal Communication)

언어로써 말한다든지 글로써 전달하는 것을 버벌 커뮤니케이션이라고 한다. 이런 경우 단어, 문법, 구문, 규칙, 논리 등에 의해 정보가 만들어진다.

버벌 커뮤니케이션은 오늘날의 사회에서 정보를 전하는 주된 방법으로 생각되고 있다. 버벌 표현이 가장 중시되는 곳은 관청이나 법률관계이다.

나. 논 버벌 커뮤니케이션(Non Verbal Communication)

언어에 의하지 않는 커뮤니케이션은 버벌의 불완전성을 보완한다. 논 버벌 커뮤니케이션의 방법은 어린아이나 미개인 간에 고도로 그 기능이 발휘되고 있으나 문명이 발달한 사회에서는 낮게 평가된다. 그 한 예로써 버벌 커뮤니케이션을 위해서는 완전한 문법이 만들어져 있어 그 기능을 높이고 있는데 반하여 논 버벌한 방법에는 객관적인 문법에 해당하는 것이 없다. 논 버벌 커뮤니케이션 가운데서 가장 큰 부분을 차지하는 것은 시각 전달(Visual Communication)이다.

➔ 제스처, 액션(Gesture, Action)

신체에 의한 표현이다. 이는 하나의 부호로서의 의미를 가지는 것이다. 제2

차대전 중 처칠의 두 손가락을 사용한 V자 사인이나, 나치 독일의 오른팔을 올리는 거수 사인, 또는 가위, 바위, 보 등이 그것이다.

➜ **픽토리얼 랭귀지(Pictorial Languge: 회화적 언어)**

그림이나 도형에 의한 전달은 우리들 생활, 문화, 기술 가운데서 커다란 역할을 담당하고 있다. 인쇄술의 발명은 버벌 커뮤니케이션 발달의 원동력이 되었으나 사진과 제판술의 진보는 시각 전달의 발전에 기여하였다. 또 영화의 발명은 그 진전에 혁명적 변화를 주었다. 앞으로 영화나 TV가 주요 방법이 될 것이다.

➜ **오브젝트 랭귀지(Object Languge)**

미개인의 토템이나 조개장식, 기사의 기치나 갑옷의 형, 고대에서 현대에 이르기까지 신분이나 직업을 나타내는 복장, 건축양식 등이 이에 포함된다. 특히 원시사회의 오브젝트는 주술 또는 신앙의 대상이었다. 현대 규모가 큰 박람회 등에는 반드시 그것을 상징하는 심볼을 세우고 있다.

5. 아이덴티피케이션(Identification)

많은 사람들은 자기자신과의 동일성 또는 친족성을 표시하기 위해 마크(Mark), 즉 가문의 문장을 창출했다. 의복, 가구, 조리용품, 무기, 화폐에 이르기 까지 모두 같은 마크를 붙히는 습관이 형성된 것이다. 시대의 변천과 함께 장인(匠人)은 자기 작품에 동일한 마크를 부착하여 제작의 소재와 책임, 그리고 가치를 공시하고 타 제품과의 구별을 시도해 왔다.

현대에는 하나의 마크도 법적으로 보호되어 동일한 심볼(Symbol)은 모든 커뮤니케이션의 수단으로 널리 활용되고 있다. 일반적으로 이것은 코퍼레이트 페이스(Corporate Face)라고 하는 것에 집중되어 있다.

어느 기업을 막론하고 그 기업이 갖는 실상(實像)과 일반대중, 소비자가 그 기업에 대해서 갖는 심상(Image), 즉 허상(虛像)의 두 가지 이미지가 공존한다. CI란 바로 이러한 기업의 외부 환경 집단 (고객, 소비자, 사회대중, 정부, 경쟁자, 유통기구 등 여러가지 대상을 포함)에 대해 기업의 목표실상과 심상이 동일하게 투영(Projection)되도록 하는 전략이라고 할 수 있다.

여기에서 말하는 기업의 목표실상이란 기업의 단점, 어두운 점이 제거된 밝은 이상형을 말하는 것이다.

따라서 CI 란 대외적으로 수요자에게만 좋은 이미지, 통일된 이미지를 심어주는 것뿐만 아니라 대내외적으로 전 사원의 의식개혁 및 단합화로 기업의 실상을 개선해 나가는 작업도 포함된다.

오늘날에는 기업의 규모나 사업의 내용에 관계없이 각 기업이 처해 있는 환경에 따라 나름의 동기를 분석하고 경영전략을 수립하여 그 기업에 적합한 CI 시스템을 실현하고 있다. 그러므로 CI는 이제 새로운 시대에 상응하는 새로운 경영이념으로 등장하고 있으며 궁극적으로는 기업의 대외적인 이미지 및 위상을 재창출하고 대내적으로는 자체의 의식개혁과 단합, 그리고 능동적인 경영관리를 도모하는 획기적인 계기를 마련해 주고 있다.

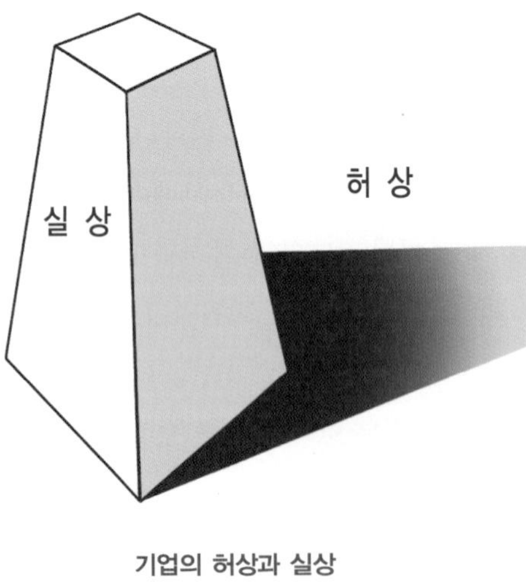

기업의 허상과 실상

*아이덴티티(Identity) 계획: 아이덴티피케이션(Identification)은 동일성이라고도 번역되는 것으로 회사의 여러가지 활동분야를 통하여 시각적인 면에서 그 회사의 독자적인 이미지를 내는 종합적인 디자인 계획을 말하는 것이다. 즉 일관된 디자인 정책(Design Policy)를 실제면에 따라 적극적으로 타개해 가기 위한 하나의 계획인 것이다. 기업은 각각의 특이한 동질감(Identity)을 가진 개인들이 모인 소속집단이다.

따라서 이 집단 속에는 다양한 가치관

을 지닌 무수히 많은 인간들이 활동하고 있으며, 하나의 목표와 규칙, 또는 테마에 따라 일하고 활동하는 것 자체가 기업이 가진 거대한 동질감을 향해 나아가는 방향설정이 되는 셈이다.

기업이념에는 그 기업의 사회적 역할, 그리고 기업과 그 기업을 구성하고 있는 종업원과의 공동목표, 기업의 이상 (Vision), 그 이상을 달성하는 노동목표 등이 내포되어 있다. 바로 이러한 이념 아래 조직을 일체화 · 통합화하려는 것, 그리고 그 과정에서 협력과 상호 신뢰를 통해 조직의 아이덴티티를 확립해 나가려는 것이 코퍼레이트 아이덴티피케이션 (Coporate Identification)의 한 측면이다.

기업이 아이덴티피케이션(CI)을 도모하기 위해서는 조직에 있어서의 환경대응, 혹은 목표달성을 위한 철학(Philosophy)을 확립하고 위기를 극복하기 위한 공통의 목표나 기업노력에 대한 공통의 인식을 부여하지 않으면 안 된다.

이러한 점에서 CI는 '기업의 환경적응 활동 혹은 목표달성 활동에 있어 공통의 이념과 목표, 행동양식을 통합 정리하려고 시도하는 것과 이것을 실현하기 위한 제 활동' 이라고 정의할 수 있다.

서울시 휘장의 색채 디자인

이러한 CI는 오늘날 기업의 규모가 확대되고 기능이 다원화되어감에 따라 대내외적인 환경변화에 능동적으로 대처하기 위한 기업의 선진화의 전략요체로서 그 필요성이 제기되고 있다.

유럽의 경우 1960년대부터 시작되었고 일본에서는 1970년대부터 일부 대기업과 공공기관을 중심으로 이에 대한 개념인식과 기술도입이 시작되었으나 최근에

는 많은 정부기관, 사회단체, 교육 · 연구기관에서도 CI를 적극 수용하여 현재 상당 수준의 연구개발 실적과 실용화를 도모하기에 이르렀다.

그러나 국내에서는 특정 유수의 연구개발 사례들을 제외하고는 CI를 수용하는 차원에서의 기본인식과 이행 의지의 결여, 개념설정의 잘못 등으로 단편적이고 왜곡된 상황에서 도입, 적용되는 경우가 적지 않다. 이러한 문제는 특히, CI에 대한 사전 검토와 총괄 계획, 실제적인 연구 개발을 관장할 수 있는 사내(社內)의 자체 조직과 기능이 정립되지 않은 채 임시 방편적으로 CI의 도입을 시도한 데서 기인한다.

CI의 연구개발은 일차적으로 사내에서의 기본 여건 조성과 이에 따른 외부 전문 분야의 참여를 전제로 한 일체적인 연구 시스템이 갖추어질 때 비로소 성공적으로 수행될 수 있다.

1) Corporate Identification의 적용범위 및 요소

- 적용범위 : 제품, 포장, 광고, 사무용품, 차량, 네온탑, 돌출, 조형물 등
- 적용요소 : Mark, Trade, Chracter, Lettering, Typography, NamePlate, Letter head, Envelope, Color, Catchphrase, TV commercial, Theme music, Uniform 기타 인쇄물

소비자의 최초의 구매물은 제품에 대한 지식이 부족하여 광고, 다이렉트 메일 (Direct Mail), Package 등에 의하여 결정되는 경우가 있을지 모르나 물건을 여러 번 사는 동안에 소비자는 제품뿐만 아니라 회사를 상징하는 마크, 즉 품질을 보증하는 문장, 다시 말하면 브랜드 (Brand)를 사는 것이다.

2) Identification의 표현방법

- 회사, 기업의 독자적인 이미지 표현
- 다른 기업과의 차별화된 수단 강조
- Design Management(디자인 경영 관리)의 계획 필요
- Corporate Personality(기업 성격)의 형성

3) 코퍼레이트 이미지(Corporate Image)

회사의 동일성(Coporate Identity)과 긴밀한 관계를 갖고 있으며 사주(株主), 종업원, 공급자, 소비자 사이에서 형성되는 회사 이미지(Coporate Image)는 마케팅 이미지(Marketing Image) 중에서도 특히 복잡하다. 기업, 상품, 상표는 각기 시장에서 유통되는 가운데 나름대로의 이미지가 생기게 된다.

이는 사회적으로 형성된 심리적 소산으로서 작게는 가벼운 정서적 반응에서부터 크게는 판매에 영향을 미치고 기업에의 투자 여부까지 좌우하는 전신적 작용을 총칭한다고 할 수 있다. 이미지는 상표, 상품, 기업이 갖고 있는 듯 싶으나 사실은 소비자 마음속에 투영된 당해 상표, 상품, 기업의 영상으로서 상품의 유형적 부분에 대한 정보가 무형적인 소비자의 감정적 요소와 결합되어 뭉쳐 있는 소비자의 내적 태도 체계의 하나이다.

종래 우리 기업들은 '기업은 물건만 만들어 내면되고 그 물건은 영업부나 마케팅부에서 가져다 판다.'는 논리에 익숙해져 있었다. 그러나 현재도 이런 사고방식으로 경영되는 기업이 있다면 그 제품이 독과점 품목이 아닌 한 앞으로 판매는 어려워질 것이다.

언뜻 생각하면 물건이 중요하지 이미지가 대수로운 것인가 할지 모르나 모든 구체적인 제품은 각기 라이프 사이클을 갖고 있어 일정한 기간이 지나면 생명력을 잃어 버리게되고 다시 신상품 또는 개량 상품을 내놓아야 하기 때문에 오히려 중요한 것은 제품이 아니라 기업의 좋은 이미지 확보에 있다고 할 수 있다.

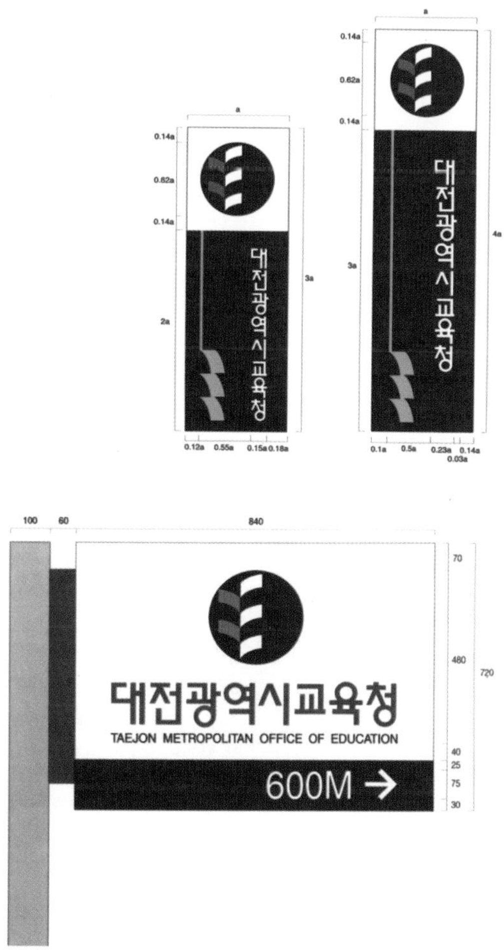

신언모 작, 대전광역시 교육청 CIP

6. 광고 디자인(Adevertising Design)

애드버타이징은 광고라는 뜻을 갖고 있으며 줄임말 AD(애드)로 사용하는 경우도 많이 볼 수 있다. 광고란 무엇일까?

미국의 마케팅협회(AMA)는 이러한 물음에 대해 다음과 같이 정의를 내리고 있다. '명시된 광고주에 의해 아이디어, 상품 혹은 서비스에 대한 유료형태의 비인적(非人的) 제시 및 촉진활동이다. 즉 광고는 사람들에게 상품과 서비스를 자유롭게 판매하는 기능이 있고, 소비자는 광고를 통해서 상품이나 서비스의 내용을 알고 구매 판단을 하기 때문에 누가 광고를 하는지에 대하여 광고주를 표시하지 않으면 안 된다. 광고는 설득을 위한 커뮤니케이션의 한 방법이다. 무엇보다도 광고는 사회에 대해 도덕성, 공공성, 가치성을 주지 않으면 안 된다.

광고의 매체는 두 가지가 있는데 하나는 전파매체로서 TV, Radio 등이 있고 다른 하나는 지상매체로서 신문, 잡지 등과 같이 인쇄를 통한 매체이다.

1) 광고의 필요성

광고란 말은 '넓게 알린다' 는 뜻이다. 요즈음에는 아무리 좋은 제품을 생산했다 하더라도 광고의 힘을 빌리지 않고는 판매촉진을 할 수 없는 시대가 되었다.

이는 복잡한 유통경로, 가격, 제품, 판매촉진 등 복잡한 마케팅 믹스에 그 원인이 있으며 시장정보에 의한 정확한 마케팅 리서치의 결과에 따라 광고의 표적과 대상, 장소, 매체의 활용방법 등을 연구, 검토하여 실행하여야 한다.

광고의 목적은 첫째 소비자에게 제품을 알리는 것이다.

둘째, 제품에 대한 충분한 정보를 제공하여 제품을 인지시킬 뿐만 아니라 그 제품의 특성, 목적 등을 충분히 이해시키는 것이다. 셋째, 제품의 가치를 믿게하고 설득하는 것이다. 넷째, 제품에 대하여 욕구를 발생케 하고 구입 행동을 취하게 하기 위하여 욕구의 동기를 발생하게 하는 것이다.

*미국 리복의 광고목적

미국의 리복은 운동화 첫 출시 후 첫해의 광고 목적을 다음과 같이 하였다. 첫째는 2천만 여성 소비자를 대상으로 리복 운동화를 알리는 것이다. 둘째는 리복의 인지도를 높이는 일로써 비싸다는 것, 특정 소비점에서만 구입할 수 있다는 것을 알리는 것이다.

셋째는 리복의 좋은 품질, 편리성, 뛰어난 스타일을 확신시키는 일이다.

넷째는 리복을 인지하고 있는 여성들에게 신어 보고 싶은 욕구를 부여하는 것이다. 다섯째는 욕구를 가진 주부들에게 현장으로 나오도록 하고 소매점에서 구입하도록 하는 것이다.

이와 같이 효과적인 광고를 통해 소비자의 제품에 대한 인식이 굳어지면 제품에 대한 애착, 재구입, 가격 경쟁에서 크게 영향을 받지 않는다. 이렇게 하여 광고의 힘은 소비자에게 인식시키는 일, 사고 싶은 욕망에 대한 동기를 유발시키는 점화선에서 점화작용을 하게 된다고 말할 수 있다.

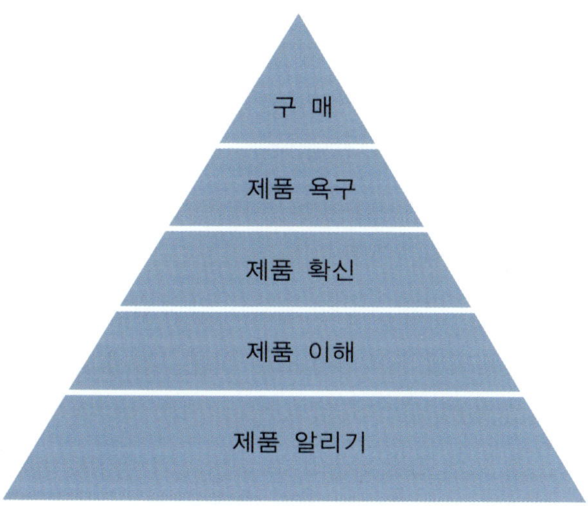

광고의 목적 피라미드

광고에는 여러 가지 형태가 있는데 첫째 그룹은 제품을 팔기 위한 제품광고(Product Advertising), 특정 제품의 광고가 아닌 기업의 이미지를 증가시키기 위한 것으로 기업광고(Institutional Advertising), 둘째 그룹은 신제품의 처음 단계에서 수요를 일으키기 위한 것으로 제품의 존재를 알리는 알림광고(InformativeAdvertising), 타사 제품과 치열한 경쟁을 하고 있을 때 제품의 수요를 창출해 내기 위한 설득광고 (Pursuasive Adevertising), 전에 했던 광고를 다시함으로써 제품의 이름을 다시 기억할 수 있도록 하는 재생광고(Reminder Adevertising)가 있으며, 셋째 그룹은 경쟁관계에 있는 선두제품과 비교하여 자사제품도 손색이 없다는 뜻을 내포하는 비교광고 (Comparative Adevertising)등을 들 수 있다.

- 제품광고 (Product Advertising) : 제품을 팔기 위한 것
- 기업광고 (Institutional Advertising): 기업의 호감을 증대시키기 위한 것
- 알림광고 (Informative Advertising): 신제품 도입기에 행하는 것으로 존재를 알리기 위한 것
- 설득광고 (Pursuasive Adevertising): 타제품과의 경쟁에서 우위를 차지하기 위해 설득시키는 것
- 재생광고 (Reminder Adevertising):이전에 행한 광고를 다시 집행, 제품의 이름을 기억시키기 위한 것
- 비교광고 (Comparative Adevertising):경쟁그룹과 자사의 상품을 비교하여 자사 제품의 우월성을 제시하는 것

감성시대의 광고 이해

광고를 하는 데에는 크게 T.V, Radio, 신문, 잡지 등 인쇄에 의한 매체(Media), 전파에 의한 매체 등 두가지 방법이 있다. 이 중 라디오는 소리를 듣는 Audio의 기능으로 브랜드나 제품의 특성만 기억시키도록 해야 하며 T.V는 보는 시각 전달이 강하므로 제품의 모양, 제품의 색깔, 성능 등을 화면을 통해

직접 전달할 수 있어 광고의 효과가 빠르고 정확하다.

현대의 젊은층을 감성세대라 말하는데 이들은 T.V를 보고 자란 세대여서 시각화가 고도로 발달한 계층으로 보아 바로 TV 문화가 우선임을 고려해 봄직하다. 이들 세대는 듣는 라디오의 청취보다는 보고 느낌으로써 즉석에서 결정할 수 있는 시각감각이 뛰어난 감성세대인 것이다. 또한 신문이나 잡지는 인쇄된 것이므로 반복해서 볼 수 있는 반복기능과 보기능이 있는 장점이 있기도 하다.

이 밖에 야외용 벽보판, 고속도로 주변에서 흔히 볼 수 있는 야립 간판(Billbord), 운송수단을 이용한 이동 광고판(기차, 운송트럭, 트레일러, 탑차) 등 다양한 방법과 기능이다.

2) 광고를 구성하는 요소

① 헤드라인(Head Line)

광고 문안 중 대표적으로 가장 짧은 문구이다. 광고는 헤드라인으로 승부가 날 수 있다. 지면에 무심코 눈을 주는 독자의 관심을 끌어 바디카피(Body Copy)까지 읽도록 유인해야 한다. 훌륭한 카피라이터는 얼마나 좋은 헤드라인을 만들 수 있느냐 하는 점이 관건이다. 특히 광고는 사람을 설득하기 위해 말을 주요 도구로 사용한다는 점에서 '말의 비지니스' 라고도 한다.

- 헤드라인은 독자의 주의를 끌어 본문까지 읽도록 유도해야 한다.
- 소구의 대상은 암시적으로 강하게 표현해야 한다.
- 상품에 따라 사람에 따라 다양한 헤드라인의 종류가 필요하다.

② 카피(Copy)

광고에 쓰이는 본문을 말하는 것으로서 제조방법, 제조내용, 과정, 용량, 가격 등 상품을 설명할 수 있는 모든 것을 말한다.

③ 서브 헤드(Sub Head)

헤드라인과 카피의 중간에 쓰는 짧은 문장으로 헤드라인보다는 설명적이라고 할 수 있다. 헤드라인으로 충분하지 못한 설명을 더 보충할 수 있는 설명적인 문구를 말한다.

신문이나 잡지 광고에서 대표적인 짧은 문구 '12시에 만나요 브라보 콘' '형님 먼저 아우먼저' 등 이미 알려진 문구를 헤드라인이라고 한다. 그 다음 아주 적은 글자로 모든 제품 설명, 사용 설명 등으로 하는 것을 구체적인 설명 문구(Copy)라 하는데 이러한 문구를 작성하는 사람을 카피라이터 (Copy Writer)라 한다. 카피와 헤드라인의 중간적인 문구로서 양쪽을 연결시켜주는 짧으면서도 설명적인 문구를 서브 헤드(Sub Head)라 한다.

이것들은 짧지만 호소력이 강해야 하며 모든 내용을 함축하여 설명할 수 있는 것으로서 광고 디자인에 제일 중요한 그림이나 사진(Illustration)과도 연결되는 중요한 컨셉(Concept)의 방향 설정에 중요한 요인이 되기도 한다.

3) 기업광고의 실시 배경

- 생산기술의 향상으로 메이커별 품질 성능의 차가 현저하게 적어지므로 차별화의 전략을 갖기 위하여
- 사업의 다각화를 꾀하고 다품종, 다변화에 대비하기 위하여
- 신제품을 위한 장래의 시장 개척을 준비하기 위하여

- 사업자금의 조달을 원할히 하기 위하여
- 종업원의 근로 의욕을 높이는 힘과 장래에 대한 관심, 기업의 이미지를 재고시키기 위하여. 사내보, 의료 보험의 확대를 꾀하기 위하여
- 기업의 사세확장으로 우수한 인재를 모으는 데 도움이 되게 하기 위하여

7. 홍보와 디자인

1) PR(Public Relation)

PR의 목적은 일반대중에게 널리 알리고 새로운 이미지를 심어주는 데 있다. 기업광고의 대상은 소비자, 종업원, 판매점, 주주 등 기타 관련 기업까지 넓혀진다. 기업광고에 요구되는 하나의 요소는 계속성이다. 즉 좋은 이미지 확보 후에도 지속적인 노력이 절대 필요하다.

- 기업의 좋은 이미지를 심어주는 것을 목적으로 하며
- 내용은 경영이념, 경영상의 방침, 계획, 사회적 사명이나 책임의 자각에 대해 설명한 것으로 기업은 상품을 판다는 의식보다 기업의 이미지를 전한다는 생각이 지배적이다.
- 기업과 소비자를 연결시키는 마당이며
- 사회 전반에 눈을 돌리는 동시에 전 사회적 입장에서 발언할 수 있는 것이 필요하다.

기업광고에 취급되는 테마는 다음과 같다.

- 회사의 역사와 전통, 경영이념 및 경영의지에 의하여 얻어진 사회적 신용
- 연구기술의 우수성, 연구원 연구시설의 충실, 신공장 설치, 신예 기계구입

- 사업(생산, 판매)의 실시 상황, 금후의 사업계획
- 우수한 종업원, 종업원 훈련
- 시장조사, 소비자조사 등의 실시에 관한 보고, 머천다이징(Marchandising)을 포함한 마케팅(Marketing) 활동

기업광고가 광범위하게 실시된 배경, 이유

- 생산기술이 향상됨에 따라 각 상품의 메이커간의 품질 성능 등의 차가 현저하게 적은 것
- 사업의 다각화
- 신제품을 위한 장래의 시장을 준비하고 개척하여 확보해 둘 필요성 대두
- 기업은 나날이 발전, 성장하며 내용 또한 향상되고 시대에 대응한 질적인 변화 생김
- 사업자금의 조달을 원할히 하기 위해서
- 종업원의 근로의욕을 높이기 위해서
- 우수한 인재를 모으는 데에 도움이 된다.

2) SP(Sales Promotion)

신제품에 대한 세일즈 프로모션은 일반 사람들이 아무것도 모를 때 구매의욕을 일으키게 하는 데에 필요한 것으로 세일즈 프로모션만큼 소비자에게 큰 관심을 일으키는 것은 없다고 할 만큼 매우 중요하다. 이러한 세일즈 프로모션은 제품을 팔기 위하여 사람을 움직이는 것이다. 신제품이 새롭게 기획되어 제품화되었다 하더라도 이것을 어떻게 자연스럽고 빠르게 소비자의 손에 넘기는가 하는 것은 판매경로의 상태가 좋고 나쁨에 따른다. 이것을 훌륭하게 해결하지 않으면 상품을 잘 만들었다 하더라도 유통에 문제가 발생되기 때문이다.

이제까지 세일즈맨의 판매방법에 만족하고 있는 회사는 이후의 발전을 기대할 수 없는 것으로 보아도 좋다. 세일즈맨의 역량은 그 제품의 매상에 결정적인 요소이기 때문에 세일즈맨을 고용하여 훈련시키는 것은 디자이너를 선정하여

고용하고 훈련하는 것과 마찬가지로 대단히 중요한 일이다.

특히 신제품을 판매하는 세일즈맨은 소질과 지식과 세일즈맨쉽(Sales Manship)을 필요로 한다. 디자인이 소비자를 계몽할 사명이 있는 것과 마찬가지로 직접 세일즈맨은 대리점이나 도매상 소매업자를 계몽할 수 있도록 처신하지 않으면 안 된다.

3) POP

광고매체는 크게 구매시점광고와구매시점 외 광고를 들 수 있다. 구매시점 외 광고는 구매장 이외의 장소에서 행해지는 모든 광고, 즉 신문, 잡지, 라디오, TV, 영화, 옥외광고 등을 말하며 후자는 구매자가 구입하는 그 장소에서 이루어지는 광고를 의미한다. 즉 구매시점광고는 소매점의 점두 또는 점내에서 하는 소매점광고로서 제조업자가 판매성과를 올리기 위하여 판매점이나 소매점을 최종 소비자와 직접적인 접촉을 갖기 위해 만든 방법으로 이것은 매장에서의 소비자의 행동양식에 초점을 맞춘 광고이다.

이 광고는 판매자의 입장에서 볼 때 판매시점광고(Point of Sale advertising, PS ad.)가 되는 것이다. POP광고라는 개념이 성립된 것은 1930

POP광고

년대 미국에서이다. 당시 미국은 세계적인 경제공황을 겪으며 기존의 경제질서가 파괴되어 유통질서에 커다란 변혁을 맞이하게 되었다. 이 시기에 새로운 형태인 셀프 서비스(self-service)방식의 슈퍼마켓이 탄생되었다. 고객은 자신이 직접 구입할 상품을 선택하고 매점주는 고객의 상품구내를 돕기 위해 여러 가지 형태의 안내문을 붙였는데 이것이 현대 POP광고의 시작이라고 볼 수 있다. POP광고가 오늘날 새로운 매체로써 각광을 받게 된 것은 불특정 다수의 반응을 얻어 판매효과를 기대하는 매스 미디어, 즉 현재 시장에서 광고활동에 주로 사용되는 매체들의 한계 때문이라 하겠다.

현대는 경쟁기업간의 유사한 광고가 서로의 광고효과를 상쇄하고 있고 정보의 내용 또한 획일화되어 있다. 이렇게 획일화된 정보는 오늘날과 같이 다양해지고 개별화되는 소비자의 취향에 맞는 정보로서의 가치를 잃게 된다.

이러한 측면에서 소비자를 구매시점으로 유도하여 실제로 구매행동을 유발시킬 수 있는 판매목적 광고가 요구된다. 매스미디어 광고가 소비자로 하여금 상품에 흥미를 갖게 하여 매장으로 오게 하는 이성적 설득수단이라 하면 POP광고는 상품을 손에 집어들게 하는 구체적인 행위를 유발시키는 실행수단이라고 볼 수 있다.

4) 디자인 폴리시(Design Policy)

일반적으로 어느 상품이 새롭게 기획 · 제조되는 단계로서 기획, 디자인, 제조준비의 3단계를 생각할 수 있다. 기업은 기획의 결정 이전에 디자인에 대한 확고한 방침을 가지고 있을 필요가 있다.

우리나라 기업에는 디자인은 존재하나 디자인 폴리시는 다소 존재하지 않는 편이다. 통일성 있는 상품의 디자인뿐만 아니라 그것에 따른 라벨, 설명서, 포장, 광고, 전시에서 쇼룸(Show Room)에 이르기까지 일련의 디자인에 좋은 인상을 주며 통일성이 있어야 하고, 그들 상품의 생산적 환경의 디자인의 통일을 꾀하는 것을 의미한다.

최근 디자인이라는 것은 무형의 자본으로 생각하는 경향이 강해졌다. 현대

경영에 있어서 디자이너 한 사람의 단독 능력이 디자인의 유효한 사용법에 의해 다시 빛을 보게 되었다든지, 영세기업이 단시일에 대기업과 경쟁할 만큼 성장한 예는 적지 않은 사실이다. 따라서 상품을 제조하고 판매하는 데 디자인이 가장 저렴하고도 효과 있는 수단으로 중요시 되고 있다.

5) 다이렉트 메일(Direct Mail)

다이렉트 메일은 다이렉트 메일 애드버타이징(Direct Mail Advertising)의 약자이며 직접 우편광고로 직역된다. 통상 줄여서 DM이라 칭한다. DM은 원하는 고객의 타깃에 맞추어 우편으로 송부하는 형식이며 각 개인의 성명을 기입하여 직접 개인에게 전달되도록 하는 것이다. 따라서 받는 사람으로 하여금 강한 인상을 받도록 하는 것으로, 수취인의 흥미와 관심, 필요에 의해 다시 정보를 요구 받을 수 있는 특징도 함께 가지고 있다.

DM의 특징은 상품의 견본이나 재질의 일부를 첨부하여 발송하는 것이다. 소책자, 카탈로그, 안내장, 인사장, 카드 등을 포함한 소형 인쇄물을 우송한다는 것이 DM의 참뜻이나 근래에 와서는 우송이라는 문제에 대해서는 구애받지 않는다.

DM의 디자인은 소형 인쇄물로서 다양한 아이디어를 자유로이 표현할 수 있는 매체이며 평면, 입체, 즉 조형적 가능성이 아주 풍부한 디자인의 흥미를 발견할 수 있다.

DM에는 단발 DM이 있는데, 이것은 가장 일반적인 형식이며 단순히 고지적인 성격을 띤다. 단 일회성에 그치므로 항구적인 이미지를 유지시키거나 신제품 발매, 고액의 상품, 서비스의 판매용으로는 부적당하다. 또 다른 형식은 반복 DM으로 기획의 목적, 목표에 따라 첫번의 발송에서부터 마지막 발송까지를 미리 내용을 정해 놓고 계속해서 반복 실시하는 것이다.

단계적 DM은 1신의 응답자에게만 2신을 보내고 또 그들 중 반응이 있는 응답자에게만 3신을 보내는 전략으로 주로 예상고객을 추출하여 대형 고액상품을 판촉하기에 적합한 방법이다.

신언모 작, 백조를 타고 1985

신언모 작, 토끼와 거북이, 1985

신언모 작, 탈춤

6) 일러스트레이션 (Illustration)

일러스트레이션은 넓은 의미로는 회화, 사진을 비롯하여 도표, 도형 등 문자 이외의 시각화된 것을 가리키지만 좁은 의미로는 핸드 드로잉(hand drwing)에 의한 그림만을 뜻한다. 주로 신문, 잡지, 광고물, TV, 영화 등의 대중매체(mass-media)를 통해 복제되어 전달되며 약자로는 '일러스트(illust)' 라고 한다. 일러스트레이션이라는 말이 처음 출판분야에서 사용될 시기에는 삽화나 컷(cut) 또는 단순한 이야기를 해설하는 종속적 기능을 가진 그림을 뜻하였다. 즉 문장이나 여백을 보조하는 단순하고 장식적인 요소로 여겨졌으며 의도된 목적이나 개념은 들어있지 않았다.

그러나 현대 문명이 복잡 다양화되어가고 인쇄에 의한 복제기술이 놀라울 정도로 향상되었으며 각종 인쇄매체를 통하여 내용을 효과적으로 전달하기 위한표현양식이 요구되면서 일러스트레이션은 그 자체로 하나의 구체적이고 뚜렷한 장르로 형성되었다.

즉 일러스트레이션은 이미지와 그것에 상응하는 언어적 해석을 통해서 그 본질적 의미를 발견할 수 있는 이미지들의 총체이다. 현재에 이르러 일러스트레이션은 주제를 명확하게 시각화한다는 목적과 아울러 그 자체로도 조형적 가치를 지닌 시각물로 각광을 받게 되었다. 주제를 명확히 한다는 목적에서 본다면 종교화나 풍속화는 물론 기념적인 벽화, 사회주의 국가에서 흔히 볼 수 있는 영웅의 초상화도 일러스트레이션이라고 할 수 있을 것이다.

오늘날 일러스트레이션은 순수회화도 아니며 그래픽 디자인의 지엽적 요소만도 아니다. 그것은 분명한 컨셉트(concept)를 가진 목표지향적 그림으로서 시각언어, 커뮤니케이션 아트(communication art)로서의 독자적인 장르를 형성해가고 있다.

현대의 일러스트레이션은 종류가 매우 다양하다. 신문, 잡지, TV 등 치열한 매스컴의 경쟁 속에서 대중에게 어필하려면 개성 있고 강력한 일러스트레이션이 필요하기 때문이다. 낡고 상식적인 것으로는 사람의 마음을 끌 수 없으므로 오늘의 일러스트레이션은 표현양식과 형태, 기법, 그리고 작가의 개성에 따라 쉴새없이 변화하고 있다.

근대 디자인 운동의 초기 단계에서는 일러스트레이션이 인쇄물의 중요한 디자인 요소였다. 사진이 사용되던 초기단계에는 화가들이 순수미술을 떠나서 재능 있는 일러스트레이터로서 상업적인 분야에서 경력을 쌓았다. 1920년대 디자인의 특징은 고상함을 강조한 것인데, 이 당시부터 일러스트레이션은 디자인에 중요한 역할을 담당하였다. 미국의 잡지들은 일러스트레이션으로 꽉 차 있었으며 이때부터 일러스트레이션의 황금기가 시작되어 거의 30년 동안 계속되었다. 그러나 1950년대가 되자 영화와 TV의 등장으로 인해 점차 사양길로 접어 들게 되었고, 많은 일러스트레이터들은 시사적인 일러스트레이션 작가로 전향하게 되었다.

7) 애니메이션(Animation)

애니메이션이란 라틴어의 아니마투스(animatus : 살리다, 생명을 불어넣다, 활기를 띠게 하다.)에서 유래되었으며 필름, 비디오, 컴퓨터의 디스플레이, 멀티플랙스 홀로그래피 등을 주로 사용하는 시간, 운동, 빛에 대한 모든 영상언어 및 영상기술을 총칭하는 말이다.

즉 사물에다 생명을 불어넣는 행위로서 움직임이 없는 무생물이나 상상의 물체에 인위적인 조작을 가해 움직임을 주는 것이다. '움직이는 그림'을 그려내는 착상은 영화의 발명시기보다 앞선 19세기 중엽에 시작되었다. 애니메이션은 드로잉 자체에 생명력이 있는 움직임의 환상을 주는 기교이며 또한 인형 애니메이션을 만들거나 추상적인 3차원적 물체의 움직임에도 적용된다.

애니메이션의 일반적인 요소는 각각의 움직임의 드로잉이나 인형의 작은 변화, 조정, 분리된 단계를 1~2개의 프레임(frame)으로 촬영하는 것이다. 그리고 우리 눈에 사실적인 움직임으로 보이게 하기 위해서 초당 24개 프레임을 비디오는 30개의 프레임이 지나가도록 해야 한다.

애니메이션의 첫 출발은 환등기의 개발에서부터 시작되었다. 그 후 스코트(G. Schott)의 원형 그림판을 이용한 환등기가 개발되었고, 뮤센브룩(P.V. Musschenbroek)이 스코트의 도구를 개선하여 원형 그림판을 움직이는 회전식 환등기를 만들어 최초의 애니메이션에 성공하였다. 그 후 애니메이션의 발전은 1824년 로젯(P. M. Rojet)의 고전적인 연구 '움직이는 물체에 관한 시각

초창기 애니메이션, 미키마우스

의 연속성'에 영향을 받은 벨기에의 예술가이자 과학자인 플라토(J. Plateau)가 1829년 페나키스토스코프라는 원반형 영사기를 개발함으로써 본격적인 연구가 시작되었다.

최초의 애니메이티드 필름은 미국의 블랙톤(J. S. Blackton)이 1906년에 제작한 〈웃는 얼굴humoroùs phases of funny faces〉로 알려져 있으며 1908년에는 콜의 〈판타스마고리phantasmagorie〉 등이 등장하기 시작했다.

초기의 오락 만화영화를 예술의 형태로 끌어올린 것은 월트 디즈니였다. 1928년 디즈니의 스튜디오는 〈윌리 기선〉으로 애니메이션의 예술적, 기술적 혁신을 가져왔다. 또한 〈실리 심포니〉를 통해 미키마우스를 절대적인 캐릭터로 등장시켰으며 영화 〈환타지아〉에 이르러 디즈니의 풀 애니메이션은 완벽한 경지를 이루었다.

위대한 발명가 에디슨은 애니메이션의 오락으로서의 가능성을 낙관적으로 보고 1920년부터 교육목적으로서 애니메이션을 제작하기 시작했다. 그는 교육영화와 산업영화를 만들었으며 이후 애니메이션에 의한 교육영화 사용은 급성장하여 큰 회사에서 교육용 필름을 제작하여 학교에 공급하기도 하였다.

설명의 효과를 높이고 시각적 명확성을제시할 수 있는 교육용 애니메이션은 보이지 않는 부분의 기계구조나 인체구조, 혹은 다른 혹성으로의 여행 등을 보여주기에 충분하다. 오늘날 애니메이션은 오락산업으로서의 주목에서 벗어나 교육기관뿐만 아니라 은행, 항공기 공장 또는 특별한 필요성을 갖는 회사들에 의해 다양하게 이용되고 있다.

8) 타이포그래피(Typhography)와 레터링(Lttering)

① 타이포그래피

타이포그래피란 활자, 혹은 활판에 의한 인쇄술을 가리켜 왔지만, 오늘날에는 주로 글자를 구성하는 디자인을 일컬어 타이포그래피라고 한다. 즉 글자체, 글자 크기, 글자 사이, 글줄 사이,판형의 크기, 인쇄 면적, 여백 등을 조절하여 전체적으로 읽기에 편하도록 구성하는 표현기술을 말한다.

따라서 활판에 의한 글자의 구성뿐만 아니라 평판에 의한 것, 오목판에 의한 것도 타이포그래피의 범주에 속하며 제판형식에 구애를 받지 않고 있다.

구텐베르크(J. Gutenberg)의 활판인쇄술 발명 이후 많은 활판인쇄물이 이 범주에 속하며, 지극히 단순한 원리에 의해서 수백년 동안이나 그 표현을 지배하여 왔다. 특히 책의 체재나 구조를 생각할 때 그 형식은 활판인쇄술의 발명 이전으로 거슬러 올라간다.

모리스(W. Morris)는 '한 권의 인쇄된 책은 글자 디자인과 글자 사이, 글줄 사이의 조절과 문안의 배열 외에 어떤 장식도 갖고 있지 않지만 분명히 예술 작품이다' 라고 말했다. 즉 활판인쇄에서 타이포그래피가 얼마나 커다란 예술적 가치를 지니고 있는가를 말하는 것이다.

레터링에 비하여 타이포그래피는 활자 또는 사진식자에 의한 글자, 즉 한자 한자에 대해서는 이미 디자인된 글자를 사용하여 구성된 것도 포함된다. 그러므로 타이포그래피의 기본이 되는 활자 또는 사진식자의 글자 디자인이 뛰어나야 함은 물론, 이들을 잘 선택하여 그 목적에 맞도록 글자를 보다 효과적이고 개성있게 구성해야 한다.

얀 치욜트의 신 타이포그래피의 원리를 요약하면 다음과 같다.

1) 명쾌성: 신 타이포그래피의 본질은 명쾌함에 있다. 이것은 표현에 있어서도 고도의 경제성을 요구하는 현대인에게는 거의 절대적으로 필요한 원리이다. 타이포그래피 디자이너는 활자의 크기, 두께 등의 상호관계와 순서, 색채, 사진 등을 활용하더라도 일차적으로는 명쾌한 표현이 이루어지도록 하지 않으면 안 된다.

2)논리적 유동성: 활자체로 구성되는 본문(텍스트)의 기능은 전달목적과 강조, 그리고 내용의 논리적 유동성을 달성해야 한다.

3) 비대칭 리듬: 본문을 구성할 때에 지금까지 두 쪽별 대칭 구성과는 전혀 다른 비대칭의 리듬이 생기도록 구성해야 한다. 비대칭은 기능적인 디자인의 리듬적 표현이다. 신 타이포그래피 디자인에서 비대칭 구성이 지배적인 것도 이 때문이다. 비대칭 형식은 이러한 논리성 외에 전체적으로 대칭보다 시각적으로 더 효과적이며 동적이므로 현대인의 움직임을 표현한다고 볼 수 있다.

현대의 상징으로서 비대칭은 곧 신 타이포그래피로 표현된 것이다. 비대칭 디자인의 원리는 신 타이포그래피에 무한한 가능성을 부여한다.

이러한 점에서도 신 타이포그래피는 외관상 활자의 단순한 변화만을 의미하거나 단순한 대칭 구성에 반대하는 것이 아니고 근대생활의 다양성에 대응하는 어떤 근본적인 변화를 인정하는 것으로부터 비롯된 것이다.

4) 등가성의 원리: 신 타이포그래피는 문자와 페이지의 흰바탕과 배경을 의식적으로 활용함으로써 검정 문자와 동일한 가치가 있는 구성요소로 인정한다.

5) 본문의 디자인: 신 타이포그래피는 한자 한자의 활자 그 자체를 디자인 하는 것이 아니고 독자의 시선을 유도하는 본문을 디자인하는 것이다.

따라서 중요한 것은 크기의 차이, 강도, 공간상의 위치, 그리고 색채로서 본문을 합리적으로 디자인하는 것을 의미한다. 신 타이포그래피 이론의 핵심은 현대 조형이론 이른바 조형 경제성과 간결성의 원리에 기초를 두고 있다.

특히, 등가성의 원리는 신 조형주의 원리 중의 하나로써 타이포그래피 분야의 비대칭 리듬과 동일하다. 따라서 신 타이포그래피 이론은 곧 모더니즘의 원리로부터 비롯된 것이라고 보아도 좋을 것이다.

③ 레터링

레터링은 넓은 뜻으로 글자 디자인, 글자 표현, 그 기능이나 글자 자체를 의미하며 좁은 뜻으로는 '쓰는 글자'를 말하는데 활자, 사식글자, 타이프 글자,인스턴트 레터링 등의 손으로 쓰지 않는 글자에 대한 상대적 개념으로 사용한다.

타이포그래피가 활자와 여러 가지 요소들을 이용하여 지면을 아름답고 내용이 충실히 전달되도록 하는 것인데 반해, 레터링은 어떤 디자인을 위한 특정한 목적을 가지는 글자를 묘사하는 것이라 할 수 있다. 표현방법으로는 손으로 쓰는 것도 있고, 기계적인 수단을 이용하는 것도 있다. 레터링은 글자라는 소재를 사용하여 어떤 사고나 의도를 표현하고 전달하려는 것이므로 글자의 상호관계, 즉 글자 사이의 조정문제, 글자와 일러스트레이션, 사진, 그 외 마크나 로고 타입 등과의 조화에 대한 문제를 고려하지 않으면 안 된다. 레터링만이 분리되어 존재하는 것은 아니기 때문이다.

레터링은 글자를 주체로 한 디자인 및 타이포그래피의 기초분야 중 하나로서 디자인적 개념에 따라 제작되어야 한다. 레터링의 특징은 개성적이고 부드러우며, 임의의 공간, 임의의 형태, 대소, 강약 등 표현이 자유롭다는 점이다.

레터링을 할 때 가장 중요한 것은 균형을 유지하는 것이다. 여기서 균형, 조화의 의미는 물리적인 치수의 정확함이 아니고 보고 느낀 인상 즉 시각적, 심리적 조화를 의미한다. 글자는 각각의 부분이 단독으로 존재하는 것이 아니라 전체와 부분이 서로 긴밀히 결합되어 있는 것이며, 이를 서로 이어주는 것이 균형이다. 레터링은 서로 상대적인 영향을 미치므로 균형과 조화를 이루기 위해서는 시각적으로 조정하지 않으면 안 된다.

9) 감성제품과 디자인

① 감성이란

감성의 의미를 설명하기 위해 감각이란 설명이 필요하겠다.

감각(感覺)이란 외부의 물리적 자극에 대한 신체기관의 감지를 의미한다. 감각은 크게 특수감각, 체성(體性)감각, 내부(內部)감각으로 분류하는데 특수감각은 빛에 대한 시각, 소리에 대한 청각, 맛에 대한 미각, 냄새에 대한 후각과 평형(平衡)감각이 포함되고, 체성감각은 촉각, 압감각, 온각, 냉각이 포함된다.

그리고 근육과 내장에서 느끼는 감각을 내부감각이라고 분류할 수 있다.

그러나 디자인에서 이 분야에 관심을 갖는 것은 제품에 대한 판단은 오감을 통해 이루어지므로, 시각, 청각, 미각, 후각, 촉각 모두의 특성과 이들이 만들어내는 감성의 기본을 이해함으로써, 디자인의 프로세스에 이를 적용하고자 하는데 목적이 있다. 학계에서는 감성공학(感性工學)이라는 학문이 도입되어 색채, 향, 소리, 맛, 질감 및 총체적 감각의 선택에 대해 설명하고 있으며 이를 디자인 마케팅에 적용하는 사례도 보이고 있다.

② 감성공학이 나타나게 된 배경

이제는 소비자들이 제품을 선택하는 데 있어 기본적인 성능이나 품질만이 아니라, 상품을 가짐으로써 얻게 되는 정신적인 만족감, 문화생활에 대한 충족 등과 같은 개인적인 호감이 상품의 판매에 큰 영향을 주고 있다.

인간은 매우 논리적이며, 분석적이기도 하지만 이성만으로 해석할 수 없는 직관적, 감각적, 감성적인 특성도 함께 가지고 있어, 현대 사회의 소비양상은 이러한 인간의 감성에 의해 좌우됨을 알 수 있다.

더구나 상품을 선호하는 데 있어, 전에는 십인일색(一色) 시대이던 것이 최근에는 십인십색 시대라고 할 만큼 상품의 선호도가 개인의 감성에 의해 선택되어 디자이너들은 이러한 다품종 다색시대에 어떻게 대처할 것인가를 반드시 연구하게 되었다.

③ 감성공학의 개념

감성공학은 한마디로, '인간이 가지고 있는 이미지나 감성을 물리적 디자인 요소로 번역해, 구체적으로 설계하는 기술이다.'

인간은 어떤 것을 갖고 싶다, 입고 싶다, 먹고 싶다 등의 여러 희망을 가지고 있지만 대부분 구체성이 없으며, 설명하기에 애매한 입장이 되고 있다.

감성공학은 인간이라면 누구나 느끼는 긴장감, 불안감, 안정감, 쾌감, 행복감 등의 느낌을 생리적 변화로서 측정할 수 있는 계측기를 개발하는 한편, 이들을 종합한 인공환경실을 만들어 많은 사람들을 대상으로 연구하여, 공통적인 심리적, 생리적, 물리적 감각을 정량적으로 측정하는 연구이다.

앞으로 디자인 시장이 다양화되고 소비자가 다양한 환경에서는 이 분야의 연구가 크게 발전되어야 할 것으로 예측된다.

④ 감성 시대의 마케팅

1970년대 미국의 Bell연구소에서는, 세계에서 혁신적인 신소재인 트랜지스터를 발명하였다. 그당시 미국의 기술 형편으로 10년이 가도 트랜지스터 기술을 실용화할 수 없는 형편이었다. 그리하여 고민하던 중 소니의 모리타 회장에게 25,000달러(환화 2,000만원)의 헐값에 트랜지스터를 사들여, 그로부터 불과 3년 6개월 만에 트랜지스터 라디오를 개발하기에 이르렀다. 이때까지는 진공관 라디오가 유통되고 있었는데 덩치가 너무 커서, 함부로 움직일 수 없었다. 그러나 소니의 트랜지스터 무게는 10분의 1, 성능은 5배, 값은 5분의 1로 줄인 최소형 트랜지스터였다.

소니가 디자이너를 실제로 기용하기 시작한 것은 이때부터이다. 소니가 크게 성장한 것은 1968년부터 1977년까지 10년간으로서 디자이너들은 판매부분에서 상품기획 담당자의 지시에 따르던 시기였다. 1982년 소니 디자인 주최의 제1회 국제전시회 개회사에서, 모리타 회장은 모양이 좋지 않은 기계는 팔리지 않으므로, 디자인의 중요성을 강조했는데, 이후에, 오가 노리오 사장과 함께 인더스트리얼 디자인의 지위와 영향력을 향상시키기 위한 노력을 아끼지 않았다.

그당시 디자인 면에서, 소니를 능가하는 회사는 세계 여러 곳에 있었다. 그러나 소니는 여타 메이커와는 분명하게 하나의 선을 긋는 커다란 특색이 있었다. 무엇보다 디자인의 오리지널리티와 새로운 기술과 디자인의 접목이 뛰어났으며, 소니다움, Function Follows Form,이라고 하는 키워드와 일본의 문화와 색채가 풍기는 것으로 전세계를 놀라게 하였다.

이와 함께 나온 Walkman과 함께 소형 라디오는 전세계인의 사랑을 받게 되면서 Sony라는 브랜드의 인기가 급상승하게 되었다. 기술보다 스타일을 중시한 워크맨은 세계적인 히트 상품이 되었으며 음악감상의 스타일까지도 변화시켰다.

즉 소니는 소비자들에게 시대적, 감성적으로 디자인을 혁신한 것은 물론 감성을 통한 라이프스타일까지 변화시킨 것이다.

1999년, 스타벅스는 세계 초일류기업이면서 한국이란 토양에 적응을 잘해서 뿌리를 내린 기업이다. 스타벅스 코리아는 신세계 그룹에 의해서 도입되어 미국의 시스템과 한국의 문화를 조화롭게 접목시켜 2003년 한국에 70여 개의 점포를 갖고 있다. 19세~25세의 감성세대의 성향에 맞춘 제3의 쉼터에서, 입맛에 맞는 커피를 즐길 수 있는 시설에서, 음악도 즐기면서 눈높이를 고려한 서비스를 받으며란 컨셉을 가지고 한국의 새로운 커피 문화를 창출한 기업이다.

그러면 라이프스타일과 감성디자인은 어떤 관계가 있는가를 정리 요약해 보자.

- 기능사회에서 디자인 사회로 변화
- 가치의존으로부터 가치창조의 변화
- 소수 상류층의 고급문화가 평등지향의 대중적 문화로 재구성
- 외부지향으로부터 자기중심으로 소비자의 변화
- 소비자의 생활변화에 따른 감성제품의 등장

일본 도요다의 감성 디자인 조건

2007년 도요다는 2억원대의 고가인 렉서스를 개발하기 위해 몇 명의 디자이너들을 미국에 보내 타겟 고객의 라이프 스타일과 취향을 몸소 체험하게 하였다. 이 체험에서 얻은 것을 렉서스 개발에 적용되어 렉서스 신화의 밑바탕이 되었다.

이것은 전 세계 기업들에게 가장 인상깊은 벤치마킹 사례 중의 하나로 꼽히고 있다.

디자이너들이 미국에 가서 조사한 내용은

① 상류계층의 독특한 문화는 무엇인가.

② 그들이 찾는 안락감은 무엇인가.

③ 그들은 생활 속에서 얻고 싶어 하는 가치관과 품격은 어떤 것이며 그들의 관념적 취향은 무엇인가.

이러한 위의 내용들은 실제 경험이 없이는 살려낼 수 없다는 것이 도요다 젝 웰치 회장의 생각이었다.

일본의 제조업자들은 렉서스의 Seeds(시각적 차별화) Needs(욕구의 차별화)의 문제 해결을 위해 전문지식을 갖는 것은 물론 소비자의 요구에 대해 실험적으로 연구하고 있다.

5) 감성기업 소개

21C적인 감성기업의 대표, 스타벅스

2008년 세계 100대 브랜드 93위의 세계적 기업 스타벅스 사명서

To inspire and nurture the human spirit one person, one cup, and one neighborhood a time.

인간의 정신에 영감을 불어넣고 더 풍요롭게 한다. 이를 위해 한 분의 고객, 한 잔의 음료, 하나의 이웃에 정성을 다한다.

Pour Your Heart Into it. 당신의 온 정성을 쏟아 부어라

하워드 슐츠회장이 어느 날 이태리 여행 중...

어느 시골동네 카페에 앉아 있는 젊은 남녀의 환상적인 모습을 보고... 아, 저 모습을 미국에다 갖다 놓으면 어떨까... 라는 생각에서 시작한 것

스타벅스는 커피를 갈아 금으로 만든다! 단 하나의 점포에서 출발 10년만에 2천여 개의 스토어를 거느리며 세계 최고의 커피 브랜드로 성장한 스타벅스, 하루에 하나씩 스토어를 탄생시키는 스타벅스의 성공전략은 과연 무엇인가?

슐츠회장은 빈민가에서 출생하여 동네에서 유일하게 대학을 졸업한사람, 세계커피시장의 판도를 하루아침에 바꾸어 버린 스타벅스, 회장의 인간중심 경영을 주목하라.

우리나라는 신세계가 수입하여 명동 1호점을 세운 뒤 한국 최고의 땅값을 만들어 주는데 기여한 스타벅스 가게 터.. 그리고 신세계는 우리나라 흡연자를 위해 세계에도 없는 흡연공간을 따로 만들어 준 문화공간. 그리고 한국에서 제일 비싼 커피집... 그러나 손님은 그곳에서 마시는 자부심을 갖는다고.

감성기업이 되려면 이름과 철학과 신념 목표를 담아라

프리미엄 생수의 대명사 에비앙(Evian)의 슬로건은 다음과 같다.

Evian 1' eau que vous buvez est aussi importante que 1ʻ air vous respirez.
에비앙, 당신이 마시는 물은 당신이 숨 쉬는 공기만큼이나 중요합니다.

– 에비앙–

까스활명수 : 대한민국 최초의 브랜드스타

어떻게 보면 촌스럽기도 하며, 너무 오래된 것 같은, 그러나 소화제=활명수

활명수=부채표의 등식으로 소비자의 머리에 박힌 활명수

1897년 동화약방으로 설립된 후 지금까지도 당시의 원형을 그대로 유지하고 있는 국내에 유일한 기업이다. '민족이 합심하면 잘 살 수 있다' 는 기업이념을 내세우며 동화와 부채표를 상호와 상표로 정한 100년의 역사를 가진 기업이다. (샘표식품도 같은 스토리와 역사를 갖고 있다)

나이키

Just Do it 국민학생들이 제일 좋아한다는 "나는 할 수 있다" 브랜드 가치만 해도 72억 달러 이상으로 평가 받고 있는 세계 최고의 스포츠 용품회사

피죤 (Pigeon)

Best partner in your life for creating a happy life

행복한 삶을 창조하는 최상의 생활문화 파트너.

피죤은 창립 때부터 지금까지 눈앞의 이익보다는 100년 뒤의 환경을 지킬 제품을 만든다는 원칙을 갖고 모든 제품을 인체에 무해한 친환경 제품으로 만들어 내기 위해 노력해왔다.

그래서

비둘기로 표현한 아이덴티티

티파니 : 순결한 사랑의 빛, 블루

참이슬 : 깨끗함으로 승부한다.

베스킨라빈스 31 : 다양성으로 개성을 확보하다.

하겐다즈 : 아이스크림으로 무한 변신

레고 : 원칙주의도 개성이 된다

Coca Cola : 빨간색의 승리

네이버와 풀무원 : 생명과 평화의 메시지, 녹색

우리나라 최고의 식품 브랜드 중 하나로 신선식품 사업, 건강기능 식품사업, 푸드서비스사업, 친환경유통사업, 미네랄워터사업에 주력하는 기업으로 처음에는 자가 농장 생산해서 매일 갈아 만든 신선한 두부의 배달로 시작하여 풀무원의 기업이미지를 굳혀갔다.

(자료, 브랜드스타를 만드는 상상엔진 I·D·E·A, 서용구저, 명진)

우리나라의 제품인 삼성 Anycall도 시대의 라이프스타일에 따른 새로운 제품으로 들 수 있다. 미국인 3명 중 1명이 가지고 있으며, 미국의 뉴스위크지가 연말 선물제품으로 선정하였듯이 그들의 기호제품으로 사랑받게 되어 2003년 세계시장에서 판매 1위를 기록하게 되었다.

이것은 소비자의 다양한 감성과 여러 가지 라이프스타일을 파악함으로써 상품의 시장성에 대한 이미지와 소비자의 심리를 포착하는 데서 상품의 셀링포인트(Saleing point), 즉 상품의 가격, 기능, 감성 등에 대한 컨셉을 설정할 수 있었던 것이다. 그리고 이 설정에 따른 디자인 기획으로 상품을 만들어 낼 수 있는 이른바 '감성마케팅' 을 성공적으로 이룰 수 있었던 것이다.

8. 디자인 가치의 측정

새로운 디자인은 새로운 판매활동으로 하나의 실험이기 때문에 시장실험(Market Test)을 거치지 않으면 안 된다. 어떠한 디자인이 구매를 촉진시키고 어떠한 디자인이 구매를 저해시키는가 하는 디자인의 효과는 반드시 측정되어 새로운 리디자인 (ReDesign)에 적용되어야 한다. 디자이너의 영감에 의한 예측이나 판단 등은 큰 실수를 범할 수도 있기 때문에 생산을 전제로 하는 시장 환경에서는 충분히 주의해야 할 부분이다. 그래서 마케팅 리서치(Marketing Research)에 의한 과학적인 측정이 요구된다.

그러한 이유는 다음에 있다.

- 일반 소비자의 기호성을 파악하기 위하여
- 현대의 일반 소비자들은 어느 정도 디자인적 수준이 향상되어 있으며 소비자 계층에 따라 레벨의 차이가 큰 것을 볼 수 있다.
- 디자인의 가치성에 치중한 결과 제품의 제작에 미치는 디자인의 경비에 대해서 소홀해질 수 있다.
- 동류의 상품과 비교하여 디자인적 차별화는 어느 정도 되어 있는가에 중점을 두어야 한다.
- 디자인의 외관적 요소

디자인을 구성하는 요소는 종류에 따라 다르긴 하지만 일반적으로 다음 사항을 체크한다.

색채	색상, 명도, 채도, 광택의 유무
형태	전체의 조형적 요소와 문양의 상태
재질	목재, 금속, 합성수지, 지류

다음은 디자이너가 마케팅 측면에서 고려해야 할 사항이다.

- 디자인된 상품이 소비자의 판매행동, 결정행동에 어느 정도의 영향을 미치는가.
- 디자인을 결정하는 과정에서 디자인의 어느 점(Concept)이 가장 강한 영향력을 주고 있는가.

시각 소구력 | 심리적 효과 | 상징적 효과

- 색채 혹은 형태, 재질 등이 큰 영향을 미친다고 하면 다음의 3 가지에 영향을 주고 있는가.

1) 디자인 테스트

우리들의 상식으로도 디자인이 구매활동에 큰 영향력을 가지고 있다는 사실을 알고 있다. 판매 담당자에게 필요한 일은 시장에 있어서의 법칙 발견이 아니고 구체적 수단을 찾아내어 이것을 적용하는 수단이다. 이 수단으로서 디자인이라는 것을 이용한다. 새로운 디자인은 새로운 판매활동으로 하나의 실험이 되기 때문이다.

어떤 디자인이 구매를 촉진하고 어떤 디자인이 구매를 저해하는가 하는 디자인의 효과는 반드시 테스트에 의하지 않더라도 뛰어난 경험과 재능을 가진 디자이너의 판단에 의하여 비교적 정확하게 예측되는 수도 있다. 그러나 개인의 인스퍼레이션(inspiration)에 의한 예측은 큰 실수를 범하는 수도 있어 양산을 전제로 하는 근대 공업생산에 있어서는 충분히 주의해야 할 점이다. 디자인의 효과 예측에서도 과학적인 테스트법을 택해야 할 것이며 디자이너는 경영자적인 입장에서 디자인 행위가 이루어지도록 해야 한다.

2) 조사법

최근 상품의 이미지 조사방법이 발달함으로써 업계에서는 이미지론이 성행하고 있다. 이미지란 마음 속에 그려진 심상을 말하는 것이다. 장미꽃을 보고 열정적이라고 느끼는 일이 있는가 하면 아라비안 나이트란 말에서 열정적인 것을 생각하기도 한다.

이미지란 어떤 대상에 대해 지니고 있는 인간의 태도, 느낌, 감정, 기대 등이 종합된 것이다. 이미지 조사법의 하나로서 S.D.법이 소개되고 있는데 디자인 분야에서도 이 방법을 이용하는 것이 편리한 경우가 많다. S.D.법은 미국의 오스굿(Osgood)의 연구에 의한 것으로서 주로 형용사로부터 물건의 이미지를

S.D. 법에 사용되는 형용사의 분류표

① 평가

좋 다	나쁘다
완전한	불완전한
이타적	이기적
친절한	혹독한
청결한	불결한
우미한	모양새가 험한
아름다운	보기 흉한
뜻 있는	뜻 없는
진실의	허위의
현명한	우매한
평판이 좋은	평판이 나쁜

낙관적	비관적
시기를 탄	시기를 잃은
사교적	비사교적
조화	부조화
밝은	어두운
즐거운	괴로운
높은	낮은
중요한	중요치 않은
건강한	병적인
신뢰할 수 있는	신뢰할 수 없는
적극적인	소극적인

② 잠재력

딱딱한	부드러운
엄격한	상냥한
답답한	자유스런
무거운	가벼운
불투명한	투명한
남성적	여성적

강한	약한
고집스런	유순한
압축된	광활한
착실한	부실한
큰	작은

③ 활동성

능동적	수동적
뜨거운	차가운
빠른	느린

흥분한	침착한
의도적	우연적
복잡한	단순한

발견하려는 것이다.

즉 홍차에 대하여 우리들은 밝다든가, 근대적이라든가, 여성적이라든가, 우미하다든가 하는 여러 가지 느낌을 가지게 될 것이다. 이처럼 느낌을 나타내는 형용사를 정리하여 어떤 조형물의 이미지를 찾아내려고 하는 방법이 S.D. 조사법이다.

테스트는 이들 형용사어로 구성된 한 조합을 7단계법으로서 행한다. 결과의 정리는 대체로 다음과 같은 순으로 행한다.

각 형용사 조의 평균가를 산출한다. 7단계의 평가를 3, 2, 1, 0, -1, -2, -3의 득점으로 환산하여 전원의 판단의 수를 평균하면 된다. 평가, 잠재력, 활동성의 인자별 득점을 산출한다. 평균치뿐만 아니라 3차원 심리 공간에서 그 값을 플롯(Plot)한다. 판단의 대상이 되고 있는 것을 두고 이 공간상에 있어서의 직선 거리를 산출한다.

예를 들어 검은 소재의 이미지(엷은 천)를 조사한다고 한다면, 이 상의 절차에 의해 이미지나 인상 등으로 불리는 막연한 주관적인 반응을 수량을 통해 객관적으로 표시할 수 있다. 만일 이 값의 신뢰성이나 타당성이 높다면 수량화된 것에 의해 얻어질 수 있는 효용은 크다.

	매우	상당히	다소	중간	다소	상당히	매우	
	3	**2**	**1**	**0**	**-1**	**-2**	**-3**	
좋 다	:	:	:	:	:	:	:	나쁘다
낙관적	:	:	:	:	:	:	:	비관적
완전한	:	:	:	:	:	:	:	불완전한

이와같이 각 척도의 척도치를 연결한 꺾은 선 그래프를 프로필이라고 하는데, 이것을 이용해 어떤 자극의 특징을 일목요연하게 나타낼 수 있다.

• 척도치의 계산 예

• 척도치 = Σ (a×b) / 회답자 총수

={(-3×10) + (-2×20) +(-1×30) + (0×25) + (2×5) + (3×0)}100

= -0.80

• 척도상의 위치

	-3	-2	-1	-0	1	2	3	
따뜻하다	:	:	:	:	:	:	:	차다
회답자수	10	20	30	25	10	5	0	

집은 쉼표다

언제나 편안하고 따뜻한 웃음이 넘치는 곳,

제4장 디자인 경영

1. 디자인 경영의 개념
2. 경영환경의 변화
3. 사회현상과 가치 반영
4. 디자인 경영과 조직
5. 디자인경영, 브랜드 매니지먼트
6. 디자인과 산업 재산권
7. 세계의 디자인 경영 사례
8. 불황기의 디자인과 마케팅 경영

Tipping Point 노트(1)

(Tipping point, 말콤크래드웰저, 21C북)

사회적인 변화가 왜 그리 자주 일어나는가?
저자 그레드웰은 아이디어와 행동, 메시지 등 전염병이 창궐하는 것처럼 일어난다고 말하고 있다.
수평을 이룬 마루바닥에 놓여진 공은 절대로 혼자서 움직이지 않는다. 무언가가 변해야만! 그 공은 구르기 시작한다.
이를테면, 가벼운 진동을 일으키거나 무엇에 의해서 그 원인, 가세, 질병○같은 전염현상에 의해 유행병이 전염되듯, 그 전염의 원인, 아이디어, 멧시지 이점을 Tipping point라 한다.

예기치 못한 일들이 갑자기 폭발하는 바로 그 지점 !!
티핑포인트는 유행의 출현 알려지지 않았던 책이 갑자기 Best Seller가 되는 극적인 전환을 의미한다.
이와 같이 유행이 번져 나가는 어느 지점에 극적으로 폭발하는 순간, 이 지점을 독감의 바이러스와 비교하면,

1. 소수의 법칙

감염을 일으키는 소수의 사람 예를 들어 20%의 술꾼이 전체 맥주 매출의 80%를 마신다는 사실 (파레토의 법칙)

2. 고착성의 요소

감염인자 그 자체 (기억에 남을 메시지를 주라)
당신의 기억 속에 어떤 메시지가 고정되는 것
어떤 사람이 광고를 기억하려면 적어도 같은 광고를 6번을 보여주어야 한다는 것. 이것은 광고업계의 전설이다.

3. 상황의 힘

감염을 일으키는 환경으로 특수한 상황에 강한 영향을 받는다. 기억에 남을 메시지를 전염시켜라.

Tipping Point 노트(2)

(Tipping point, 말콤 크래드웰저, 21C북)

2000년대 화장품업계에 거대한 변화가 일어났다.

"The Face Shop"의 등장

2002년 3월 이화여대 1호점으로 출발한지 2년여 만에 100호점을 돌파, 매출 150억원 돌파, 이 브랜드의 돌풍을 어떻게 생각하는가? 여기에는 티핑포인트가 숨어있다는 사실이다.

이 회사는 미용의 유행을 주도하는 여대생을 뷰티엣 회원으로 끌어들여 홍보의 수제로 활용했다. (소수의 법칙)
또한 기존의 고가 경쟁 제품에 비해 품질이 떨어지지 않는 점을 크게 부각하여 저렴하고 품질 좋은 화장품이라는 인식을 소비자의 노리에 인식 시켰다.(고착성의 요소)

또한 운 좋게 불황기에 저가 상품이 잘 팔린다는 상황적 설정이 이 브랜드의 돌풍에 날개를 달아 주었다. 주머니가 가벼워진 20대 초반의 수요층에 더할 나위 없는 좋은 기회가 되었다 (상황의 힘)
이와 같이 소비자에게 필요한 시기에 필요한 메시지를 전파하는 능력의 힘! 바로 티핑포인의 요점이다.

갑작스런 변화가능성을 중심개념으로 하는 티핑의 세계!
① 쉬운 메시지로 아이디어를 전환시켜라
② 문화적 계기를 포착, 새롭게 포장해라.
③ 호기심을 자극해, 소문을 극대화해라.(여대생이용)

1. 디자인 경영의 개념

1) 디자인 경영의 정의

1820년 영국의 왕립예술협회(Royal Society of Art)가 디자인 경영상을 제정한후부터 '디자인경영' 이라는 용어가 공식적으로 사용되고 있다. 이는 디자인이란 용어못지 않게 어의상에 어려움이 따르고 있다. 정확하게 말하면 디자인 + 마케팅 경영이라고 말할 수 있다. 즉 디자인학문과 경영학문 두 가지가 접목된 것으로 디자인과 경영학문에서 어느 쪽이라고 할 수도 없는 새로운 학문으로 성립된 것이다.

1960년대에는 제조회사에서 제품을 디자인할 때 프로젝트와 관련지어 디자인실무를 관리하는 차원에서 활동하는 것으로 받아들여 왔으나 1990년대에 접어들면서 좀더 거시적 관점에서 최고경영자에서부터 기업경영의 전략적 관점으로 이해되고 있다. 이때 일본도 디자인 경영에 대한 관심이 고조되어 디자인 경영이라는 용어들이 널리 사용되고 있었다.

디자인 경영이라는 의미는 두 가지 측면으로 볼 수 있는데, 첫 번째는 기존 경영방법에 디자인 경영방법을 도입하는 것으로 이는 기존 경영방법을 그대로 유지하면서 생산과정에서 디자인의 효율성을 높이고자 하는 것이다.

둘째는 디자인의 효율성을 중시하여 기존 경영방식과 달리 기획에서 생산까지 새로운 경영방식을 도입하여 디자인 경영에 맞추어 새롭게 기구를 수정하는 것을 말한다. 이는 기업경영을 새롭게 하는 것으로 새로운 디자인 혁신(Design Innovation)에 필요한 것으로 볼 수 있으며 하나의 공격적 경영방식이라 말할 수 있다. 즉 디자인 경영은 회사의 전략적 가치기반을 어느 곳에 둘 것인가부터 시작된다. 그러므로 회사의 비전, 사명, 목표, 전략 등을 어떻게 펼쳐나갈 것인가에 중점을 두게 된다. 우리나라는 아직도 대학에서 정규과목으로 채택하지 못하고 있는 대학이 많이 있으며 이를 연구하는 학자들 마저도 그 수가 많지 않은 것이 현실이다. 또 있다 하더라도 연구하는 방법에 따라 그 방법과 방향이 다른 것도 사실이다. 그러나 디자인 경영은 학계에도 서서히 바람이 일어 학과목으로 채택하는 것은 물론 학술적인 면에서도 많은 연구 대상이 되어야 할 것이다.

2) 디자인 경영의 발전과정

1820년 영국에서는 산업혁명을 통하여 수공업에 의존하던 유럽시장을 기계화에 의한 다량생산 체제를 갖추게 되었다. 도시가 확장되고 인구의 증가와 함께 수공업 제품만으로는 수요와 공급을 맞출 수가 없게 된 것이다. 기계화에 의한 다량생산 방식은 W. 모리스가 주장한 대로 상품의 질은 떨어졌으나 다량생산에 의해 저렴한 가격으로 모든 소비자의 욕구를 충족시킬 수가 있었다.

12세기 이후 유럽과 아시아의 무역에서 많은 무역상들은 상점을 구분하는 간판을 사용하였으며, 15세기에 이르러 구텐베르크의 활자 발명으로 인쇄술의 발달을 가져왔다. 이는 광고와 홍보시대를 맞게 되는 계기가 되었다. 기계화에 의해 다량의 상품들이 생산되면서, 이는 경영이나 디자인 측면에서 산업사회로 출발하는 중요한 전환점이 된 것이다. 제품이 다양화되고 소비자의 요구도 다양하게 되면서 디자인은 회사의 마케팅과 경영에 커다란 영향을 주게 되었다. 이때부터 경영과 디자인이 접목되면서 사회발달과 소비자의 욕구에 의해 상호보완적으로 발전하게 되었다.

현대 산업사회의 발달로 다량생산 체제와 소비문화의 변화에 따라 생산자는 생산관리가 필요하게 되었고, 소비자에게는 다양한 감성문화와 다양한 욕구에 의해 새로운 혁신적 디자인 서비스가 필요하게 되었다. 이렇게 다양해진 욕구와 강력한 파워를 가진 소비자를 대상으로 글로벌 세계의 치열한 경쟁 상황에서 디자인 경영이라는 새로운 방법이 필요하게 되었으며 디자인 혁신으로 새로운 브랜드를 개발하지 못하면 기업은 살아남을 수 없는 브랜드 경쟁시대를 맞게 되었다.

2. 경영 환경의 변화

일반적으로 경영이란 국가산업의 발전과 사회전체의 안락한 생활과 복리를 위하여 생산과 분배를 통하여 사람의 제반활동에 편안함을 주는 것으로 사회복리를 위해 필요한 것으로 볼 수 있다.

이러한 경영은 자본가의 자본투자, 공장설립, 기계설비와 원자재구입, 생산을 위한 노동력 등 여러 가지의 생산을 위한 투자 및 요소의 투입이 필요하게 된다. 이렇게 하여 기업가는 이윤을 얻게 되고 개인은 편안한 복리를 얻을 수 있다.

이와 같은 생산과 유통의 과정에서 기업간의 경쟁은 물론 점점 다양하고 복잡한 소비자들의 요구는 점점 개인화, 감성화, 차별화를 요구하고 있다.

이러한 과정은 기업간의 차별화나 소비자들의 요구에 맞추어 디자인이 필요하게 되고 근대에 디자인 혁명이라고 할 만큼 시장의 경쟁은 하나의 디자인에서 기업이 성공하고 실패하는 기업의 운명에도 관련하고 있다.

그러나 디자인의 무한한 투자는 기업경영에 큰 손실을 가져오게 되므로 시장의 요구와 기대에 부응할 수 있는 디자인 경영을 찾지 않으면 안 되게 되었다.

그러므로 기업은 기업의 경영예산에 적합하도록 인사, 재무, 회계, 구매, 운송,보관 등의 체계를 재조정하여 디자인과 경영이 합리적으로 운영될 수 있도록 하나의 프로그램 개발을 위해 계획수립에서 지휘통제, 생산성 향상에 이르기까지 계획이 수립되어야 한다. 현대의 세계시장은 급속도로 발전하고 유통환경이 크게 바뀌고 있다.

세계시장은 수출경쟁, 최첨단, 최신유행 등의 상품으로 범람하고 있다. 그동안 우리나라는 급속한 경제성장으로 지금은 세계시장에서 인정받는 제품도 생산되고 있어 세계시장의 주목을 받고 있는 상황이다.

1970년대, 아프리카의 가나 공화국과 한국의 국민 소득은 250달러로 같은 수준이었다.

그로부터 1990년대에 이르기까지 한국은 무려 20배로 성장하였고, 2003년 한국의 수출은 2000억 달러에 이르게 되었다.

세계 여러나라 학자들도 한국의 경제 발전은 세계에서 보기드문 급성장이라고 말하고 있다.

일본의 경우 미국에서 들여온 반도체를 일본화하는데 10년이 걸렸지만, 한국에서의 반도체 성장은 불과 5년만에 완성되었다.

이러한 성장 여건에 따라 사회 문화적 환경이 크게 변하게 되었다. 한국의 수출이 성장하는 과정에서 기술혁신이 이루어져 모든 산업이 고급 기술의 평준화 시대가 되고 있다. 이로 인한 내수시장의 확대와 소비자들의 근대적 소비문화의 형성이 새로운 감성적 제품을 요구하게 되었다.

2004년 중반에 삼성전자는 미국 인터브랜드사에 의해 세계 100대 기업 선정에서 21위에 오르는 급속적인 발전을 하게 되었다.

삼성의 Anycall 브랜드에 대해 어느 외국학자는 자동차의 왕 벤츠에 비유할 정도로 동류 시장에서 3위에 오를 만큼 감성적인 고급제품으로 세계시장에서 기술과 디자인을 인정받고 있다.

이렇게 하여 세계인들에게서 인정을 받으며 한국의 기업은 세계시장을 연구하는 계기가 되었고, 이로 인하여 글로벌 체제의 경영을 하지 않으면 안 되게 되었다.

삼성전자만 보아도 마케팅과 디자인 부서에 국내외의 유능한 고급인재가 영입되어 있으며 세계의 각 지역마다 특성에 맞는 디자인 연구소가 있어 그곳의 현지 디자이너를 채용하여 디자인 현지화에 많은 노력을 쏟고 있다. 이런 현상은 점점 다른 기업에도 확대될 전망이다.

21세기의 통신과 정보의 발달은 급기야 기술수준의 평준화를 가져오게 됨으로써 소비자는 상품의 선택에 있어서 강력한 파워를 행사할 수 있게 되었고, 기업은 성장을 위해 막대한 자금을 쏟아부어야만 한다.

이제 다양해진 욕구와 강력한 파워를 가진 소비자를 대상으로 기업은 글로벌 세계의 치열한 경쟁에서 생존을 위해서는 또 다른 선택을 해야 하는 상황에 직면해 있다.

이러한 상황에서 기업의 리더는 단순한 경영에만 매달릴 것이 아니라, 새로운 디자인 경영을 기업의 전략으로 삼아야 할 것이다.

과거의 디자인에는 예술성이나 심미성으로 표현된 상품들이 많았다. 그런 방법으로는 아무리 좋은 디자인을 개발한다 해도 개발비도 제대로 건지지 못하는 경우가 많았다.

그러나 이제는 경영자 자신도 디자인 자체에만 매달리는 좁은 시야보다는 세계의 디자인을 경영의 요소로 받아들이는 인식이 우선 되어야 한다

이러한 인식의 전환으로 기업인이 디자인을 이해하고 모든 제품의 기획에서부터 제조 판매에 이르기까지 디자인을 적용하는 방법으로 회사의 특성에 맞는 프로그램 개발이 필요하다.

삼성은 핸드폰 기종이 바뀔 때마다 디자인 부서는 물론 모든 첨단의 관련 부서가 총 동원되다시피하여 하나의 제품 탄생에 온 힘을 쏟고 있다. 이렇게 탄생된 몇종의 핸드폰이 해외시장에서 호평을 받고 있는 것은 지극히 당연한 결과라고 할 수 있다.

지금 삼성은 노키아 제품을 추격 중에 있지만 이것은 시간문제일 것으로 시장 전문가들은 보고 있다. 이유는 삼성의 디자인 컨셉이 월등히 높기 때문이다. 삼성의 디자인 컨셉은 모토롤라나 노키아와는 정반대의 입장이어서 소비자들의 호응이 커지고 있는 것을 느낄 수 있다.

반대로 이야기하면 노키아나 모토롤라는 소비자들의 감각이나 시대적 기대감에 못 미치고 있다는 이야기다. 이와 같이 삼성은 디자인 컨셉 설정과정에서부터 이미 소비자들에게 공격적 마케팅 방법으로 접근하고 있다.

3. 사회현상과 가치반영

국내기업에서도 이미 회사의 중역들이 디자인 경영에 참여하고 있는 예는 많다. 앞에서 말했듯이 대우의 회장도 그러했고, LG도 그룹의 개편과정에서 LG 디자인연구소의 소장에 디자인 출신을 부사장으로 승격시켰으며, 회장 자신도 그룹의 디자인 전략 회의에 참여하고 있다.

독일이 낳은 폭스바겐은 20세기 전반 자동차 디자인의 거성으로 명성을 떨쳤던 독일의 페르난드 포르쉐가 벤츠 자동차의 설계부장으로 있던 때이다.

그는 1920년대 중반에 벤츠, 비틀, 포르쉐 등을 설계하였으나, 회사 중역의 반대로 꿈을 이룰 수 없다. 그러자 그는 곧 자신이 회사를 세워 독립한 다음 국민차 설계에 들어가 오늘의 폭스바겐을 탄생시켰다.

4인의 가족과 여행가방을 실을 수 있는 충분한 실내 면적, 추위에도 시동이 잘 걸리는 공기 냉각식 엔진, 수리할 때 탈착이 편리하고 연료가 적게 드는 4기동 엔진의 값싼 소형차, 바로 그것이었다.

당시의 자동차들은 박스형 디자인이라 공기 저항을 많이 받았다. 따라서 시속 100km 이상을 내는 큰 차의 속도를 따라가기 위해선 공기저항을 최소로 받는 유선형의 디자인이 필요하게 되었다.

둥근형 이론을 세우고 우연히

길을 거닐다 나무에 달라붙어 있는 딱정벌레를 보고, 이상적인 아이디어를 얻어, 1932년 1,100cc 4기동 공냉식 엔진을 뒤에 얹은 완만한 딱정벌레형 차를 완성하게 된 것이다. 폭스바겐이 현존하는 지금까지 디자인은 처음 나온 후로 3번밖에 바뀌지 않았다. 하지만 차가 생산된 후로 주문이 예상과 달라 자포자기하던 중, 디자이너 포르쉐를 구한 것은 아돌프 히틀러였다.

1933년 히틀러는 독일을 부흥시키는 한 방법으로 세계 최초로 고속도로 아우토반의 건설을 시작하면서 독일 국민들이 타고 이 고속도로를 누빌 국민차 개발을 포르쉐에게 의뢰하였다.

이렇게 하여 1936년 1,100cc 23마력 4기동 공냉식 엔진을 뒤에 장착한 이 차는 최고 시속 85km에 공기 저항계수 0.4로서 휘발유 1리터로 13km까지 갈 수 있으며, 히틀러의 요구로 1,000마르크 이하의 값싼 차로 만들어 당시로서는 초경제형 국민차로 각광을 받게 되었다.

이와 같이 폭스바겐이 개발된 배경에는 그 시대를 대변하는 사회적 요구가 있었다. 이때 21세기의 자동차 디자인은 인간의 감성이 존중될 것이라는 의견이 지배적이었다. 그렇기 때문에 현대에 자동차 디자인의 중요성은 더욱 강조되고 있다. 그러면, 디자인 경영이 필요한 몇 가지를 들면 다음과 같다.

1) 디지털 기술과 디자인 산업

최근에 가속화되고 있는 정보통신기술(Information Communication Technology)은 급속한 기술혁신으로 인해 커뮤니케이션 분야뿐만 아니라, 생명공학, 로봇, 소프트웨어 등 타분야의 기술혁신에도 시너지 효과를 주면서 거기에 따른 신물질의 개발과 사회적 요인의 등장이 결과적으로 인간의 생활, 주거환경, 문화를 변화시켜 가고 있다.

특히 디지털 기술의 발전은 시장의 글로벌화는 물론 시간과 공간을 초월하는 것으로서 실물경제 공간인 오프라인(off-line) 세계에서 동시에 경쟁을 해야 하는 경영 환경에 직면하게 하고 있다.

이와 같이 디지털화는 시장을 글로벌화하였고, 기존 기업의 전통적인 경영

체제를 급속하게 변화시켜가고 있다.

아날로그 시대 / 디지털시대로 전환

아날로그 시대가 디지털 시대로 바뀌면서 신 기술혁명이 알 것으로 예측되며 기술의 우위는 물론 산업의 패러다임이 바뀌게 된다. 특히 일본은 아날로그 시대에 장인 정신에 가까웠든 일본의 핵심기술이 무효화 되면서 그동안 일본이 갖고 있던 원천기술의 비교우위가 사라지게 된다.

한편 새로운 기술이 많이 쏟아져 신 산업분야는 인재와 자금만 있다면 어느 쪽에도 비교우위를 제공하지 않는다. 이중 그동안 중단되었든 2차 전지 등과 같은 핵심 전자 부품이 바뀌어 가고 있다.

앞으로 100년 이상은 수소에너지나(고가) 전기에너지나(저가)가 관건이 될 것이다.

이러한 분제늘이 2010년 이후 드디어 현실로 나타나게 된다.

그동안 일보의 소니나 파나소닉이 가지고 있는 니켈수소전지기술을 앞 세워 한국의 LG가 그동안 연구해온 리튬이온 2차 전지 기술 (니켈수소보다 값은 비싸나 용량이 큰 장점)이 인정받으면서 미국의 오바마 대통령이 전기차 만드는 미국이 배터리는 한국산을 장착한다는 것을 2009년 상하원 합동회의연설에서 충고적인 연설을 하게 된다. 이와 같이 디지털 신기술은 그동안 일본이 쌓아온 기술의 우위를 하루아침에 내주게 된 것이다.

또 한편 TV분야에서도 삼성은 디지털 HDTV기술을 주력해 왔으나 일본소니는 영상 및 게임 등 분야에 투자와 연구를 해 온 지난 10년간의 결과로 일본의 게임분야는 세계 시장을 석권했지만 TV 반도체 부분에서는 삼성에게 뒤지는 결과를 가져와 2010년 삼성은 일본의 소니의 매출을 추월하는 세계적 이변을 가져오게 된다. 그동안 세계인 특히 일본인들은 일본은 망해도 소니와 도요다는 망하지 않는다고 자부해 온 그들이었다.

이러한 결과 앞으로의 디자인 산업은 아날로그시대보다 더 혁신적인 것을 원할 것이며 모든 상품이 기술보다도 디자인 마케팅이 중요하게 다루게 될 것으로 전망된다.

한국은 디지털 월드 리더

핀란드의 토미야호넨 아일랜드 짐 오렐 리가 쓴 책 DIGITAL KOREA라는 책에서, 한국업체 자신도 자신들이 얼마나 컨버젼스 분야에 앞서있는지 모르고 있으며, 한국에는 선진국에도 없는 비즈니스 모델이 하도 많아, 싸이월드, 미니홈피, 디지털 소비자 C세대의 등장 전자정부, 지능형 홈서비스(유비쿼터스 시대) 75%에 달하는 3세대 이동통신 100%에 가까운 DMB방송 보급 등 여러 가지 분야에 앞선 부분들을 지적하고 있다.

즉, 유럽 사람들에게 한국의 디지털 상황을 이야기 하면 무슨 공상과학이 아니냐는 의문을 제기할 정도로 의문을 가지며 추궁한다고 한다. (2007년) 한편 세계적 기업들 중국의 하이얼 전자제품. 핀란드의 노기아폰, 미국의 신제품 등을 한국에 가져와 Test Marketing을 하고 있는 것을 볼 수 가 있었는데 이것은 디지털 기술과 소비성향이 특별한 한국 시장임을 말해주고 있다.

2) 국가 경제성장의 원동력

지금도 '멋있는 사람' 하면 '영국신사' 라고 말한다.

다시 말하면 신사의 대명사는 영국신사인 것이다. 영국은 신사의 나라답게 신사복 중에 브리티쉬 스타일이 있고, 넥타이 매는 법 중에 윈저노트(windsor knot)가 있는데, 이는 모두 심프슨 부인과의 사랑을 위해 왕위를 버렸던 영국 왕실의 윈저공(duke of windsor)에 의해 개발된 것으로 영국 귀족들이 입고 매던 것들이었다.

이 스타일은 지금도 남성 패션의 스타일로 그 명성을 지니고 있다.

과거 영국에는 세계적 고급차인 롤스로이스 브랜드가 있었다. 고가에 안전성이 뛰어나고 귀족풍의 고급차였다. 그들은 아프리카 왕자가 차를 사려 해도 롤스로이스를 탈 자격이 안 된다고 팔기를 거부하였다.

이와 같이 그들은 고객의 수준까지 심사하면서 팔았다. 그래서 그 당시 롤스로이스 광고의 내용은 롤스로이스를 타는 세계의 명사를 소개할 정도였다.

그러나 그후 1980년대에 롤스로이스는 경영난에 허덕이게 되고 회사를 매각하기로 결심하였다. 막상 회사를 인수하겠다고 나선 것은 영국내 기업은 없고 외국기업뿐이었다. 보다못한 영국인들은 외국에 팔지 못하도록 하였고 영국의 자존심을 지키라고 항의하였다. 빗발치는 항의에 견디다 못한 정부측과 롤스로이스는 외국에 팔지 않고 영국의 상표로 남게 하였던 것이다.

롤스로이스가 매각 위기까지 가게 된 것은 이 브랜드의 전성기에 고객의 요구를 받아들여 제2의 표적시장을 잡지 못한 것이며, 또한 자존심을 앞세운 롤스로이스의 귀족풍 이미지가 오히려 잠재고객의 기대감을 버리고 외면하게 만든 결과를 가져온 것이었다.

지금 영국의 브랜드는, 버버리, 닥스, 립톤티 와 같은 몇몇 브랜드인데, 이 브랜드들의 디자인을 보면 고풍과 전통을 의미하는 것들이 많다. 그러나 현대의 시장은 사회환경 소비자의 변화와 기대에 따라 계속 새로운 것을 원하고 있고 영국의 브랜드는 새로운 시장의 변화에 대처하지 못하고 있는 것을 롤스로이스와 버버리에서 볼 수 있다.

대처 수상은 디자인을 국가의 전략산업으로 인정하고 국가의 디자인 진흥정책 수립은 물론 매 회의 때마다 대처 수상이 이를 주관하고 계획을 수립하였다.

영국의 디자인이 전통적으로 발전할 수 있었던 것은 대처 수상의 디자인 진흥정책에 있었으며 지금도 세계적인 브랜드를 많이 갖게 된 계기가 되었다.

산업혁명 이후 영국은 산업경쟁력 확보라든가, 가격경쟁력, 마케팅을 중시하였으며 반면에 유럽과 아시아 태평양 경쟁국들과의 사이에서 상품의 우위를 확보하기 위해 정부적인 차원의 디자인 진흥정책을 시행, 큰 효과를 보게 되었다.

지금 영국은 블레어 총리가 앞장서서 쿨 브리태니아(cool britania), 멋진, 젊은 영국을 외치며 영국을 세계의 디자인 공장으로 만들겠다고 선언하고 있다.

이는 과거 대영제국 시절부터 세계적인 브랜드를 보유하고 있는 영국으로서는 당연한 일일 것이다.

그러나 인터브랜드사가 조사하는 세계 100대 브랜드 속에 겨우 69위(BP)에 머무르고 있는 것이 영국의 현실이다. 제품을 시장에 내어 소비자의 호응을 얻고 경영흑자를 얻고자 하는 것은 당연한 결과이다.

시간이 흘러간 지금 롤스로이스를 주문했다가 수모를 당했던 그 아프리카 왕자가, 쉐빌로우 스타일의 신사복을 입은 영국 신사 앞에 서있다면 그는 무엇이라고 말했을까? 과거 스위스의 시계가 일본의 기술과 디자인에 밀려 시장점유율 60%까지 일본에 빼앗겼을 때, 스위스는 전통적인 가내공업을 철폐하고 새로운 공장에서 '스와치' 라는 패션시계를 개발하여 오늘까지 스위스 시계의 자존심을 유지하고 있다.

이와 같이 과거의 전통기술이나 명성은 새로운 시장 개념과 소비자를 리드하는 켄셉이 없으면, 새로운 디자인에 밀리는 것이 현대의 시장환경이다. 따라서 이것이 바로 생존 경쟁 속의 브랜드 마케팅이다.

3) 기업간의 경쟁력 향상

앞에서 삼성의 Anycall은 자동차의 대명사인 벤츠에 버금가는 '휴대폰의 벤츠이다' 라고 했듯이 2002년 미국의 시사주간지 『뉴스위크』지가 삼성 휴대전화 SPH-A500 모델을 크리스마스 선물용으로 추천하고 싶은 최고 히트상품 1위로 선정하였다. 『뉴스위크』지는 이 제품의 디자인과 우수한 성능을 선정 이유로 꼽았으며, 작은 제품이면서도 화질이 선명해 웹 검색에 이상적이라고 평가했다. SPH-A500 모델은 2002년 출시 후 국내외에서 650만 대 이상 판매되는 대히트를 기록하고 있다. 더욱이 소니, 에릭슨, 필립스, 노키아 등 경쟁 제품보다 가격이 10~20% 이상 비싼데도 불티나게 판매되고 있으며 2003년 현재, 미국인 3명 중 1명이 갖고 있을 정도로 수출 효자상품으로 자리하고 있다.

삼성전자는 1990년 초반 다른 기업보다 먼저 실천에 옮긴 디자인 경영이 서서히 그 열매를 맺고 있는 것이다. 무엇보다도 지난해 『비즈니스위크』지와 미국 산업디자이너협회가 공동 주관하는 세계적인 권위의 디자인상인 IDEA (Industiral Design Excellence Awards)에서 미국의 애플과 공동 1위를 기록한 것은 삼성전자의 디자인 경쟁력이 세계적으로 인정받은 쾌거이다. 지금 삼성은 세계 핸드폰 시장 판매 1위인 노키아를 따돌리기 위해 기술과 디자인 개발에 심혈을 기울이고 있다.

4) 디자인 향상과 생산의 기회 제공

LG는 2010년 세계 제3대 전자 정보통신기업으로 자리잡겠다고 2003년에 선언했다. 구자홍 회장이 발표한 중장기 경영목표에서는 이동통신 단말기, 디지털 TV, LCD, PDP 등에서 조기에 시장을 석권하려는 의지를 내비쳤다.

이는 이 회사 CEO의 디자인 중시 경영이 견인차 역할을 하고 있다.

LG전자는 2002년 디지털디자인연구소와 LSR연구소를 통합해 디자인경영센터로 확대 개편했다. 이 회사 디자인경영센터장(부사장)은 디자이너 출신으로 낮았던 지위를 상승시킨 결과였다. 이는 디자인 경영의 새로운 의지를 확신시킨 결과이다. LG전자 디자인경영센터는 오래전부터 인재육성에 많은 투자를 해오고 있다. 우수인재를 관리하는 탤런트 풀(Talent pool) 프로그램을 운영하고 있으며, 시장에서 히트할 수 있는 상품의 새로운 컨셉을 만들고 디자인을 독자적으로 수행하는 슈퍼디자이너를 육성해 디자인 아이덴티티(정체성, 일관성) 확보에 심혈을 기울이고 있다. 또 디자인 세계화를 위해 아일랜드 더블린디자인연구센터를 설립(1991년)한데 이어 미국 뉴저지(1993년), 캘리포니아(1999년), 도쿄(1993년), 베이징(1998년), 밀라노(2002년) 등에 6개 해외 디자인센터를 설립했다. 이는 글로벌 디자인 네트워크를 구축해 세계 디자인 흐름에 적극 대응하고 세계시장 고객 취향에 맞는 디자인 개발에 주력한다는 취지로 볼 수 있다. 또한 미래시장을 예측하고 이를 생산에 반영함으로써 적극적인 표적시장을 리드하고자하는 경영자의 경영의지가 돋보이는 사례이다.

5) 제품의 차별화와 구매의욕 자극

제품의 디자인은 남녀 성의 차별화, 소비자의 등급에 의한 차별화, 가격에 의한 국내외의 환경 등 여러 가지 환경적 요인을 들 수 있다. 또한 제품의 구매시는 타깃 마케팅에 의해 연령별로 여성들이 좋아하는 아이템을 보강해 꾸준히 구매층을 넓혀야 한다.

제품생산을 위한 또는 계획과정으로 인식되었던 디자인의 의미가 이제는 기업경영에 있어서 핵심적인 요소 내지 기업경영의 핵심전략으로 인식되어가고 있다. 창립 60주년을 맞는 한국도자기는 향상된 고객 정보시스템을 전사적으로 고객 정보수집 및 분석처리 시스템으로 재정비하였고 이 시스템은 고객 정보뿐만 아니라 제품과 경영 전반에 대한 고객들의 불만과 제안을 접수 분석한다. 또한 품평회, 고객 모니터링 제도, 고객 만족도 조사 등을 지속적으로 실시해 디자이너들이 지체 없이 시장흐름을 반영토록 하고 있다.

이러한 시스템의 기획과 운영은 최고 경영자의 의지와 비전이 있기 때문에 가능한 일이다.

차별화 = 프레미엄커피 → 에스프레소 → Take-out 형태

위 표는 스타벅스 코리아의 새로운 커피 유통문화를 형성시킨 예를 설명하고자 한 것이다. 일반적으로 디자인 경영전략은 기업전략이나 사업전략면으로 보아 기업전체의 전략을 생각하는 것이 보통이다. 그러나 알란토팔리안(Alan Topalian)은 방법에 따라 '프로젝트 경영' 과 '디자인 정책경영' 의 두 가지로 분류하였다. 그러나 프로젝트 경영은 디자인 프로젝트를 관리하는 데 있어 발생하는 문제에 초점을 두는 것이 일반적이므로 결국은 일회성에 지나지 않는다. 그러므로 이 책에서는 우리나라의 기업 현실로 보아 후자의 방향으로 초점을 두고자 한다. 스타벅스 코리아는 한국에서 커피시장이 소득수준의 향상과 라이프스타일의 변화로 인한 음식문화의 변화와 밀접한 관계가 있음을 일찍이 간파하고, 고급커피에 대한 수요가 증가될 것으로 예측, 상표 신뢰도를 중요하게 여기는 한국사람들에게 강력한 브랜드 파워는 판매에 용이하다는 점을 잘 터득한 경우이다.

품질도 소비자가 결정하고, 점포의 분위기도 사람이 좌우한다. 사람간의 친밀도가 최고의 판촉 요소가 되기 때문에, 사람이라는 인적자원이 감성 마케팅의 핵심요소가 되며 구매 의욕을 자극하고 있다.

4. 디자인 경영과 조직

기업경영에 있어 대부분의 업무는 주로 조직 단위로 이루어진다.

총무, 인사, 노무, 회계 또는 재무, 영업, 생산, 디자인, A/S 등의 부서 단위로 업무가 진행되며 이들 업무는 각 부서 단독으로 수행할 수 있는 업무가 있는가 하면 여러 부서가 협력하여 업무를 수행하는 경우도 있다.

기업이 목적달성을 위해서는 최고 경영자의 이념이나 전략 못지않게 조직의 구성 또한 중요하다.

특히 디자인 부서에 있어서 이전에는 단순히 디자인의 개발업무 외에는 거의 영향력을 행사하지 못했을 뿐너러, 타부서에서도 고유의 업무를 수행하는 데 있어서 디자인 부서와는 별다른 관계를 인식하지 못했던 것이 사실이다.

그러나 현재는 기업의 어느 부서, 어느 업무와도 디자인이 직접적으로 관련이 있다고 할 수 있다(C,I,P의 기능). 문제는 이들 조직과 디자인 관계를 어떻게 설정할 것인가? 하는 것이 중요한데, 이는 최고 경영자나 경영층의 책임이다.

즉 조직 디자인 경영이 성공하기 위해서는 기업디자인 경영이 성공적으로 이루어져야 하며, 또 하위의 프로젝트 디자인 경영이 효율적으로 이루어져야 한다는 전제를 안고 있다.

1) 계획 수립의 과정

계획 수립이란 무엇을 할 것인가, 어떻게 그것을 할 것인가, 언제 그것을 할 것인가, 그리고 누가 그것을 할 것인가를 사전에 결정하는 것을 말한다.

계획 수립은 우리가 현재 하고 있는 것과 우리가 장래 하기를 원하는 것과의 갭(gap)을 연결해준다. 장래를 정확하게 예측한다는 것은 거의 불가능하며, 또 통제 불능한 디자인 전략의 실행 및 감독, 관리구조의 창안, 프로젝트 개발,

결과 평가, 디자인 경영, 기술의 확인, 디자인 작업의 실행, 감독 및 평가, 디자인에 대한 비전, 전략적인 지시 및 승인, 협력적인 환경 조성요소 때문에 계획대로 모든 것이 추진되기는 어렵다.

그러나 계획을 수립하지 않는다면, 모든 일은 우연에 맡겨지고 경영은 비합리적으로 될 것이다. 따라서 행동 과정을 신중하게 결정하고, 목적, 지식 및 예측에 대한 의사 결정의 기준을 신중하게 결정할 것이 요구된다.

계획 수립은 미래의 여러 가지 대체적인 행동 과정 중에서 가장 유리한 어떤 것을 선정하는 것을 포함하기 때문에 그것은 모든 경영 직능 중에서 가장 기본적인 것이다. 계획 수립은 또한 경영자의 다른 직능이 어떻게 수행될 것인가 하는 것을 결정해주는 지침이 되기도 한다. 이와 같이 경영자는 수립된 계획에 따라서 목표를 달성할 수 있도록 조직화, 지휘 및 통제를 하게 되는 것이다.

계획 수립은 목표에 도달하기 위한 수단을 결정하는 것뿐만 아니라, 기업과 부문 목표를 설정하는 것도 포함한다. 또한 계획은 아무렇게나 수립되는 것이 아니므로, 좋은 계획이 되기 위해서는 행동으로 실현가능한 미래 환경의 성격을 반드시 고려해야 한다.

2) 디자인 경영의 원칙

디자인 경영을 효율적으로 운영하기 위해 몇 가지의 원칙을 두는 것이 목적달성에 효과적일 것으로 본다. 덴마크의 디자인 관리자 젠스 벤센(Jeans Bernsen)의 말을 인용하여 핵심내용을 보면 다음과 같다.

1. CIP의 운영과 활성화를 위해 피드백을 만들어라
2. 디자인을 기업의 경영수단으로 활용해라
3. 디자인 경영의 방향에 맞는 올바른 정의를 내려라
4. 중역회의에서 굳디자인에 대한 의제를 다루어라
5. 디자인 도입 및 교육은 단계적으로 실행하라
6. 디자인 혁신에 도전하라

7. 훌륭한 아이디어를 구별하라
8. 생산자와 소비자를 위한 기술개발에 디자인을 매개체로 활용하라
9. 디자인 경영의 최종목적을 소비자의 타깃에 맞추어라

5. 디자인 경영, 브랜드 매니지먼트

1) 브랜드 매니지먼트(Brand Management)

간단하게 표현하면 브랜드를 관리하고 운영하는 것을 말한다.

이 책의 내용에서 보는 바와 같이 브랜드 하나로 운영하는 세계적인 기업도 많다. 코카콜라와 맥도날드가 바로 그것이다. 삼성이 2004년 영업이익 4조원을 돌파했다. 이렇게 많은 흑자를 기록한 기업은 미국의 GE와 MS에 이어 세계에서 몇 개 기업뿐이다. 그러나 삼성의 주력 품목은 반도체, LCD, 핸드폰이다. 삼성이 이같이 성공할 수 있던 배경에는 우수한 기술력과 경쟁상품과 차별화 할 수 있는 디자인의 뒷받침이 있었기에 가능한 일이었다. 그러나 삼성은 기업이 성장하는 단계에서부터 해외시장 개척을 위해 브랜드 관리에 총력을 기울인 것을 볼 수 있다.

예를 들어 많은 비용을 들여 시드니올림픽의 공식 파트너로 참여한 삼성전자는 해외시장에서 좋은 반응을 얻을 수 있었으며 삼성의 브랜드 이미지를 높이는데 큰 역할을 하게 되었다.

이런 움직임은 1988년 우리나라의 '88올림픽 때부터 시작된 것이라고 보아야 할 것이다. 세계 유수의 공항에서 세계 유명 브랜드의 광고를 쉽게 볼 수 있듯이 근래에는 삼성의 브랜드도 많이 볼 수 있다. 그러므로 브랜드 관리 방법으로 지속적인 광고와 홍보가 필요한데, 이는 광고의 기능이 특정 제품만이 아니라 특정 브랜드에 대한 정보의 전달 기능을 갖고 있기 때문에 브랜드의 관리전

략에 광고가 흔히 사용되는 것도 이 때문이다. 더구나 세계기업들은 글로벌화에 의한 다국적 기업으로 전환하는 기업이 많으며, 이들 다국적 기업이 세계적인 브랜드로 알려지면서 기업과 소비자들이 브랜드의 가치를 인정하게 되었다. 그러므로 기업은 브랜드의 이미지 제고, 관리, 브랜드 매니지먼트에 심혈을 기울이지 않으면 안 되게 되었다.

2) 브랜드의 가치

브랜드의 의미는 판매자가 상품 교환과정에서 상품이나 서비스를 식별하고 경쟁사의 것과 차별화하기 위한 로고, 등록상표 등의 톡특한 이름이나 기호, 도형, 색채 등을 의미한다. 브랜드의 자산이란 브랜드 운영으로 인한 로열티, 소비자의 인지도, 소비자가 인식하는 제품의 질적 수준, 연상된 기업 이미지, 독점 브랜드의 자산 등으로 구성된다.

21세기 급변하는 경영환경 중에서 중요한 사실 중의 하나는 기업의 가치가 유형자산에서 무형자산으로 변하고 있다는 것이다. 이제까지의 전통적인 공장이나 건물, 부동산 등과 같은 유형자산 위주에서 지식자산, 기술자산(벤처기업) 브랜드 자산(삼성) 등과 같은 무형자산 위주로 기업의 가치 평가가 변하고 있다.

다시 말하면 기업의 매출 이익과 같은 전통적인 지표보다는 시장을 리드하는 브랜드의 소유 여부, 브랜드에 대한 운용 계획 및 투자규모 등 브랜드의 경쟁력이 기업의 비전과 경쟁력 판단에 중요한 기준이 되고 있다.

이러한 추세에 따라 우리나라의 기업들도 브랜드 중심체제로 급속히 변모하고 있는 것을 각종 매스컴을 통해 알 수 있다. 미국의 인터브랜드사는 2004년 삼성의 브랜드 가치를 108억 달러로 발표하였다. 우리나라는 아직까지 브랜드 가치를 기업의 자산으로 인정하지는 않으나 기업간의 매입이나 인수 과정에서는그 가치를 인정하고 있는 것을 볼 수 있다.

3) 브랜드 매니지먼트 전략

성공적인 브랜드 매니지먼트를 위해서는 어떻게 해야 할 것인가?

우선 브랜드 계층 구조를 구축할 필요가 있다.

브랜드 계층 구축이란 기업 브랜드의 철학과 비전을 바탕으로 보유한 브랜드들간의 역학관계를 규정하는 일이다.

브랜드들의 수직적인 관계는 ① 기업 브랜드, ② 패밀리 브랜드, ③ 개별 브랜드, ④ 브랜드 수식어의 4단계로 형성된다. 각 수직적 단계에 따라 기업 내 해당 브랜드의 위상과 역할을 규정할 수 있다. 또한 각 브랜드들은 위상과 역할에 따라 마게팅 자원의 배분이 이루어진다. 이에 비해 브랜드 간의 수평적 관계는 소비자의 관점에서 카테고리 구분에 따라 다르다.

일반적으로 기업 브랜드 계층 구조에 따른 브랜드 전략은 크게 기업 브랜드 중심 전략과 개별 브랜드 중심 전략의 두 가지로 나눌 수 있다. 기업 브랜드 중심 전략은 기업의 사업 포트폴리오 간의 제품군이 유사하고 표적고객의 동질성이 높을 때 바람직한 전략이다. 우리나라에서 기업 브랜드 중심전략을 주로 이용할 산업군은 식품산업으로서 오뚜기, 샘표, 곰표, 해찬들, 풀무원 등이 대표적인 기업들이다. 이러한 식품산업에 일어서 기업 브랜드 중심전략은 식품에 대한 소비자들의 보수적 성향(과거 전통 양식)에 기인한 것이다. 기업 브랜드 중심전략은 식품산업과 같이 신제품에 대한 수용도가 낮은 산업이거나 제품의 품목이 많은 경우, 그리고 기술발전의 속도가 빠르거나 제품 수명주기가 짧아

〈브랜드 계층구조의 사례〉

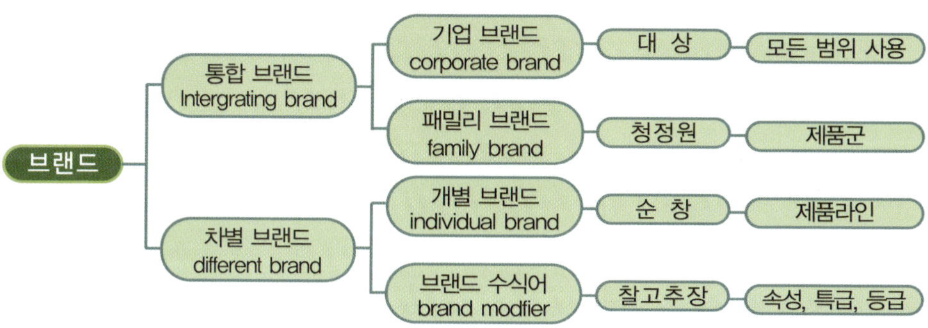

개별 브랜드의 수명주기가 짧은 산업군에 많이 활용된다.

또한 기업 브랜드의 중심전략의 예로 미국의 휴렛 패커드(HP)는 각각의 개별제품의 성격에 따라 개별 브랜드를 운용하며, HP라는 기업 브랜드로 직접 혹은 간접적으로 보증하는 전략을 펴고 있다.

4) 브랜드 아이덴티티 전략

요즘 소비자들은 물건을 살 때 먼저 메이커, 그리고 가격을 확인한다. 물론 상위 몇개 기업군 속에 들어가면 더욱 좋을 것이다. 문제는 듣지도 보지도 못한 소기업, 신생 기업의 상품은 들었다가도 내려놓는다.

소비자들은 본인이 구매하고자 하는 상품에 대하여 특정 기업을 의식한 목표가 없는 상황에서도 그렇게 행동한다. 단지 소비자들은 TV에 광고라도 나오면 큰 기업 또는 믿을 만한 기업으로 평가한다. 그래서 어느 기업에서 만든 것, 유명세를 가진 기업하면 가격에는 크게 문제를 두지 않는다.이것이 브랜드의 강점이고 반복구매, 충동구매의 원천이 된다. 명품을 살 때는 자긍심이나 자존심에 관계가 되지만, 브랜드의 경우는 신용과 안전성을 생각하는 것이 요즘 소비자들의 생각이다.

브랜드 전략 차원에서 보면 크게 두 가지로 첫째는 브랜드 아이덴티티와 두번째는 브랜드 전략 두 가지를 들 수 있다. 브랜드 아이덴티티에서 중요한 것은 그 회사가 가지고 있는 브랜드의 계열을 생각할 수 있는데 브랜드의 수직적 계열을 보면 1. 기업 브랜드 2. 패밀리 브랜드, 3. 개별 브랜드, 4. 브랜드 수식어로 분류할 수 있다.

대상(大象) 기업을 예로 들어 보면, 기업 브랜드는 대상이고 패밀리 브랜드는 청정원, 개별 브랜드는 순창, 브랜드 수식어는 찰고추장이다. 이렇게 수직적 관계에 따라 기업 내에서 해당 브랜드들의 위상과 역활을 규정 할 수 있다. 각 브랜드들은 그 브랜드의 위상과 역할에 따라 마케팅 지역의 배분, 마케팅 자원의 배분이 이루워진다.

그러므로 마케팅 계획에서도 기업 브랜드 중심전략, 패밀리 브랜드 중심전략, 개별 브랜드 중심전략의 세 가지로 구분할 수 있는데 (주)대상은 패밀리 브랜드 청정원을 전략적 브랜드로 하고 있으며 이중에서 순창이란 개별 브랜드는 청정원의 수직적 개념을 의미한다. 우리나라 기업 브랜드의 중심전략 기업으로는 오뚜기, 해찬들, 풀무원 등이다.

그러나 패밀리 브랜드의 대표는 청정원이라고 할 수 있다.

미국의 제너럴모터스(GE)는 각각의 개별제품에 GE를 사용함으로써 제너럴 모터스의 신용, 보증 등을 소비자에게 전해주어 심리적인 만족감을 주고 있다.

또한 이러한 브랜드간의 관계를 CI(기업동일화 작업)에 의해 하나의 일체감과 한기업군이라는 의미를 심어주고 있다. 한 가지 예로 GE는 패밀리의 개념을 심어주는 대표 브랜드의 역할을 하고 있는 것이다.

다시 말하면 브랜드 아이덴티티는 시각적, 청각적이나 기업이 갖는 감성적 이미지를 하나로 묶어 소비자들이 GE라는 기업 브랜드 속에 제품마다 갖는 개별의 이미지와 함께 기업브랜드 GE가 갖고 있는 신용과 보증의 의미를 공유하고자 하는 개념이다.

그러므로 기업은 브랜드 아이덴티티를 위해 CI(시각적 동일화)나 BI(브랜드 동일화) 의 전반적인 디자인 작업을 통해 고객의 마음을 하나로 묶을 수 있는 아이덴티티 작업을 위해 이벤트 행사를 실행하고 있으며, 이로 인해 소비자들이 브랜드에 대한 자긍심과 충성심을 갖도록 노력하고 있다.

브랜드 아이덴티티의 전략 사례로는 앞에서 말한 (주)대상의 청정원 제품이다. (주)대상은 초창기의 이름인 미원을 (주)대상으로 바꾸고 청정원을 패밀리 브랜드로 하여 순창고추장에도 미원이 들어 있다는 소비자들의 숨은 이미지를 없애고자 하는 의지가 담겨져 있다.

한가지 예로 (주)대상은 미원이라는 단일 제품 회사에서 종합식품 회사로 나아가기 위해 미원의 이미지를 수정해야만 했다. 그것은 소비자들이 고추장이나 커피에도 미원이 들어간 것으로 생각하기 때문이다. 그러므로 소비자들에게 고착화된 이미지를 벗어나지 못해 아이덴티티 실행에는 물론이고 종합 식품회사를 추구하는 식품사업 미션 실현에 큰 장애 요인을 안고 있었다.

이를 없애기 위해 (주)미원을 (주) 대상으로 바꾸고 청정원을 패밀리 브랜드로 하며, 순창은 개별 브랜드로 하는 아이덴티티를 실행함으로써 순창고추장 된장에도 미원이 들어 있다는 소비자들의 숨은 이미지를 개선하는 데 성공한 것이다.

6. 디자인과 산업 재산권

1) 지적재산권과 산업재산권

우리가 많은 비용을 들여 어렵게 개발한 새로운 창조물이 곧바로 타인에 의해 모방된다면 누구도 새로운 것을 창조하려는 의욕이 상실될 것이다. 그리하여 창작자들에게 일정기간의 권리보호를 인정하고자 하는 것이 지적 재산권 제도이다.

현장에서 일하는 일선 디자이너들은 이러한 지적재산권에 대해 소홀이 다루는 경우가 많으나 앞으로는 디자인 작업과 함께 지적재산권에 대한 인식을 새롭게 함은 물론 디자인 계획과 함께 지적재산권 보호계획이 이루어져야 한다.

지적재산권은 지적창작물에 대한 권리와 영업상 표지에 대한 권리의 두 가지가 있으며, 그 중에서 산업발전을 궁극의 목적으로 하는 ①특허법, ②실용신안법, ③의장법, ④상표법 이 네 가지를 산업재산권법이라 하며, 이에 의하여 각각 발생된 특허권, 실용신안권, 의장권, 상표권을 산업재산권이라 한다.

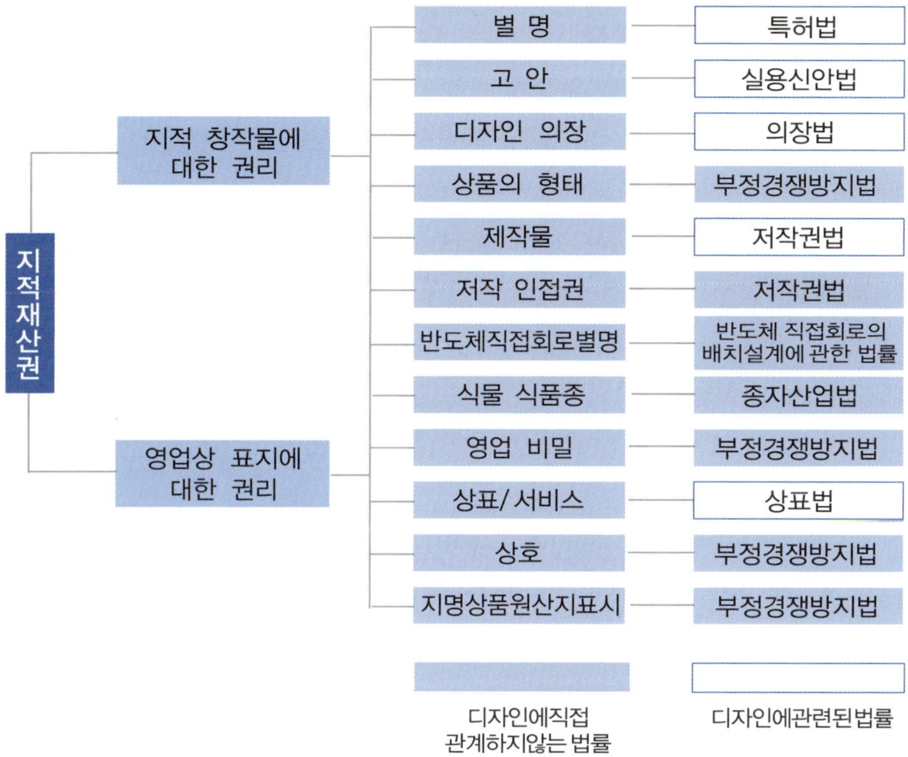

< 산업재산권의 예 >

① 특허권 : 긴 수명, 소형, 경량화, 리튬이온전지에 관한 발명 등
(전화기의 예)

② 실용신안권: 콤팩트하게 전화기 내에 수용할 수 있는 안테나나 구조에 관한 고안 등 (새로운 구조, 조형)

③ 의장권 : 전화기를 스마트하게 링거 같은 형상이나 모양, (뉴 디자인) 색채에 관한 디자인 등 (색의 순서 배열에 관한)

④ 상표권 : 전화기의 메이커나 벤더(판매회사명)가 자사제품의 신용유지를 위하여 제품이나 포장에 표시하는 마크 로고 타입, 상표, 브랜드 등)

2) 의장등록제도와 디자인

① 의장등록제도의 목적

의장법 제1조는 '이 법은 의장의 보호 및 이용을 도모함으로써, 의장의 창작을 장려하여 산업발전에 이바지함을 목적으로 한다.' 라고 규정한다. 이 규정은 의장의 보호 및 이용을 도모하여 직접적으로 의장의 창작을 장려하고 종국적으로는 산업발전에 이바지하는 것으로 한다.

의장법상 의장은 ①물품을 반드시 전제로 성립하는 개념이며(물품성) ②형상, 모양, 색채 또는 이들을 결합한 것으로 구체적인 형태를 갖추어야 하고(형태성) ③시각 이외의 감각으로 감지할 수 있는 것은 의장이 아니고 육안으로 인식할 수 있는것이어야 하며(시각성) ④미감을 일으키게 하는것으로 해당물품이 미적 처리가 되어 있어야 한다.(심미성)

이러한 4가지 요건을 구비함으로서 의장법상 의장으로 성립하게 되는데 이것을 의장의 구성요건 또는 성립성이라 하며, 의장법상 의장으로 적법하게 등록받기 위한 요건의 하나(등록요건)가 된다. 정의 규정은 의장법상 등록여건의 판단및 의장권과 관계된 제 규정 등을 명확히 해서, 적용하기 위한 규정이다.

② 의장등록제도의 제원칙

권리주의

의장법 제3조 1항의 규정에 의하여 의장의 창작자는 그 창작에 의해 원시적으로 의장등록을 받을 수 있는 권리를 취득하고 그 의장이 법에 규정하고 있는 요건을 충족하였을 때 의장등록을 받을 수 있다.

등록주의

의장권 설정의 등록이 실시 되었을 때 실체적 보호를 받을 수 있다. 즉 의장을 창작 후 등록을 하지 않으면 법적 보호를 받을 수 없으며, 타인의 의장등록에 대하여 그들이 받을 수 있는 권리실시를 배제할 수 없다.

심사주의와 무심사주의의 병존

우리나라 의장법은 의장권 발생의 전제 조건으로 그 의장이 등록될 수 있는 법정의 요건을 구비하고 있는지의 여부에 대하여 실질적인 심리를 거쳐야 하는 심사주의와, 유행성이 강하여 조기 권리 부여의 필요성이 큰 일부 품목의 의장에 대하여 방식 요건과 실체적 요건의 일부 사항만을 심리하여 등록을 허용하는 무심사주의를 병존시키고 있다.

선출원주의

의장권은 배타적 독점권이므로 동일 내용에 대해 중복되는 권리의 발생을 방지하기 위하여 최선(最先)의 출원인에게만 권리를 인정하는 선출원주의를 채용하고 있다.

③ 의장의 성립요건에 관한 심사기준의 내용

- 심사기준 제2조 제2항 -

의장의 물품성

의장법상 물품이라 함은 독립성이 있는 구체적인 물품으로서의 유체동산을 원칙으로 한다. 따라서 다음에 해당하는 것은 의장등록의 대상이 되지 아니한다. 'D' 목 및 'E'목의 경우에는 부분의장으로 출원하여 의장등록을 받을 수 있다.

가. 부동산. 다만, 부동산이라도 다량생산이 될 수 있고 운반이 가능한 경우에는 예외로 한다. (예)공중전화 박스, 조립가옥 등

나. 일정한 형체가 없는 것
(예) 전기, 광, 열 등

다. 분상물 또는 입상물의 집합으로 된 것
(예) 시멘트, 설탕 등

라. 합성물의 구성 각편. 다만, 조립완구의 구성편각과 같이 독립거래의 대상이 되고 있는 것은 의장등록의 대상이 된다.

마. 독립하여 거래대상이 될 수 없는 물품의 부분
(예) 양말의 뒷굽모양, 병주둥이 등

바. 물품 자체의 형태가 아닌 것
(예) 손수건을 접어서 이루어진 꽃모양과 같이 상업적 과정으로 만들어지는 의장으로서 그 물품 자체의 형태로 볼 수 없는 것

의장의 형태

- 형상이란 물품의 공간을 점하고 있는 윤곽을 말하며, 모든 의장은 형상을 수반한다.
- 모양이란 물품의 외관에 나타나는 선도, 색구분, 색흐림 등을 말한다.
  a. 선도란 선으로 그린 도형을 말한다.
  b. 색구분이란 공간이 선이 아닌 색으로써 구획되어 있는 것을 말한다.
  c. 색흐림이란 색과 색의 경계를 흐리게 하여 색이 자연스럽게 옮아가는 것 같이 보이게 하는 것을 말한다.
- 색채란 물체에 반사되는 빛에 의하여 인간의 망막을 자극하는 물체의 성질로서, 의장법상 색채에는 투명색 및 금속색들을 포함한다.

의장의 시각성

시각을 통하여라 함은 육안으로 식별할 수 있는 것을 말한다. 따라서 다음에 해당하는 것은 의장등록의 대상이 되지 아니한다.

- 시각 이외의 감각을 주로 하여 파악되어 지는 것
- 분상물 또는 입상물의 1단위와 같이 육안으로 그 형태를 판별하기 어려운 것
- 외부에서 볼 수 없는 곳. 즉 분해하거나 파괴하여야 볼 수 있는 곳
  다만, 뚜껑을 여는 것과 같은 구조로 된 것은 그 내부도 의장의 대상이 된다.

의장의 심미성

미감을 일으키게 하는 것이라 함은 미적 처리가 되어 있다는 것, 즉 해당 물품으로부터 미를 느낄 수 있도록 처리되어 있는 것을 말한다. 따라서 다음에 해

당하는 것은 미감을 일으키게 하지 아니한 것으로 본다.

- 기능 작용효과를 주목적으로 한 것으로서 미감을 거의 일으키게 하지 않는 것
- 의장으로서 짜임새가 없고 조잡감만 주는 것으로서 미감을 거의 일으키게 하지 않는 것

– 심사기준 제2조 제3항 (부분의장의 성립성) –

부분의장 제2항 각호의 요건 및 다음 각호의 요건을 구비하지 못한 경우 법 제2조 제1호의 규정에 의한 정의에 저촉되는 것으로 본다.

- 물품의 부분이라고 인정되지 않는 것
  - a. 모양, 색채 또는 이들을 결합한 것만을 표현한 것
  - b. 물품 형태의 실루엣만 표현한 것
- 다른 의장과 대비대상이 될 수 있는 부분이라고 인정될 수 없는 것
- 한 벌의 물품의 의장에 관한 부분의장

④ 의장법상 문자

(의장법상 문자와 관계된 법적 취급)

의장 구성요소로 인정하는 취지

종래에는 정보성, 공지성, 독점적응성 등을 이유로 문자를 의장의 형태로 인정하지 않았으나, 문자를 응용한 의장을 충분히 보호하고 창작을 장려할 수 있도록 2003. 7. 1 시행 심사 기준에서는 의장을 구성하는 것으로 취급하고 있으며 나아가 문자 글꼴(typeface)에 대해서도 의장법 개정안에서 물품성 요건을 완화하여 보호하려고 하고 있다.

문자가 물품의장으로 주체적으로 표현된 경우

'영문자('KOREA FORK')는 이미 공지공용되어 창작성이 결여되어 있는 것이므로 단순히 영문자만을 표시한 것은 의장등록의 대상이 될 수 없다(88후1021판결)' 고 판시한 판례의 태도와 같이 주지의 형태에 의한 용이 창작을 이유로 등록받을 수 없다.

문자가 의장의 형태에 모양으로 표현된 경우

도면 중에 음형, 지시선 의장을 구성하지 않는 선, 부호 또는 문자, 문자 또는 정보 전달만을 위한 표지모양. 시계의 눈금과 같이 물품의 사용상 필요한 것. 연속 모양의 모티브(motif)로 쓰여진 문자

타인의 저명한 문자 상표를 의장으로 표현하는 경우

타인의 업무와 관계되는 물품과 혼동을 가져올 염려가 있는 의장

문자 글꼴(typeface) 자체를 출원하는 경우

타이프페이스 글꼴이란 한 벌의 문자, 숫자 등의 독특한 형태로 디자인 한 것(예 Logo-type)

2) 등록 요건

의장법은 타 산업재산권법과 마찬가지로 권리주의에 입각하여 등록출원의 등록을 통해 의장권을 발생시키고 있다. 의장등록을 받고자 하는 자는 출원, 심사, 등록절차에서 필요한 요건을 충족하여야 한다. 출원된 의장이 등록을 받게 되면 의장등록 또는 그와 유사한 의장을 독점배타적으로 실시할 수 있는 권리가 발생하므로, 그러한 독점권의 부여로 인해 일반 공중의 부당한 부담, 의무를 지지 않도록 심사를 통해 등록요건을 충족하는 의장등록 출원에 대해서만 등록을 허영한다.

다만, 의장법은 유행성이 강한 일부 물품에 대해서는 의장무심사제도를 병

행 도입하여 방식 요건 등 의장등록 요건의 일부만을 심사하도록 함으로써 심사 주의를 완화하고 있다.

의장등록을 받을 수 있는 요건은 출원서류가 불수리되지 않을 것, 출원절차가 무효 되지 않을 것, 출원의장이 거절이유에 해당하지 않을 것으로 나누어 볼 수 있으며, 권리 주체에 관한 요건, 권리 객체에 관한 요건 및 절차적 요건 등으로 나누어 볼 수도 있다.

① 의장의 유사 판단 기준

의장의 유사란 2개의 의장을 비교할 때 양의장간에 공통된 동질성을 가지고 있어서 외관상 서로 유사한 미감을 일으키는 것을 말한다. 이에는 동일 물품의 유사한 형태, 유사 물품에 동일한 형태, 유사물품에 유사한 형태가 표현된 것이다.

② 공업상 이용 가능한 의장

창작성과 함께 등록요건으로 규정하고 있다. 공업상 이용 가능성이란 공업적 생산방법에 의하여 동일물품이 양산될 수 있는 것을 의미한다.

공업적 방법이라 함은 원자재에 물리적 화학적 변화를 가하여 유용한 물품을 제조하는 것으로 상업적, 농업적 생산법과 자연 현상에 의한 것을 배제한다. 생산방법이 기계에 의한 생산은 물론 수공업적 생산도 포함한다.

의장제도 목적이 의장의 이용에 의한 물품의 수요 증대를 통해 산업발전에 이바지하는 것인 바, 의장권으로 보호받기 위해 공업적으로 양산가능할 것을 요구하는 것이다.

③ 신규성

출원 전 국내외에서 공지되었거나, 공연히 실시된 의장, 출원 전 국내외에서 반포된 간행물에 게재된 의장 및 이에 유사한 의장은 신규성을 상실하게 되며, 의장법은 출원에 신규성이 있을 것을 등록요건으로 하고 있다.(法5-1)

의장의 신규성을 등록요건으로 규정한 것은 이미 사회일반에 알려져 있는 것에 대하여 특정인에게 독점배타적인 권리를 부여하는 것이 최선의 창작을 보호하여 창작을 장려하고 산업발전에 이바지 하고자 하는 의장제도 본래의 목적에 반하기 때문이다.

④ 창작성

출원전에 그 의장이 속하는 분야에서 통상의 지식을 가진 자가 국내에서 알려진 형태에 의하여 용이하게 창작할 수 있는 의장(신규성 상실사유에 해당하는 의장은 제외)은 의장등록을 받을 수 없다고 규정하여(法5-2) 창작성을 공업상 이용가능성, 신규성 등과 함께 의장등록 요건으로 하고 있다.

용이하게 창작할 수 있는 의장에 대하여 특정인에게 독점배타권을 부여하는 것은 의장법의 목적에 반하므로 일정 수준 이상의 창작만을 보호하기 위함이다.

⑤ 확대된 선원주의

의장등록출원한 의장이 당해 출원한 날 전에 출원하여 당해 출원한 후에 출원공개되거나 등록 공고된 타출원의 출원서 기재사항 및 출원서에 첨부된 도면 사진 또는 견본에 표시된 의장의 일부와 동일하거나 유사한 경우에 그 의장에 대해서 의장등록을 받을 수 없다는 등록 요건이다.(法5-3)

종전의 경우 선출원의장의 일부와 동일, 유사하나 선출원장이 공개, 공고되기 전에 출원한 후출원 의장은 신규성 및 선원주의 규정에 위반되지 않아 등록을 받을 수 있었다. 이는 새로운 창작이 아님에도 불구하고 선출원된 의장등록원의 물품과 비유사하므로 선출원에 의해 등록이 배제되지 않는 문제점이 있었다. 이는 진정한 최선의 의장 창작에만 권리를 부정하는 의장법 보호취지에 어긋나므로 현행법(2001.7.1)에서는 이러한 문제점을 해결하고자 法5-3을 신설하였다.

⑥ 의장등록을 받을 수 없는 의장(法제6조)

국기 등과 동일하거나 유사한 의장

제5조의 등록요건을 만족 하더라도, 공익을 보호하고, 타인의 업무를 보호

하려는 목적에서 일정 사유에 해당시 등록받을 수 없도록 한 것이다.

국기, 국장, 군기, 포장, 기장, 기타 공공기관 등의 표장과 외국의 국기, 국장 또는 국제 기관 등의 문자나 표지와 동일 또는 유사한 의장은 등록을 받을 수 없다. 국가의 존엄성을 유지하고 공공기관 등이 지향하는 이념과 목적을 존중한다는 공익적인 견지에서 특정인의 독점에 따른 남용을 막기 위함이다.

⑦ 유사의장제도

의장법상 유사의장이란 의장권자 또는 의장등록 출원인이 자기의 등록의장이나 의장등록 출원한(이하 '기본의장' 이라 함)에만 유사한 의장(이하 '유사의장' 이라 함)에 대하여 유사의장만으로 의장등록을 받을 수 있는 제도를 말한다. 관념적으로 존재하는 기본의장의 잠재적인 권리범위인 유사범위를 유사의장의 등록에 의해 구체적으로 명시, 현재화시켜 그 범위를 명확히 하고, 침해를 미연에 방지하고자 하는 것이라는 입장이다. 유사의장을 독자적인 창작으로 인정하지 않는 바, 유사의장이 기본의장에 유사한지 여부만 판단한다고 본다.

⑧ 선원주의

동일 또는 유사한 의장에 관하여 서로 다른 날에 2 이상의 출원이 있는 때에는 먼저 출원한 자만이 그 의장에 관한 등록을 받을 수 있는 것을 말한다.(法16-1)

의장권은 독점권을 부여하는 것이므로 한 의장에 대해서는 오직 한 권리만을 부여하는 1의장 1등록주의 원칙을 관철하도록 한다. 이에는 선창작주의와 선원주의가 있는데, 우리법은 선원주의를 채택하고 있다. 이는 심사의 편의, 권리의 안정성을 고려한 것이다.

선원주의는 선창작주의에 비해 판단이 용이하여 심사가 간편하고 권리의 안정성을 기할 수 있다. 한편 선창작주의에 비해 진정한 창작자의 보호가 미흡하고, 방어출원 증가에 따른 심사지연 등의 단점이 있어 현행법은 선원주의를 원칙적으로 채택하되, 선창작주의적 요소를 가미하여 선원주의를 보완하고 있다.

3) 상표등록제도

상표등록제도는 영업상의 식별 표지인 표장에 대해 특허청에 등록하는 것에 의해 배타적 독점권인 상표권을 발생시켜 재산권으로 보호하는 것이다. 표장이 보호받기 위한 요건이나 절차에 관해서는 상표법에 정하고 있다.

등록제도의 목적

상표법 제1조는 '이 법은 상표를 보호함으로써 상표 사용자의 업무상의 신용 유지를 도모하여 산업발전에 이바지함과 아울러 수요자의 이익을 보호함을 목적으로 한다."라고 규정한다. 즉 상표법은 상표의 보호라는 가장 중요한 목적을 추구함과 동시에 상표 사용자 측면에서는 상표에 표현된 업무상의 신용과 이익을 보호(사익보호)하는 한편, 수요자 측면에서는 상표가 나타나는 상품 출처와 상품 품질에 대한 수요자의 신뢰이익(공익보호)을 보호함으로써 국가 전체적인 차원에서 건전한 상거래의 활성화를 통한 산업발전에 이바지함을 목적으로 한다.

등록제도의 기본 원칙

우리나라 상표법은 상표등록제도의 원활한 운영을 위하여 의장 등록제도와 마찬가지로 권리주의, 등록주의, 선출원주의를 기본원칙으로 채용하고 있으며, 또한 모든 상표등록출원에 대하여 등록을 받는 데 필요한 실질적 형식적 요건을 특허청에서 심사한 후 등록 여부를 결정하는 완전 심사주의를 채용한다.

7. 세계의 디자인 경영사례

1) 한국의 디자인 경영 (삼성전자)

"인간이 만든 위대한 발명품 중 하나 '인센티브'"

① **후쿠다보고서** : 1993년 6월 일본 도쿄 오쿠라 호텔에서 이건희 회장 주제로 삼성전자 기술개발 대책회의에서 1988년에 스카우트한 삼성전자 정보통신 부분, 디자인 고문인 후쿠다 사게모에게서 한 통의 보고서를 받았다. 그것은 삼성전자의 문제점을 담은 「경영과 디자인」이라는 후쿠다 보고서인데 이 회장은 프랑크푸르트로 가는 기내에서 몇 번이고 이 보고서를 정독했다. 이 회장이 수년간 질경영을 강조한 바 있으나 변한 게 없다고 생각한 이 회장은, 사장들과 임원들 200명 전부를 프랑크푸르트로 집합시켜 직접 회의를 주재하고 나섰다. 그리고 이사회에서 질경영으로 대변되는 삼성 신(新)경영을 선포하게 되었다.

② **임원들의 해외 현지 경험** : 1993년 회장 취임 6년째를 맞아 심각한 위기의식을 느낀 이건희 회장은 1993년 6월까지 프랑크푸르트를 포함해 LA, 오사카, 후쿠오카, 도쿄, 런던, 스위스 등 해외에서는 10여 차례 이상 1,800여 명의 임원을 불러 500시간의 회의를 주재하였다. 그러면 왜 많은 경비를 지불하고 해외에서 회의를 했을까?

프랑크푸르트는 독일 라인강 지류에 자리잡은 인구 60만의 도시로 전후 독일 부흥의 상징인 '라인강의 기적' 진원지이다. 또한 영국, 프랑스 등 유럽의 주요 도시를 연결하는 교통중심지이다. 이 회장이 이곳을 선택한 것은 삼성 임원들에게 라인강 기적의 교훈을 되새기면서 삼성의 기적을 염두에 둔 것일 수도 있다.

③ 인간이 만든 위대한 인센티브: 회장이 가장 좋아하는 영화는 찰턴 헤스턴이 주연한 「벤허」다. 그는 벤허를 수십 번 감상했다고 한다. 처음에는 줄거리 위주로, 다음은 배역 위주로, 또 다음은 무대조명 위주로, 볼때마다 관점을 달리했다. 그렇다면 이 회장이 영화 「벤허」에서 얻은 경영철학은 무엇일까? 실제로 그는 사장단에게 늘 강조해온 것이 있었다. 영화 속에서 벤허와 벳살라의 말을 모는 스타일은 전혀 다르다. 벳살라는 채찍으로 말을 강하게 후려치는 반면 벤허는 채찍없이 달린다. 결국 승자는 벤허다.

이 회장은 '인세티브란 인간이 만든 위대한 발명품 중 하나며 자본주의가 공산주의와 대결해서 승리한 요인' 이라는 점을 사장단에게 수차례 강조한 바 있다. 인센티브란 이 회장이 삼성을 끌어오는 경영철학이며 그가 삼성을 끌어오면서 신념을 가지고 실천해온 것이었다.

④ 홍보만화의 제작 : 이 회장은 학창시절 커뮤니케이션을 공부한 적이 있으며, 중앙일보에 근무한 경험도 있다. 1993. 9월 이 회장은 '삼성 신경영' 에 담긴 내용을 만화책으로 만들도록 하여 협력업체 등 삼성과 간접적인 연관관계를 맺고 있거나 회장의 개혁을 잘 이해하지 못하는 사람들에게 알기 쉽게 전파 시켰다. 이때 회의장 주변에 있던 간부들은 이회장의 치밀함에 감동하였으며, 만화가로 이원복 교수를 선정하였다.

⑤ 디자인 개혁 : 삼성은 특출한 디자이너를 육성하기 위해, 베네통에서 운영하는 파브리카(Fabrica)라는 연수프로그램을 벤치마킹하자는 제안을 냈다. 이것이 삼성 디자인의 개혁에 서곡이 된 셈이다.

한 예로 이 회장은 디자인에서 삼성의 아이덴티티를 이야기하면서, TV나 오디오 리모컨 통합과 핸드폰에서 on, off의 장치를 위로 두는 아이디어를 냈다. 이는 후에 전 세계적인 디자인 폼으로 변했다.

그러나 소니나 벤츠는 멀리서 봐도 소니나 벤츠임을 알 수 있는데, 삼성 제품은 모방이 많고 아이덴티티가 없다. 그리고 디자인 혁신을 위해 각사 최고 경영자에게 디자인 마인드를 제고하고, 디자인 인력을 확보하며, 확보한 인력이 제대로 일할 수 있는 사내 분위기를 조성하는 게 급선무다.

⑥ IDS설립 : 삼성 디자인에서 디자이너의 창의성은 중요하다. 삼성은 산업 디자인 인력을 육성하기 위해 1996년 외국인 교수 5명을 채용해 IDS(Innovative Design lab of Samsong)를 설립했다.

⑦ 브랜드 파워 : 휴대폰, DVD, 초박막 액정표시장치(TFT-LCD) 등 삼성전자 제품은 2003년 6월 미국산업디자인협회 디자인상을 수상했다. 세계적 브랜드 컨설팅 회사인 인터브랜드는 2003년 삼성브랜드 가치를 108억 달러로 평가하면서 지난 2002년에 비해 31% 향상됐다고 밝혔다. 삼성 스스로도 브랜드 가치 급상승의 일등공신은 디자인 부분이라고 평가하고 있다.

1990년대 삼성전자 디자인 발전속도는 매우 빨랐다고 평가되고 있다. 일본 기업이 20~30년에 걸쳐 이룬 것을 불과 10년 만에 달성한 셈인데 이는 삼성전자의 디자이너들의 노고가 컸다고 평가하고 있다.

⑧ 제품에 문화를 담자 : 21세기는 문화의 시대이자 지적 자산이 기업의 가치를 결정짓는 시대다. 기업도 단순히 제품을 파는 시대를 지나 기업의 철학과 문화를 팔아야 한다. 제품에 그 나라의 문화가 깃들어 있지 않으면 단명에 그치게 되고 이는 곧바로 경쟁력 저하로 연결되기 때문이다. 한마디로 질경영의 완착점을 '문화경영' 이라고 여기고 강력한 드라이브를 걸었다는 평가이다.

1994. 10. 13(동아일보)에 프랑스의 소로망 교수는 한국상품의 가장 큰 약점은 문화가 담겨져 있지 않다라고 지적하였다. 비슷한 해 프랑스 산업디자이너 로제 피티오 교수도 한국상품은 대체로 디자인에 특징이 없다. 이 때문에 국제시장에서 비슷한 품질의 유럽, 미국, 일본 상품과 경쟁할 때 손해를 보는 경우가 많다고 지적하였다.

⑨ 여성 위주의 핸드폰 디자인 : 2000년에 나온 업계 최초의 듀얼폴더 휴대폰(SPH-A2000)은 기술자의 시각이 아니라 소비자의 시각에서 제품에 접근하

려는 회장의 철학이 묻어난 제품이다.

폴더 휴대폰의 불편한 점을 조사한 결과 75%가 휴대폰의 동작 상태를 보기 위해서는 폴더를 열어야만 하는 단점을 가장 큰 문제로 지적했다. 이 모델은 외부의 푸른색의 LCD창을 하나 더 달아 기존 폴더의 문제점을 해결했다.

일명 블루아이(blue eye)라는 이름으로 국내와 아시아에 선풍적인 인기를 끌었다.

세계 최초로 여성전용 특화시장을 개혁한 SPH-A4000, 일명 '드라마폰'은 휴대폰 사용자의 절반인 여성을 위한 제품이 필요하지 않겠느냐는 이 회장의 조언으로 탄생한 모델이다. 2000년 11월 나온 이 제품은 자연주의 기법으로 여성의 배란일을 체크할 수 있는 기능과 칼로리를 계산하는 기능으로 특화됐다.

⑩ 브랜드 업계 1위 : 애니콜의 2003년 11월 현재 브랜드 가치는 4조원을 육박하고 있다. 최근 삼성은 첨단 디지털과 함께 '즐거움', ' 인간미', '세련미'를 새로운 시대에 어울리는 애니콜의 이미지로 쌓아간다는 브랜드 전략을 세웠다.

국내 시장에서 애니콜을 출시하면서 경쟁사인 모토로라를 따돌리고 90%에 가까운 시장을 점유하였으며 2003년에는 핀란드의 노기아를 제치고 삼성이 업계 1위에 올랐다. 이를 바탕으로 2010년 세계시장 점유율 25%와 매출액 250억 달러 이상을 유지한다는 전략을 세워 놓고 있다.

⑪ 스포츠 마케팅, 박세리 : 삼성의 스포츠 마케팅을 얘기할 때는 박세리로 대표되는 스포츠 스타 육성이다. 1995년부터 후원에 나서 계약금 8억 원에 연봉 1억 원이라는 파격 조건으로 정식계약을 맺은 것은 1996년 말 박 선수가 여고졸업반 때였다. 삼성모자를 쓴 박세리 선수가 미국 LPGA에서 우승을 하여 대박을 터트리기 시작한 것은 스폰서십 계약 2년이 채 되지 않은 1998년이었다. 사실 당시로서는 성공가능성은 낮고 예산도 적은데다 까다로운 조건들이 너무 많아 계약 협상이 중간중간 난항을 겪었다. 이때마다 이 회장은 본인이 원하는 대로 해줘라, '책임은 내가 진다.' 면서 독려했다.

체계적인 브랜드 전략 하에 올림픽 마케팅, 아스트라 브랜드의 스포츠 스타 마케팅 등의 성공을 통해 2003년 세계에서 브랜드 가치 상승률(31%)이 가장 높은 기업으로 성장했다.

기업 브랜드 인지조사로 유명한 인터브랜드의 평가에 따르면 삼성이 단기간에 브랜드 가치를 성장시킬 수 있었던 비결은 최고 경영층이 일찍부터 브랜드에 대해 눈을 뜨고 강력하게 드라이브를 걸었기 때문이라고 한다.

『이건희 개혁 10년, 김영사, 2003』

LG

2008년 신년사에서 "LG의 미래는 브랜드 이미지에 달려 있다."

지난 몇 년간 LG그룹 계열사들은 '이미지 경영' 에 힘쏟아왔다. 품질과 가격, 기술만으로는 경쟁사를 앞도하기 힘들다는 판단 아래 브랜드 파워를 키워주는데 주력한 것. 그런 결과로 이미지 경영의 성과는 지난해부터 나타나기 시작했다.

LG그룹은 지난해 LG전자, LG화학 등 소비재를 생산하는 주력 계열사들이 사상 최대 규모의 실적을 올린 이유 중 하나로 '이미지 경영' 을 꼽고 있다. 브랜드 파워를 높인 뒤 고가의 고급스러운 제품들을 판매하는 방식을 쓰면서 이익이 늘어났다는 뜻이다.

LG그룹은 지난 3월 통일된 브랜드 아이덴티티(브랜드 정채성 · BI) '사랑' 을 선포했다. 고객이 LG브랜드에 갖고 있던 다양한 이미지를 하나로 통합해야 시너지 효과가 난다고 판단한 것.

계열사들은 그룹 BI인 '사랑' 을 바탕으로 제품을 디자인하고 있다. 광고와 마케팅, 사회공헌(CSR) 활동 등도 BI를 강화하는 방향으로 진행된다. LG는 (주)LG, LG전자, LG화학, LG텔레콤 등 13개 자회사의 브랜드 담당 임원으로 구성된 '브랜드 협의회' 와 부장급 실무 책임자 모임인 '브랜드 실무위원회' 를 통해 브랜드 이미지를 조율하고 있다.

구본무 회장은 2006년 신년사에서 "고객의 감성을 사로잡는 디자인을 통해 LG가 최고라는 평가를 받을 수 있도록 해야 한다"고 밝힌 뒤 매년 LG전자와 LG화학의 디자인 센터를 방문, 계열사들의 디자인 전략을 직접 점검하고있다.

디자인이 기업 이미지를 바꾸는 핵심적인 요소라고 판단한 것이다.

올해 LG그룹은 지난해보다 120억원 늘어난 100억원을 디자인 부문에 투자하고 디자인 관련 인력도 640명에서 700명으로 확충했다. 디자인 인력에 대한 대우도 좋아졌다. LG전자는 지난 5월 디자인 인재3명을 '슈퍼디자이너' 로 선정했다. 슈퍼디자이너가 되면 최고의 디자이너라는 명예와 임원급 연봉을 받는다. 현재 LG전자는 최근에 선정한 3명을 포함, 총 5명의 슈퍼디자이너를 보유하고 있다.

글로벌 기업이라는 이미지를 강화하고 있는 것도 '이미지 경영' 의 일환으로 볼 수 있다.

LG전자는 최근 유니레버 출신 레지날드 불씨를 CHO(최고인사책임자) 부사장으로 영입했다. 외국인을 부사장급 인사 책임자로 임명한 것은 국내 기업 가운데 LG전자가 처음이다. 더모트 보든 부사장 (마케팅), 토마스 린튼 부사장(구매), 디디에 쉐네보 부사장 (공급망 관리) 등 모두 4명의 외국인이 최고 경영진으로 일하게 됐다.

LG그룹의 기업 이미지 쇄신 활동

▶ **브랜드 이미지를 '사랑' 으로 통일**
▶ **디자인 경영 강화**
올해 디자인 부분 1000억 투자. 인력 700명으로 확충. 슈퍼디자이너 확대
▶ **글로벌 이미지 구축**
인사 · 마케팅 · 구매 · 공급망 관리 부문 총괄로 부사장급 외국인 영입
▶ **해외 대형 옥외 광고물 설치**
영국 런던 피카디리 광장, 독일 베를린 테겔공항 입출구, 프랑스 파리 순환도로 등
▶ **스포츠 마케팅 확대**
프리미어 리그 풀럼 후원, 'LG 액션스포츠챔피언십' 대회

자료, 한국경제, 2008, 8

금호아시아나

2008년 초 금호아시아나 그룹에 인수된 대한통운은 2008년 4월 심볼 특유의 붉은색 윙(날개) 심볼을 달면서 금호의 식구로 거듭나게 되었다.

화살촉이 위로 날아오르는 듯한 모양의 윙마크는 금호아시아나가 2006년 창립 60주년을 맞아 새롭게 선보인 CI이다. 기존의 붉은색을 사용해 고객들에게 친숙함을 전하고 날아오르는 이미지를 담은 디자인으로 임직원들에게 활력과 자신감을 불어 넣자는 취지에서 디자인 된 것이다.

금호아시아나의 디자인 경영은 다른 기업과 비교해 특이한 부분이 있다. 다시말해 그룹회장부터 디자인에 관심과 열정을 갖고 있다는 것이다. 금호그룹의 박삼구 회장은 2005년 홍익대학교 국제 디자인 대학원에서 6개월간 디자인 경영과정을 공부할 정도로 디자인에서 남다른 관심을 갖고 있다. 이여 박삼구 회장은 10여개가 넘는 계열사를 하나로 묶는 디자인을 만들어 내기 위해 그룹 전략경영본부에 디자인 광고팀을 신설하라고 지시했다. 그리고 모든 임원들에게 1박2일 합숙을 통해 디자인 경영을 익히도록 하였다.

금호아시아나 그룹의 디자인 경영

2005	그룹 전략경영본부 산하 디자인 광고팀 실설
2006	임직원 대상 디자인 경영 1박 2일 합숙 교육 신설
2006	창립 60주년 맞아 CI통합
2006	대우건설로고에 "윙"마크 부탁
2008	대한통운수인수후 "윙"마크 부착
2009	아시아나 항공 세계 서비스 경영 대상 획득

(자료 2008. 8. 1 한국경제신문)

박회장은 통일감을 주는 CI서체가 항공, 건설 화학 타이어 등 다양한 부분의 계열사를 거느린 금호 아시아나를 하나로 묶어주는 구심점 역할을 할 것으로 보고 일찍이 금호만의 디자인 개발에 공을 들였음을 볼 수 있다.

2006년 대우건설을 사들이고 올해 대한통운을 인수 하는 등 대형 M&A를 성사시킨 이후 디자인경영을 더욱 강조하는 분위기다. 이는 물리적 결합을 넘어 화학적 융합을 하는 수단으로 디자인 경영을 활용함으로써 그룹 전체의 시너지를 내기 위한 전략으로 보고 있다.

아름다운 기업을 표방하는 금호아시아나의 이미지를 살리기 위한 계열사들의 노력도 이어졌다.

새로운 아파트 디자인을 만들기 위해 TF팀을 구성한 금호건설은 최근 세계적 패션 디자이너 이상봉씨와 손잡고 주상복합 브랜드인 '어울림' 과 '리첸시아, 에 이상봉씨의 디자인을 가미했다. 대우건설은 '푸르지오, 브랜드를 통해 친환경적인 엘리베이터와 과학적인 놀이터 등 6개 품목을 선보여 지난해 하반기 한국 디자인 진흥원으로부터 굿 디자인상을 받았다.

아시아나 항공은 2007년 10월 기존의 색동날개 이미지와 윙마크를 조화시킨 새로운 디자인의 비행기를 선보였다. 디자인과 함께 기내 인테리어 디자인은 물론 승무원 서비스등도 업그레이드해 7년 연속 서비스 품질지수 항공부문 1위 "세계 최고의 승무원상". "최고 기내 서비스" 등을 거머지는 등 업계에서 두각을 나타내고 있다.

결과적으로 금호아시아나는 디자인경영의 시너지로 계열사들의 화학적 융합으로 유도하는데 성공한 경우이다. 또한 박삼구 회장의 열정적인 경영방법 디자이너, CEO, 엔지니어, 마케터가 일체화함으로써 성공적인 디자인 경영을 이루게 된 것이다.

2) 이탈리아의 디자인 경영

세계경제 5위를 자랑하는 이탈리아(2001년)는 모든 산업이 디자인 혁신 운동으로 고부가 창출은 물론 매년 100억 달러의 부가가치를 얻고 있다.

이탈리아인은 로마인의 피를 이은 민족적 자부심을 가지고 있으며 태양의 신인 아폴론(동적)이라기보다 즉흥의 신인 디오니소스(정적)에 좀더 가까운 정서를 갖고 있다. 또한 지중해의 강렬한 햇빛이 가져다주는 색채 감각은 어느 나라보다도 정열적이며 강렬한 느낌을 주고 있다. (베네통 제품)

이탈리아는 디자인의 관리방법도 특이한 데가 있다. 모든 디자인은 'designed by Someon'이라고 하여 디자인을 한 사람에게 더 큰 가치를 두어 제품을 사는 사람에게 명품의 가치를 더욱더 인정받게 하는 디자인 하이 퀄리티라는 자부심을 갖게 한다. 주방용품을 생산하는 알레시 사도 전속 디자이너는 한 명도 없고 디자인은 외부(개인 또는 디자인 스튜디오)에 의뢰하여 디자인의 개성과 제품에 대한 새로운 감각을 넣어주고 있다. 왜냐하면, 고용된 디자이너는 한때 개인의 매너리즘에 빠질 수 있는 위험도 갖고 있기 때문이다.

이들의 생산방식은 전통적 수공예식 생산방식으로 운영하여 장인의 정신을 제품에 담고 있으며, 디자인 경영에서는 디자인 인세티브제를 도입하여 봉급에 적용하고 있다.

이탈리아 디자인의 배경

1930년 1차 세계 대전 후 아메리칸이즘(Americanism)

기계에 의한 대량 생산방식이 전 유럽을 휩쓸던 때에 이탈리아는 olivetti, Fiat 등은 제품표준화와 과학적, 합리적 생산방식을 채택하기 시작하였다.

이탈리아의 통치자 파시스트 무솔리니는 처음에는 미국식 합리주의를 도입하였으나 점차로 민족주의적 전통인 신고전주의(Novencento)를 도입하여 이탈리아의 특수성을 갖게 하였다.

이는 건축 분야를 시작으로 제품 디자인과 그래픽 디자인의 양식운동을 전개하도록 하여 결과적으로 이때까지 내려오던 미국식 디자인(Americanism)을 신고전주의에 의해 이탈리아식으로 여과하는 필터의 기능을 하여 새로운 의미의 디자인이 창출하게 되었다.

3) 미국의 디자인 경영(GE, 코카콜라)

〈미국의 경쟁력〉

2002년 미국의 인터브랜드사가 조사한 세계 100대 브랜드를 보면, 1위에서 8위까지 미국이 차지하고 있다. 1위 코카콜라, 2위 Micro, 3위 IBM, 4위 GE, 5위 인텔, 8위 맥도날드 등으로 이들 6개 업체의 브랜드 가치를 계산하면 총 2,835억 달러이다. 21위 일본의 소니는 브랜드 가치가 139억 달러, 34위인 삼성은 83억 달러이다(sony 1996년 88억 달러). 이 중 1위를 차지한 미국의 코카콜라는 696억 달러(원화 약 90조원)의 브랜드 자산 가치를 가지고 있다.

위의 세계 100대 브랜드를 보면 미국 경제 능력을 알 수 있다.

미국인들은 미국경제의 자존심은 코카콜라, 미국인의 자존심은 맥도널드라고 할 만큼, 미국 경제의 자존심까지 내세우고 있다. 과거 중국이 사회주의에서 자본주의로 전환하면서, 외국과 교류를 했을때, 중국인들이 제일 먼저 받아들인 것은 코카콜라와 맥도날드였다. 또한 북한대표가 미국과 접촉을 위해 미국에갔을 때에도, 미국의 대표는 코카콜라 공장(소도시)으로 안내하여 미국경제의 자존심을 맛보도록 하였다. 미국과 수교를 하든, 교역을 하든, 사람과 함께 제일 먼저 상륙하는 것은, 코카콜라와 맥도날드이다. 이러한 거대한 하나의 제빵공장이 만든 맥도날드는 이제까지 팔은 햄버거를 한 줄로 세우면 지구를 19번 왕복하고, 빵 위에 얹은 참깨는 1,400톤에 이르며, 지금도 세계의 매장이 7시간에 점포 하나가 늘어날 정도의 거대한 세계적 체인기업이다.

1963년 소개된 이래 전 세계 어린이들이 산타클로스 다음으로 친숙한 브랜드. 그뿐인가, 맥도날드에 납품하는 제빵회사는 미국의 대기업 중의 하나가 되었다.

GE(General electric)

지난 123년 동안 GE는 그 규모가 지나치게 커져, GE의 매출은 미국 전체

GDP의 1%를 차지하였고, 많은 미국의 경제전문가들이 GE를 미국 경제의 시금석으로 삼아, 경기하강과 상승을 판단할 정도이다. 수년 동안 미국이 제너럴 모터스를 따라간다는 말이 유행할 정도였지만 지금은 사라졌다.

세계 100대 브랜드 4위 GE는 브랜드 가치가 413억 달러에 이른다.

GE는 플라스틱 제조, 금융, 항공 엔진, 리스, 가전제품, 화학 등의 계열사를 거느리고 있으며, 자동차에 사용된 플라스틱 제품은 대부분 GE제품이다. 발전기의 터번, 항공기의 엔진 GE 캐피털을 통해 아메리카 에어라인보다 더 많은 민간 항공기를 소유한 리스회사, 기차의 엔진제조 등 세계최대의 거대한 기업이다.

삼성의 이건희 회장은 그의 아들 이재용의 경영 수업을 위해 미국 GE의 웰치 회장에게 보내 1년여 연수를 받도록 하였다.

웰치는 2001년 GE를 은퇴하면서 '성공하는 사람은 매일 새롭게 생각하고 어제처럼 행동하지 않는다.' 라고 말하였다. 필자는 디자이너로서 교수로서 웰치의 이 말을 항상 기억하고 있다. 마치 어느 광고의 컨셉처럼. 그러나 이 말 속에는 웰치의 철학과 누구보다도 다른 경영마인드가 담겨져 있다. 웰치는 디자인 경영에서는 크게 보이는 것이 없다. 그러나 우리는 그의 경영철학이나 신념을 연구 할 필요가 있다. 웰치의 경영방식은 스케일이 크고, 과감하고, 평등하고, 민주적이고, 에너지가 넘치며, 창조적이고, 노동윤리를 존중하고 미국의 이상을 구현했다고 할 수 있다. 특히 그는 관료주의를 혐오하는 가치관을 가지고 있으며, '인간의 존엄성과 자유로운 의사표현으로 우리 경영자는 모든 직원들이 손을 들어 자신의 생각을 말할 수 있도록 하고, 만약 자신의 생각을 표현할 기회가 있고 어떤 일에 대해 영향력을 갖게 된다면, 직원들은 이를 존중하고 좋아하게 될 것이다.' 라고 말하고 있다. 마치 우리나라의 노동현장을 보고 있는 것 같다.

〈웰치의 신념〉

1960년 일리노이주 대학에서 화학을 전공했다. 웰치는 GE에서 플라스틱 분야 최초의 직원이면서 최초의 기술자였다. 그는 화학 실험실뿐 아니라 경영실험실도 갖게 된 셈이었다.

웰치의 경영관에 대하여 요약해 보면 다음과 같다.

1. 웰치는 GE가 쓰러져갈 무렵 사장으로 부임하여 CEO가 되었다. 그는 매우 빠른 속도로 회사를 발전시켜, 직원들이 가정과 지역사회에 미칠 영향에 관심을 가질 정도가 되었다. 이는 맥도날드의 최초경영자 레이크룩과 같은 점이 있다. 다시 말하면 직원의 가정과 복지문제를 경영자와 직원의 가정까지 연계하여, 가정이 편해야 회사도 잘된다는 평범한 윤리관이다.

2. 웰치의 철학과 경영관

- 현실을 직시하라. 그러나 위대한 목표에 대한 꿈은 버리지 마라.
- 모든 사람에게 솔직하라.
- 사람을 관리하려고 하지 말고 리드하라.
- 변화를 해야 한다고 말하기 전에 자발적으로 변화를 시도하라.
- 경제적 우위가 없으면 그 게임은 포기하라.
- 당신의 운명을 개척하라. 그렇지 않으면 다른 사람이 당신의 운명을 지배할 것이다.
- 직장을 단순화하라. 복잡한 형식과 프로세스 방식이 너무 많다.
- 회의를 단순화하라.
- 복잡한 공문과 편지를 없애라.
- 절대로 협박으로 리드하지 마라.
- 최고의 아이디어를 꼭 보상하라.

GE에는 승진 비법이 따로 없다. 기업 가치관을 따르고 용기 있게 행동하고, 또 이를 통해 실적목표를 달성하는 사람은 보상을 받고 승진할 수 있다. 웰치의 년봉은 1만 5000명의 멕시코 공장 직원들의 연봉을 합친 것보다 더 많은 것으로, 2000년에 총 7,560만 달러를 받았다. 이중 330만 달러는 봉급이고 나머지는 실적에 대한 성과급과 스톡옵션이였다.

우리나라 삼성도 경영에 인센티브를 도입하고 있으며, 전CEO, 진대제(정보통신부장관)도 몇십억원의 스톡옵션을 받은 바 있다.

(삼성회장의변: 인간이 만든 위대한 발명품의 하나 '인센티브' 를 기억하자)

코카콜라

세계의 어느 곳, 히말리아 산맥의 기슭이나 니카라과 해안에서 멀리 떨어진 허리케인이 덮치는 섬, 또는 문명의 발상지라 생각하는 곳에 가보아도 마찬가지이다. 코카콜라는 거기에서 당신을 기다릴 것이다. (1991『뉴욕타임즈』사설 중에서) 세계 100대 기업 브랜드 파워 1위. 세계시장 어느 곳에 가도 만나는 당신의 코카콜라. 미국인이 말하는 미국경제의 자존심 까만 설탕물의 신화 코카콜라. 나이가 많은 사람들이 좋아한다 하여 반대로 젊은층(high teen)을 겨냥한 젊음의 광고전략, 신나게 춤추는 뮤직 비디오 화면이 꺼지면서 나타나는 Always Coca-Coca(언제나 코카콜라)

미국 본사에서 광고의 컨셉과 전략을 직접 관리하는 광고는 항상 젊음의 화신 그대로다. 이스트만이 코닥을 yellow color의 대표석이라 하여, 코닥 옐로우라고 하듯이, 소비자의 이미지는 Coca cola red로 소비자의 머리속에 각인되어 있다. 한때 젊은 사람들이 펩시를 좋아한 경향을 보인 적이 있다. 거리에서 눈을 가리고 시음한 펩시 챌린지(pepsi challenge)에서 펩시가 성공을 해도, 미국내 시장에선 역시 1위의 자리를 고수하고 있다.

코카콜라의 로고는 코카콜라가 출시한 1899년 이후 바뀌지 않고 그대로 유지하고 있는데 어떻게 보면 촌스러운, 너무 올드한 느낌이 들기도 하지만 그대로 소비자의 인정을 받고 있다. 한번은 콜라의 맛을 Coca Classic으로 바꾼적이 있었으나 다시 원점으로 돌아와 처음의 맛 그대로 유지하고 있다.

여성의 신체곡선에서 얻은 컨셉으로 특

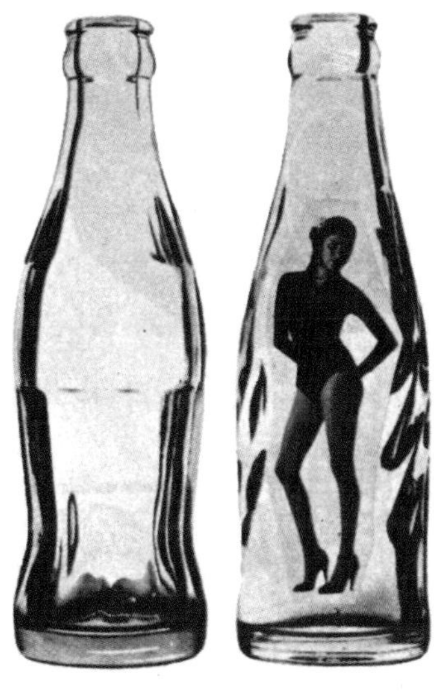

코카콜라병 디자인/ 여자의 곡선

이한 병은 캄캄한 곳에서 만져도 구별할 수 있을 정도로 병 디자인에 분명한 차별화가 되어 있다.

1980년대 이르자 코카콜라는 콜라 맛의 원조라는 의미에서 '진짜 콜라의 맛을 찾으신다면 (for real taste)' 이라는 테마를 내놓았다. 즉 다른 어떤 제품이라도 그것은 코크의 유사품에 불과하다는 것이다 역사가 오래된 기업의 이미지를 깊게 심어주고 코크의 자신감 있는 이미지 광고였던 것이다.

그렇다면 다른 유사제품의 거센 공격에도 어떻게 승리할 수 있었을까 그것은 오랜 고유의 이미지, '즉 미국의 전통, 미국의 자존심' 의 이미지 때문이었을 것이다. 소비자들은 코크라는 음료수를 마시는 것이 아니라 미국의 상징성과 미국의 라이프스타일이라는 이미지를 선택하는 것이다.

4) 일본의 디자인 경영(소니)

소니는 1946년 설립하여 전자산업의 시대를 앞서가는 새로운 발상과 창조적 디자인 경영으로 각종 첨단 전자제품을 개발하여, 세계시장을 선도하고 있다. 모리타 아키오 전(前) 소니 회장은 기술개발을 위해 미국의 기술을 사들이는 것을 시작으로 소니를 세계적 전자기업으로 이끌어왔다.

1970년 미국의 Bell연구소는 트랜지스터의 기술을 최초로 개발하였으나 트랜지스터의 라디오 기술까지 응용제품화 개발이 어렵게 되자 이 기술을 단돈 25,000 달러에 일본의 소니에게 팔았다. 이로부터 3년 6개월 만에 소니는 성냥갑만한 트랜지스터의 기술을 개발하였고, 연이어 Walkman까지 개발하기에 이르렀다. 이후 미국의 Bell연구소는 CCD(전하결합소자)를 개발하고도 어디에 쓸 것인가를 해결하지 못하고 역시 싼값에 소니에 팔아 소니의 기술연구소로 캠코더를 개발하게 하였다. 이렇게 시작한 소니의 연구개발 제품은 전 세계에서 기술의 우위를 점하게 되었고 회장이나 사장을 비롯한 최고 경영자들이 모두 디자인에 대한 인식을 갖고, 경영자원으로서의 디자인에 대해 깊이 이해하게 되었다.

소니 본사의 디자인센터는 끊임없이 새로운 디자인을 선보여, 고객들에게

'기술과 디자인의 소니, 소니다움' 이라고 할 정도로 브랜드의 충성도를 높이고 있다.

소니 디자인센터는 세계 최초의 제품을 개발한다는 목표를 가지고, 세계 최고의 제품을 디자인하고, 결코 남을 따라하지 않는다는 목표를 가지고 있는데, 이는 소니 디자인의 자긍심임과 동시에 경쟁력이다. 기술보다도 디자인을 중시한 워크맨은, 세계적 히트 상품이 되었으며, 미국인들의 음악감상 스타일까지 변화시켰다. 워크맨을 통하여 세계적으로 높은 브랜드 가치를 얻은 소니의 가전제품 디자인 개발은 계속되고 있다. 소니는 게임, 음악, 영화 등의 디지털 콘텐츠 분야를 포함하는 창의적 문화산업으로 디자인을 확대 발전시키기 위해, 2000년 미국내 3개 엔터테인먼트 부분을 소니 브랜드 밴드 엔터테인먼트(Sony Broad Entertainment)라는 하나의 법인으로 통합했다. 소니는 최근 play station.com 사이트를 통해 인터넷 사업확장을 추진해 왔으며, 인터넷과 긴밀히 결합된 가전업체로 자리매김하고 있다.

엔터테인먼트 로봇 아이보(AIBO)

1999년 6월에 출시된 소니의 엔터테인먼트 로봇 아이보(AIBO)는 21세기의 새로운 라이프스타일을 예견케하는, 20세기 과학기술의 확실한 이정표로 인정되고 있다.

원래 인간로봇을 목표로 연구하던 과정에서 탄생한 아이보는, 시각 청각 촉각의 감각을 갖고 있는 로봇으로 출시된 지 20분 만에 일본에서는 3,000개, 미국에서는 수일 만에 2,000개가 팔렸다. 아이보는 자립형 로봇으로서, 네 발로 걸을 수 있고, 감정과 본능을 가지고 있어서, 아이보와 상대하는 사람에 따라서 다른 성격을 가질 수 있으며, 기르는 사람의 관리에 따라 더 감성화시킬 수도 있다. 또, 칭찬을 많이 해주면 그것을 기억해 그 동작을 자주 연출하는 학습능력도 가지고 있다.

'퍼포먼스 모드' 애서는 춤을 추기도 하고, 멍멍 짖기도 하며, 게임모드에서는 전진 후퇴, 방향전환 등 기본적인 동작으로, 발차기, 입으로 물기 등 여러가지 동작을 할 수 있다.

소니 디자인센터

아이보(AIBO)

소니 디자인센터에는 약 200명의 디자이너가 있다. 여기에서 연간 약 1천 가지 이상의 제품 디자인을 개발하고 있다. 아이디어 공장으로 비유되는 소니 디자인센터는, 형태 기능 색채 콘텐츠, 그래픽 사용자 인터페이스 디자인, 웹 기반 통신, 그리고 미디어 상품의 세부사항을 만들어 낸다.

이곳은 세계 최초의 제품을 창조해 세계 문화 개선을 통해, 새롭게 구현하고 있다. 연구원들은 수평적 조직 구조에서 개인의 능력별로 연봉을 지급 받으며 자유로운 연구환경을 제공 받는다. 디지털시대를 이끌어갈 디자이너에게 더 많은 기회와 환경 디지털 문화에 전제되는, 디지털 사고의 유입으로, 소니의 변신을 대변하는 대표적 사례로 인정된다.

5) 영국의 디자인 경영

영국은 최초로 산업혁명이 일어났으며 세계만국박람회를 개최한 곳이기도 하다. 또한 세계 최초로 수공예적 전통이 기계에 의한 대량 생산 체제로 바뀌었고 기계에 의해 현대산업에 큰 발전의 계기가 되었다.

1980년대 윌리암 모리스에 의해 미술공예 운동(Arts and Crafts Movement)이 펼쳐져 디자인의 이념에 대해 논의하고 예술 민주화에 앞장선 나라이기도 하다. 장인 정신 등에 의해 고딕 부흥 운동으로 현대 측면에서 보면 약간 고전을 띤 시골스러움도 엿볼 수 있었다. 이러한 전통의 의식이 강해 영국은 현대 디자인이 늦게 발전한 시대도 있었으나 근대에 이르러 대처 수상 집권시기에 강력한 국가적 디자인 진흥 확대 정책에 따라, 1980년대 근대산업 디자인 발전의 계기가 되었으며 세계적인 상품의 브랜드를 육성시키기 시작했다. 영국은 산업 생산 기반이 취약한 관계로 영국의 디자인이 일본의 기술력으로 상품화되면서 일본과 공생 관계를 갖기도 하였다. 그러나 1980년 이후 디자인 진흥정책에 힘입어 여전히 선조들이 물려준 세계적인 브랜드인 립톤티, 롤스로이스, 버버리, 스코틀랜드 위스키 등의 브랜드를 갖고 있다. 영국은 TV방송이 일찍 발달해서 상업광고 분야는 잘 발달되어 있다. 영국은 여러 개의 대학 중에서도 Royal College of Art가 영국의 디자인을 앞장서서 끌고 갈 만큼 산업 디자인 발달에 큰 기여를 하고 있다.

세계 어느 나라보다 일찍이 초등학교부터 디자인 교육을 실시하며 산업 디자인의 인식을 높여 주고 있어 디자인 발전에 큰 기여를 하고 있다.

6) 프랑스 디자인 경영

프랑스는 예술과 기술의 양극단을 함께 갖고 있는 나라이다. 장식적인 액세서리들이 있는 반면에, TGV나 미라쥬, 콩코드 등을 생산해 내고 있다. 프랑스는 예술적인 부분에서는 (루이 왕가 이래로) 장식적인 부분을 강조한다. 그래서 디자인이라기보다는 장식미술이라고 칭하기도 한다. 18세기에 시민혁명이 일어났지만, 시민들이 정치적 자유를 얻은 후에 한 일은 그 이전 부르주아들의 생활 양식들을 모방하기 시작한 것이었다고 할 수 있다. 그리고 몇 가지 예들을 살펴보면 가장 인상 깊은 것은 최근 루브르 박물관 앞에 세워진 유리 피라미드라고 할 수 있다. 바로크 시대의 루브르 박물관과 하이테크 기술로 이루어진 유리 피라미드, 이것은 전통과 혁신의 반복적인 것을 엿볼 수 있다. 이러한 전통과 혁신의 끊임없는 반복은 18세기 때 이미 파리의 도시설계를 끝낸 프랑스 인들의 문화에 대한 자신감이 있기에 가능하다고 할 수 있겠다. 몇 가지 제품 디자인들도 살펴보면 프랑스 디자인에는 합리성과 예술성이 함께 존재하여 모든 제품에 프랑스만의 멋을 풍기는 고급제품으로 세계시장을 리드하고 있으며 특히 패션부분에서 소재와 디자인 개발로 세계적 명성을 얻고 있다.

7) 독일의 디자인 경영(BMW)

BMW의 심볼은 푸른 바바리인 하늘에 떠 있는 비행기 프로펠러를 상징한 것이다.

BMW의 라이벌은 미국차가 아닌 같은 독일의 메세이데스 벤츠이다. BMW는 세계에서 가장 존경받는 성공한 자동차 회사라 할 수 있으며 경영자는 독일에서 두 번째 가문인 크반트가이다.

BMW의 전신은 항공기 회사로 원래는 항공기 엔진 생산을 시작으로 2차 대전 후 항공기 엔진을 중단하고 자동차 엔진을 생산하게 되었다.

BMW에 사용되는 단어는

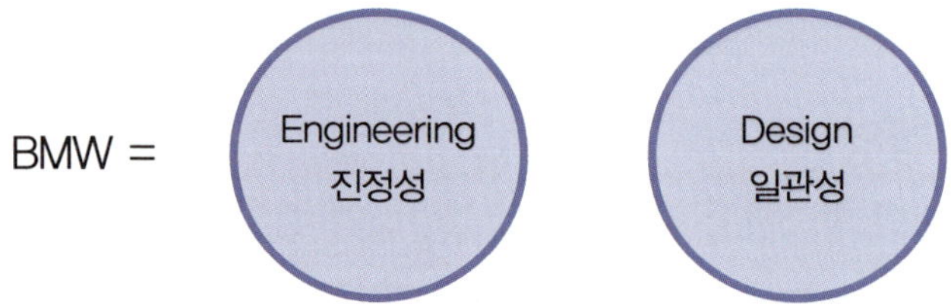

이 BMW는 세계 정상급 엔진을 설계하고 6기통의 엔진은 "윙윙"의 독특한 소리를 내며 이보다 더 고속주행 땐 그르렁 거린다.

• 앞 차축과 뒷 차축의 무게는 알미늄소재를 사용하여 50:50의 비율로 균일하게 배분했다.

• 3,000rpm에서 민첩하게 출발할 수 있다.

• 빈번한 회전으로 제한 받는 구불구불한 도로에서도 최상의 즐거움을 만끽할 수 있으며 안전성이 보장된다.

• BMW 네바퀴 센서는 각 바퀴에 개별적 반응을 컴퓨터로 제어하여 자동차 네바퀴의 한 면이 땅위에 있고 다른 면이 얼음위에 있어도 브래킹의 제어로 자동차의 뒤쪽 끝이 좌우로 흔들리는 것을 방지해준다.

• 8개의 에어백은 컴퓨터의 제어로 각각 팽창하는 시간이 달라 큰 부상을 방지해 준다.

• 앞 밤퍼가 충격을 받을 시 엔진은 밑으로 내려오도록 설계되어 있고 배터리는 box 뒷 트렁크에 넣어 사고 시 안전을 고려했다.

이러한 위의 내용들이 BMW의 요체이다

과연 이러한 세계적인 차가 디자인 부서는 어떻게 운영되고 있을까?

BMW 디자인 부서

수석디자이너 크리스 뱅글(Bangle)

뱅글은 미국 위스콘신 사나이로 캘리포니아에서 디자인전문학교(파사데나)를 졸업하고 이탈리아 피아트에서 경험을 쌓고 GM의 오펠사업부에 근무했다.

뱅글은 BMW의 디자인 책임자로서 300명 이상의 디자이너를 고용하고 관리한다. 그들은 자동차의 외양뿐만 아니라 전체 디자인을 구성하는 수천가지 내부 부품에 대한 아이디어 스케치 모델제작 작업을 한다. 물론 전반적인 형태와 비율, 곡선과 굴곡은 디자이너가 만드는 것이다.

뱅글은 처음에 제품개발 팀장과 함께 일했다. 7년후에는 디자인 부서를 독립시켰다.

1992년 뱅글이 BMW에 입사 했을때 회사는 많은 돈을 벌었지만 디자인 부서는 자리를 잡지 못하고 제품개발 부서와 함께 일하고 있었다.

뱅글은 디자이너들의 심리를 잘 이해하여 디자이너와 엔지니어를 단절시켜 엔지니어가 디자인 선택에 개입하거나 완성하는 과정에서 일찍 개입하지 못하도록 제도적 장치를 마련하였다.

자기중심적인 예술가들은 냉정하고 이성적인 주장에 재대로 대처하지 못하는 경우가 많았다. 예를 들어 한 디자이너가 아주 자랑스럽게 디자인 작업을 하고 있는데 제조 엔지니어가 세공이 까다로워진다며 비난투의 말을 했다.

그러자 그 디자이너는 며칠 동안 병가를 내고 회사에 나오지 않았다. 아마도 그는 집에 가서 이직을 고려했을 것이다.

이런것들이 디자이너로서 이성적 주장에 제대로 대처하지 못하는 예일것 이다.

뱅글도 작업 중에 재무담당 이사가 와서 고객들이 거의 접하지 않는 부분에

너무 비싼 재료를 사용한다고 뱅글을 나무란 적이 있었다.

뱅글은 이점에 대해 상황적으로 설명하고 조목조목 예를 들어 명쾌히 설명해 재무이사가 이해하도록 설명하였다. 이점이 뱅글의 부사장으로서 타고난 능력이었다. 이러한 경험을 바탕으로 BMW에 온 이후로는 디자인 작업실에 엄격한 감독체제를 확립하였다.

뱅글이 피아트에 있을대는 그의 디자인이 묵살되는 경우가 많이 있었다. 그러나 그가 BMW에 온 후에는 직원들을 감독체제에서 보호 하려고 노력하였다. 또한 뱅글은 비디자이너가 디자인 부서를 지원하도록 만들기 위해 디자이너 아닌 직원들을 대상으로 세미나를 개최하기도 하였다.

디자인 작업장에서 디자이너에게 조그만 변화는 중요하지만 일반부서의 회계직원에게는 디자인 감각이 없어 별로 중요하게 생각하지 않는다. 그래서 "역동적인 긴장"이 필요 했다. 뱅글은 디자인과 엔지니어링, 재무직원들과의 의견차이를 좁히기 위해 경제학 박사 과정에 있는 사람을 선발하여 "협동디자인 전략 전문가"를 발굴하여 예산을 초과하는 디자인 프로세스에 대해 사전에 검토하도록 지시해 부서간 마찰을 줄이려 노력하였으며 의사소통이 완만히 해결되도록 하였다.

결과적으로 디자인 경영의 방법이란 디자이너의 독립성을 보장해 주는 것들이 조직적 차원에서 뒷받침 되어야 할 것으로 보고 있다.

푸른하늘에
떠있는 프로펠러

시동을 거는 순간 들을 수 있습니다. 차가 움직이기 시작하는 순간 느낄 수 있습니다. BMW 5 시리즈의 8기통 엔진은 월등하고 정제된 힘을 만들어 냅니다. 어떤 회전 속도에서도 어떤 도로 상황에서도 강력한 가속력을 보여줍니다.

독일, 폭스바겐("작게 생각하라")

S.W.O.T 분석결과 엔지니어링도, 디자인도 정상급이었으나 약점을 최소화하고 강점을 최대로 부각시키는 빈틈은 크기에 있었다. 이것은 폭스박겐 비틀은 작지만 포지션을 극명하게 나타낸 결과였다.

일반소비자들이 보다 큰 것이 좋은 것이라는 인식이 퍼져 있을 때 미국은 어떤 소형차도 소형차라는 포지션을 선점하지 못하였을 때, 폭스바겐은 과감하게 "작게 생각하라" 라는 지금까지 나온 광고 중의 유명한 말을 쏟아내었다. 폭스바겐의 광고 중 나는 폭스바겐을 몰고 있다 라는 것은 소유자의 생활 방식을 의미하는 것이며 합리적이고 실용적인 차라는 것을 강조하고 있다.

"1970년 폭스바겐은 못생긴 채로 오래 있을 것입니다."
이러한 광고의 내막은 폭스바겐의 신뢰성과 품질은 크고 어느것 보다 비싼 차라는 것을 확장 시키고 있는 것이다.

세계의 자동차 이미지(제품+positioning)

차 명	슬로건 + 광고	비교점+장점+단점
롤스로이스	영국의 자부심, 움직이는 궁전	영국의 귀족형, 고급형 구매자는 선별 후 판매 (회사는 망해)
패거드 캐딜락	대통령이 쓴 무장된 고급차 미국의 대형 세단, 장의차	30년대 중반 잠시 히트 (회사는 망해) 가솔린 사정이 캐딜락을 괴롭혀 소비자=이게 도대체 캐딜락이야! 아니야!
시보레	크면서도 작고 싸면서도 비싼차!	모든 이에게 마음에 들려고 할수록 모든 사람에게 매력을 잃는 차
폭스바겐	작게 생각하라	최초의 소형차, 미국인의 시장가는 쎄컨드카
BMW	진정성 – 일관성 (디자인)	차체를 돌로 만든것처럼, 그래서 비싼값을 지불한다

8) 네덜란드 디자인 경영

네덜란드는 국민 개개인이, 그리고 국가적으로 디자인 개념이 잘 잡힌 나라이다. 예를 들어 미국이나 우리나라의 지폐를 보면 재무장관의 서명이나, 한은 총재의 도장이 찍혀 있는데, 네덜란드의 '길더'에는 화폐 디자이너의 서명이 들어 있다. 그만큼 화폐가치만큼이나 디자인을 높게 취급한다는 것이다. 네덜란드는 램브란트, 버뮤어, 반 고흐, 몬드리안 등의 유명한 화가가 많이 배출된 곳이다. 우리가 흔한 얘기로 국영기업의 디자인은 꼴불견이라고 하는데 , 네덜란드의 경우 국영기업인 PTT(우편, 전화 등을 담당)의 디자인은 그야말로 부러울 지경이다. 예쁜 색깔과 함께 환기까지 신경쓴 공중전화 부스나, 상큼한 빨간 원색을 쓴 우체통 등을 그 예로 볼 수 있다. 더불어 네덜란드의 거리에는 자전거도로가 아주 잘 설치되어 있으며, 지상철이 같은 색깔이 없을 정도로 다채로운 색깔들이 쓰이고 있고, 이것들은 또한 도시의 볼거리가 되고 있다. 제품디자인을 보면 상당히 서늘하다(cool)라는 느낌을 받는다.

서늘한 느낌은 어느 면에서는 엄격하고 절제된 것을 의미한다. 네덜란드는 스위스와 함께 세계적으로 포스터와 그래픽 부분에서 아주 강한 작품들을 많이 보이고 있으며, CI 부분에서도 특이한 작품들을 볼 수 있다. 모더니즘을 일찍이 수용한 네덜란드는 모든 작품에 엄격성과 조용함을 볼 수 있으며 이탈리아풍의 전통에서 낳은 현대적인 재해석에 민감함을 보여준다. 또한 작품의 내용면에서도 물리적 기능만이 아닌 삶의 의미를 뿜어내는 듯한 상징적 기능을 갖고 있는 것 또한 색다른 의미라 할 수 있다.

결과적으로 보면 네덜란드 디자인은 환경과 유통에서 관심과 관리적 차원에서 훌륭한 디자인이 나타나고 있으나 세계적인 브랜드의 상품은 보이지 않고 있다.

9. 불황기의 디자인과 마케팅 경영

발상의 전환이 성공한 우리나라의 석유제품

석유자원이 전무한 우리나라가 기름을 수출하는 방법은 무엇일까?

그것은 원유를 사다가 보다 더 상품가치를 높여 생산해 팔고 있는 것이다. 국내 정유사들의 정제설비 고도화율은 30.5%로 아시아 최고의 수준이다. 원유수출국 사우디아라비아에서 한국제품으로 인기 있는 엔진오일도 이런 기술 때문이다.

또한 IMF 위기 때 발상을 바꿔 성공한 웅진 코웨이는 10년 전 외환위기 때 팔리시 않는 성수기가 장고에 쌓여만 가는데 고민중, 이런 위기에 팔리지 않는 정수기, 차라리 나누어 주자고 생각한 것이 현재의 렌털 사업으로 이어져 현재 정수기와 비데 시장을 50% 장악하고 있다.

이런것 모두가 발상의 전환에서 온 것이다. 불경기에는 신상품 개발은 줄게 되고 근본적인 디자인 변화를 위해 투자 한다는 것은 현실적으로 무리이다.

여기에 소개하는 내용은 삼성경제연구소가 엮은 책

불황기 경영전략(2009 하송연구원) SERI 보고서의 내용을 요약하여 소개하고자 한다.

1) 불황기의 디자인 역할

① 경기침체로 위축된 소비를 자극하는데 디자인의 역할이 중요하다.

디자인이 우수한 제품을 사용해 본 소비자들은 구매여력이 줄더라도 멋진 상품을 구매하는데 거부감이 별로 없다.

품질의 차별성이 소멸되면서 1990년 후반부터 자동차 IT제품을 중심으로 디자인 경쟁력이 핵심요소로 부상하였다(기아자동차, 삼성 LG 핸드폰)

② 불황속에서도 우수한 디자인을 통해 매출을 오히려 늘린 경우 혁신기업 애플은 1998년 아이맥은 2001년 아이팟 돌풍 2008년 맥북, 이중 맥북에어는 2009년 1/4분기 전 년 동기 대비 판매량이 34%증가했다.

영국 음반 체인점 HMV는 음반과 게임 CD만 가득했던 매장을 PC와 콘솔게임기, 인터넷을 설치하여 고객이 즐길 수 있는 공간으로 재단장, 판매 실적이 25%증가했다.

③ 통상 디자인 신상품 개발에 본원적으로 사업성패에 결정적 역할을 하나 불황기에는 기존 디자인을 보완 하는 것만으로도 부가가치를 높일 수 있다.

따라서 소비자들의 심리를 면밀히 분석해서 디자인에 반영함으로써 움츠려진 소비심리를 자극하는 것이 효과적이다.

2) 소비 심리의 변화

현대의 소비자들은 상반된 소비니즈(Needs)를 함께 추구하는 양면성을 보유하고 있다. (특히 한국인)

① 감성대이성, 집단대 개인, 유목대 정착 등의 소비 성향

유행을 쫓아 모방하면서도 자기중심적 개성을 표출하고 패션, 화장품 등의 구매 효율성을 극대화 하면서도 감각적인 즐거움을 만끽하는 한국형 소비자들의 특색을 갖고 있다.

② 그러나 소비심리가 위축되는 불황기에는 이들 양면적 무게 중심이 어느 한쪽으로 쏠리는 것이 일반적 경향이다.

③감성소비 < 이성소비

• 브랜드 로고 등 상품이 보유한 상징 보다는 구매 효율성이나 실용성을 우선시 한다.

• 호황기에는 럭셔리 상품으로 부와 신분을 과시하려는 욕구가 트나 불황기에는 충동구매를 지향하고 신중한 소비를 추구한다.

• 초저가 상품을 구입하고 할인쿠폰, 마일리지, 제휴할인 서비스를 활용하는 등 당장의 지출을 최소화한다.

• 직접 발품을 들여 찾아 다니기도 하지만 온라인과 오프라인을 구분하지 않고 시간을 충분히 투입하여 원하는 상품을 탐색한다.

④ 집단소비 < 개인소비

• 동경하는 대상이나 집단의 소비 행동을 무작정 모방하기 보다는 개인의 라이프 스타일을 더욱 중시한다.

• 호황기에는 외모의 투자, 디자이너 브랜드, 명품 등 고가의 제품으로 개성을 표출하는 반면 불황기에는 중저가 식품이나 나만의 상품을 찾아 대리만족하기도 한다.

명품을 사더라도 상대적으로 가격대가 낮은 액세서리를 구입하고 고가의 의류와 가방은 중저가 브랜드를 선호한다.

• 매운음식 등으로 개인적 스트레스를 해소하고 일시적으로 기분을 전환할 수 있는 상품에 관심이 많다.

⑤ 유목소비 < 정착소비

• 활발한 대외활동 보다는 가정의 소중함을 상기하며 실내에서 TV를 경청하며 편안하고 안정적인 생활을 추구한다.

• 안정을 원하는 심리 때문에 새롭고 혁신적인 상품보다는 익숙하거나 과거를 회상시켜주는 상품에 관심을 둔다.

• 가정 내 생활이 증가하면서 생활용품이나 집에서 즐길 수 있는 엔터테인먼트 상품에 관심이 많다.

• 가정 내 생활이 증가하면서 생활용품이나 집에서 즐길수 있는 엔터테인먼트 상품에 관심이 없다. 마케팅 조사기관인 NPD에 따르면 최근 가정용 집기, 식기 판매량이 증가하고 있으며 온가족이 사용할 수 있는 비디오 게임기 닌텐도 Wii 전세계에 5천만대 이상 판매했다.

• 이성소비, 개인소비, 정착소비로 대표되는 불황기 소비특성을 반영하여 기존 상품의 색상, 패키지, 판매공간 등 보완적인 요소들을 새롭게 리디자인(Redesign)하는 것이 불황기 디자인의 핵심전략이다.

일시적으로 기분을 전환하고 불황에도 개성표출을 원하는 소비자를 위해 신선하고 화려한 색상을 적용하는 것이 좋다.

• 구매목적에 따라 실용성을 가미하거나 과거의 향수를 자극할 수 있는 친숙한 복고풍 패키지를 개발하는 것도 방법이다.

• 셀프구매를 지원할 수 있게 직관적으로 정보를 전달하는 디스플레이를 설치하거나, 정서적 안정을 원하는 소비자를 위해 편안한 공간을 제공하는 것이 좋겠다.

3) 불황기 디자인의 3대 요소

색상

- 상쾌한 색상을 통해 답답한 현실로부터 벗어나 일시적인 기분 전환을 요구하는 소비자에게 소구하는 쪽으로 (경제가 침체되면 여자들의 스커트 길이가 짧아진다는 통계에도 주목할 필요가 있다)
- 경제침체기 일수록 소비자는 일반적으로 무채색보다는 화려한 색상을 선호하는 경향이 뚜렷하다.
- 동일제품도 색상변경만(핸드폰)으로도 소비자의 인식을 전환시킬 수 있으므로 고정관념에서 탈피해 과감한 컬러 선택도 시도해볼 필요가 있다.
- 미국컬러마케팅 그룹의 조사 결과에 따르면 컬러는 브랜드 인지도에 80% 구매결정에 85%의 영향을 미치는 것으로 나타났다.

일본의 욕실용품 전문기업 아이낙스는 2008년 2월 청결함을 상징하는 흰색 대신 파격적인 검은색 변기를 출시해 빅히트.

- 스즈키 자동차는 2008년 유럽수출용 경차 '스플래쉬' 의 대표 색상으로 터키쉬 블루를 채택 자동차의 전통적 히트 컬러는 아니었음에도 유럽에서 25%의 가장 높은 판매 비중을 차지했다.
- 한국의 대표적 칼러 기업 '쌈지' 는 CEO와 디자이너들이 함께 색상, 재료에 대해 연구하고 있다.

패키지 (Package)

불안한 경제여건 속에서 나와 가족을 중시하고 안정된 생활을 지향하는 소비자에게 상품과 교감할 수 있는 패키지로 어필할 수 있는 것을 고려해야 한다.

그래서 불황기에는 과거의 향수나 복고풍이나 친숙한 이미지로 소비자에게 안정감을 줄 수 있는 디자인이 더욱 효과적이다.

- 펩시는 'Refresh Everything' 캠페인의 일환으로 1960-1970년대의 맛과 스타일을 재현한 복고풍 패키지 'Throwback'(희귀라는 의미)를 개발했다.
- 소니 S-Frame, 선물 포장을 위한 실용적 패키지로 35%의 시장 점유율 확대 성공

소니는 디지털 사진 액자를 구입한 소비자의 행동을 조사한 결과 제품을 구입한 소비자들이 포장재를 뜯어 이미지 데이터를 저장한 훈 선물을 위해 별도의 용품으로 다시 포장한다는 사실을 발견했다.

과거에는 비용절감으로 저렴한 골판지를 사용했으나 상자 외부는 매끄러운 흰색으로 가공하고 로고는 엠보싱 처리해 고급스러운 이미지를 연출하였다.

특히 연말처럼 선물 수요가 많은 시기엔 푸른 봉투에 싸워 "소중한 사람에게 전달하자"라는 캠페인도 전개했다.

판매공간 (Space)

매장인테리어나 디스플레이 디자인을 개선함으로써 소비자에게 높은 만족도를 제공

맥도날드 맥카페

매장 회전율을 높이기 위해 좁고 딱딱한 가구를 배치했던 기존 매장과 달리 여유있게 앉아서 시간을 보낼 수 있도록 안락한 가구를 배치하여 소비여력이 낮아진 고객을 유인하는데 성공했다.

유니클로 'Help yourself'

유니클로는 매장 내 디스플레이를 최대한 활용해 소비자가 원하는 의류를 스스로 손쉽게 찾을 수 있도록 해 제품에 대한 안내문구가 적힌 디스플레이(POP)를 곳곳에 설치함으로서 제품에 대해 설명하고 고객이 원하는 물품을 찾

아주는 점원의 역할을 대체 하였다.

매장을 방문한 고객이 혼란을 겪지 않고 원하는 상품에 도달하여 정보를 얻을 수 있도록 대형과 소형의 두 종류 POP를 설치하여 매장을 매력적으로 새롭게 디자인하였다.

이로 인해 매출 증가율(전년동월대비) 9.4%→14.4%로 신장되었다. (고객20-30대)

Grand Designer
CEO의 통찰력! 협력의 조직문화를 조성!
CEO가 지녀야 할 리더쉽 조건 중 중요한 것은 시장이라는 큰 그림(Big Picture)을 그리고 살피는 것

(**램차란**, 경영컨설턴트)
CEO 불황일수록 여러전문가를 만나 세상의 흐름을 읽고 위기극복의 큰 그림을 그리는 그랜드 디자이너가 되어야 한다.

어떤 주제의 대화이건 새로운 한가지씩을 배우는 게 내 경영원칙이다
(**이반 자이덴버그** 회장)
"불황뒤에는 반드시 호황이 온다"

현대의 첫번째 생산한차 PONY

한국은 1970년 경부고속도로를 개통하고, 1974년 정주영은 현대차 공장을 설립히여, 이테리의 조지아로에게 첫번째 디자인을 의뢰, 그로부터 12년 후 미국에 포니와 엑셀수출을 시작했다. 2011년 현대의 대형세단, 에쿠스는 미진출 반년만에 동급 최고의 차로 등극하였다(BMW, 벤츠 보다 더 좋은차?).

EZon
SAMSUNG

VIUUM

제5장 디자인 마케팅

디자인 경영노트
(지금 총각네 야채가게는?)

강남 은마아파트 내에 「총각네 야채가게」가 있다.
이곳의 이영석 사장은 장사를 하지 말고 '사업을 해라' 라고 말한다.
장사는 100원에 사서 그 자리에서 110원에 팔지만 사업은 100원에 사서 90원에 팔기도 한다. 그래서 고객이 감동을 한 후에는 향후 사업의 번영으로 이루어진다고…

처음엔 트럭행상 → 비전이 없어
그다음에 차량판매 → 쳐다보지도 않아
그래서 원숭이를 놓고 관심을 부여해도 안돼
마지막 동네 아주머니에 대한 연구 시작 → (소비자분석)
값은 높아도 맛있는 것을 원하드라(결론을 얻어)
지금 총각네 가게 → 은마아파트 상가내에 점포 17평으로 확장
직원 5명중 3명은 오토바이 배달(그러나 연봉은 1억씩)
최근 많은 사람들이 디자인 경영의 중요성을 역설하지만

① 디자인이 기업경영에서 왜 중요한지?
② 마케팅과는 어떤 관계 설정이 되어야 하는지?

③ 디자인적 시각 →
접근한 마케팅 이론도 있고
④ 마케팅적 시각 →
접근한 디자인 이론이 있어도 어떻게 공부해야 할지 어렵게 느껴신나.
이 둘 사이의 비중을 과연 어떻게 해야 할까?
정치인은 리더십이 중요 → 디자이너는
Think Tank를 잘 운영해야 한다.

이 책 내용중에 산업기술과 경영노하우를 많이 다룬것은 기술과 경영속에 디자인이 필요하고 발생하기 때문이다. 훌륭한 디자이너는 기업이 장사를 잘하도록 도와주는 디자이너가 되어야…

새로운 기술과 디자인 →
그것은 마음을 바꾸면서 시작된다.

본 저서는 수 십 권의 각 분야에 책을 탐독하여 연구한 것이다.

2011. 저자 **신 언 모**

1. 디자인 마케팅

최근 들어 우리나라 업계에서도 마케팅 개념에 대한 이해를 바탕으로 하여 기업활동을 조정하려는 움직임이 두드러지고 있다. 그러나 실제 마케팅은 마치 과거에 수행해 오던 단순한 판매나 광고에 대한 경험을 참고로 하려는 경향이 대부분이고 학술적 이론을 바탕으로 연구하려는 의지는 약한 경향을 보인다.

그러나 근대에 들어와서 재벌기업이 속출하면서 기업에서는 마케팅 부서를 독립시켜 운영하거나 더 나아가 기업 속에 경제연구소를 두고 본격적인 마케팅 활동을 전개하고 있다.

현대 사회는 고객의 다양한 욕구를 충족시키기 위한 준비를 갖춘 많은 기업들이 존재하므로 소비자는 자신의 욕구를 충족시켜 줄 제품을 직접 생산해내지 않고도 시장에서 돈과 교환하여 손쉽게 획득할 수 있다.

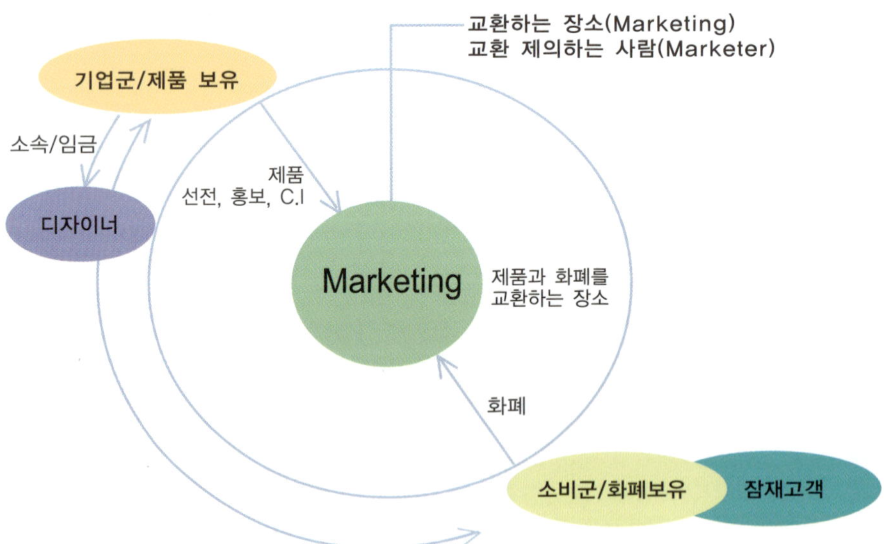

소비자의 욕구를 충족시키기 위하여 다양한 기업들이 활동하는 현대 산업 사회에서는 다른 사람의 생산물에 의존하여 자신의 욕구를 충족시키는 일이 보편적인 현상이 되었다. 따라서 기업은 소비자와의 교환을 전제로 생산에 참여하며 기업의 생존과 번영은 교환활동을 어떻게 바람직한 방향으로 또 효율적으로 유도하느냐에 따라 결정되는 것이다.

이러한 교환활동은 일반적으로 시장에서 일어나며, 기업의 생산물의 시장에서 교환되도록 추진하는 활동을 마켓(Market)의 동명사형으로서 마케팅(Marketing)이라 한다.

기업과 소비자 쌍방의 만족도를 극대화시키기 위하여 생산자와 소비자 사이에서 일어나는 교환과정을 강조한 정의에 따르면, 마케팅이란 (교환과정을 통하여 욕구와 필요를 충족시키려는 인간의 활동)을 뜻한다.

욕구란 인간의 생리적 또는 심리적 안녕을 위하여 충족되어야 하는 기본적 조건 또는 그러한 조건이 충족되어 있지 않은 상태를 말하는 것으로 인간이 타고 나는 것이다. 우리의 욕구란 기업이 창출하는 것이 아니라 인간이 타고나는 것이며 기업은 단지 여타의 사회적 영향과 함께 필요에 영향을 미칠 뿐이라는 사실에 유의해야 한다. 한편 기업도 자신의 생존과 번영을 위하여 필요한 여러 가지 자원을 교환을 통하여 획득하는데, 교환활동은 다음의 네 가지 상태를 선행조건으로 한다.

- 교환의 당사자 (양자)들이 존재한다.
  - 교환의 당사자 중 교환을 실현시키려고 주도권을 행사하는 사람을 마케터라 하며 그 상대방을 잠재고객이라 한다. 따라서 구매자든 판매자든 마케터가 될 수 있다.
- 각 당사자는 상대방에게 가치가 있는 제품, 화폐 등의 자원을 가지고 있다.
  - 기업은 제품을 생산하여 소비자를 만족시키며 소비자는 화폐의 자원을 가지고 있어 필요한 제품을 얻을 수 있다. 여기서 제품 등의 자원이 가지고 있는 가치는 곧 상대방의 욕구와 필요를 충족시켜 줄 수 있는 정도를 나타내는 개념이다.
- 각 당사자는 커뮤니케이션과 소유권 이전의 능력을 갖는다.

— 커뮤니케이션이란 대체로 정보의 제공과 상대방의 행동을 설득하려는 기능을 가지며 소유권은 제품 또는 서비스의 효율을 누릴 수 있는 권리를 뜻한다.

● 각 당사자는 상대방의 교환 제의를 자유로이 수락하거나 거부할 수 있다.

자유기업 제도하에서는 업종 선택의 자유와 소비의 자유가 보장되므로 교환이란 결국 상대방의 자유로운 선택권을 전제로 하는 것이다. 그러므로 제품을 생산하기에 앞서 기업의 이미지를 상승시키기 위해 광고와 홍보의 수단을 동원할 수 있으며 소비자를 위한 서비스를 개선하도록 노력해야 한다.

이러한 네 가지의 조건이 충족되었을 때 우리는 잠재적 교환이 존재한다고 하며 기업은 이러한 잠재적 교환을 자신에게 바람직한 방향으로 실현시키려고 노력하게 되는 것이다. 즉 마케팅이란 '잠재적인 교환을 실현시키기 위하여 시장에서 작용하는 일' 을 의미한다.

1) 소비자 구매의사 결정과 행동

① 소비자 구매의사 결정

'도대체 인간이 왜 특정한 행동을 하는가?' 에 대한 대답은 그가 그러한 행동을 취하도록 하는 동기가 부여(동기화)되었기 때문이다. 따라서 소비자의 모든 행동은 동기화의 과정으로부터 시작된다고 볼 수 있다.

가. 욕구의 동기화

인간은 생리적 또는 심리적인 안녕을 유지하기에 필요한 여러 가지 조건을 누구나 가지고 있는데, 이를 내재화된 기본적인 욕구라 한다. 이러한 조건에 내부적 또는 외부적 자극이 작용하면 욕구가 환기되어 개인은 현실적인 상태와 이상적인 상태 차이를 인식하며 불만족한 상태에 놓이게 되므로 그 차이를 충족시키기 위한 목표 지향적인 행동을 시작한다. 따라서 마케터는 소비자들에게 문제를 인식시키는 동기화 요인들은 충분히 이해함으로써 적절한 마케팅 자극을 구사하고 그러한 소비자 문제와 자신의 제품혜택을 연관시킬 수 있어야 한다.

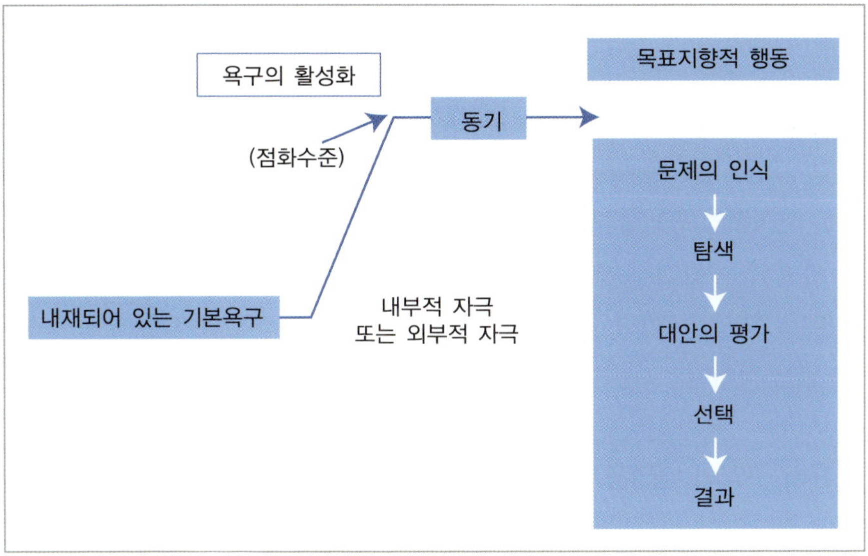

나. 점화수준

활성화된 욕구가 동기로 전환되기 위하여 필요한 최소한의 수준을 점화수준이라 한다. 그것은 학습에 의해 보강되며, 환경에 따라 변한다.

다. 기본적인 욕구

기본적인 욕구에 대하여 학자들간에 공통적인 분류체계가 존재하지 않으나 대체로 두 개의 범주, 즉 생리적 긴장 상태로부터 야기되는 생리적 욕구 (사랑, 위엄, 지위, 자아성취 등을 추구하는 욕구)로 구분하는 데 동의하고 있다.

② 고객의 구매 동기와 고객의 구분

고객의 구매 동기는 천차만별이다. 같은 상점에서 같은 물품을 구입했다 하더라도 그 구매 동기는 다를 수 있다.

구매 동기는 필요(궁핍, Need)에서부터 시작된다. 어떤 필요는 배고픔, 목마름, 신체적 불편함 등 생리적 관점에서 나타나며 또 다른 필요는 사회적인 인정, 존경 받음, 소속감 등 심리적인 상태에서 발생한다.

이 필요가 어느 수준까지 도달되면 이것이 구매 동기가 된다. 인간의 동기에 대한 심리학자 프로이트와 매슬로우 이론을 소개하면 다음과 같다.

가. 프로이트(Sigmund Freud)의 동기 이론

프로이트는 인간행동을 유발하는 심리적인 요인을 무의식이라고 보고 있다. 사람은 사회적인 규범을 지키기 위해 많은 욕구를 억제하며 살아가고 있다. 그러나 이 욕구는 완전히 제거할 수 없으며 통제할 수도 없어 꿈속에서 나타나며 말로써 표현되기도 한다. 따라서 사람은 자기의 근본적인 동기를 충분히 이해할 수 없는 것이다.

컴퓨터 구입의 내면동기

어떤 직장인이 개인용 컴퓨터를 구입하려고 할 때 동기를 물어보면 자기 취미를 살리기 위해서라거나 혹은 그 사용법을 충분히 익혀 직장에서 유용하게 쓸 수 있기 위한 것이라고 말할지도 모른다. 더 깊이 들어가면 그는 컴퓨터를 구입함으로써 자기가 현대화되었으며 젊음이 넘치고 유능하다고 생각되기 때문일 것이다. 따라서 컴퓨터의 성능뿐만 아니라 모양, 크기, 무게, 색깔, 재료, 케이스등이 구매에 직접 영향을 끼칠 수 있다. 예를 들면 단단하게 보이는 컴퓨터는 남성적인 느낌으로 이끌 수 있을 것이다.

다른 예를 들면,

- 소비자들은 일반적으로 말린 자두를 좋아하지 않는데 그 이유는 쭈글쭈글한 모양이 사람들로 하여금 나이가 많음을 연상시키기 때문이다.
- 남자들은 그들의 강한 남성상을 보여주기 위하여 독한 담배 연기를 풍기는 여송연을 좋아한다.
- 여자들은 빵을 구울 때 그 태도가 매우 신중한데 그 이유는 무의식적으로 출산을 하는 것으로 생각하기 때문이다.
- 여자들은 동물성보다 식물성 쇼트닝을 선호하는데 그 이유는 동물성 쇼트닝을 사용하는 것은 동물을 살상하는 느낌을 받기 때문이다.

나. 매슬로우(Abraham Maslow)의 동기 이론

매슬로우는 사람에 따라 어떤 사람은 자신의 안전 (편안함)을 원하는데, 또 다른 사람은 타인의 존경을 받기를 원하는 것을 연구하였다. 연구 결과 인간의 욕구는 절실히 요구되는 것과 그렇지 않은 것 등 욕구 자체가 여러 계층으로 이루어져 있다는 것을 밝혀냈다. 즉 제일 중요한 순서부터 말하자면 생리적인 욕구(배고픔, 목마름), 안정성의 욕구(보안, 보호), 사회적인 욕구(수량, 소속감), 존경받고 싶은 욕구(지위, 인정, 자존), 자기 실현의 욕구(자기 개발, 성취감) 등이 그것이다. 인간은 가장 중요한 욕구를 제일 먼저 만족시키려 하고 그것이 실현되면 그 다음 단계로 중요한 욕구를 만족시키려는 동기를 유발한다는 것이다.

예를 들면 (표 2)에서와 같이 배고픈 사람(욕구 1단계)은 지금 당장에는 예술의 세계(욕구 5단계)는 물론 타인으로부터 존경받고 싶어하는 욕구(욕구 3, 4단계) 또는 깨끗한 공기를 원하는 욕구(욕구 2단계)에는 관심이 없을 것이다.

앞에서 예를 든 컴퓨터를 사고 싶은 직장인은 이미 제1단계, 2단계, 3단계 욕구는 충족되었다고 볼 수 있다. 따라서 그에게 제4, 제5의 욕구를 충족시킬 수 있는 동기를 유발시켜 주지 않으면 개인용 컴퓨터는 판매하기 어려울 것이다.

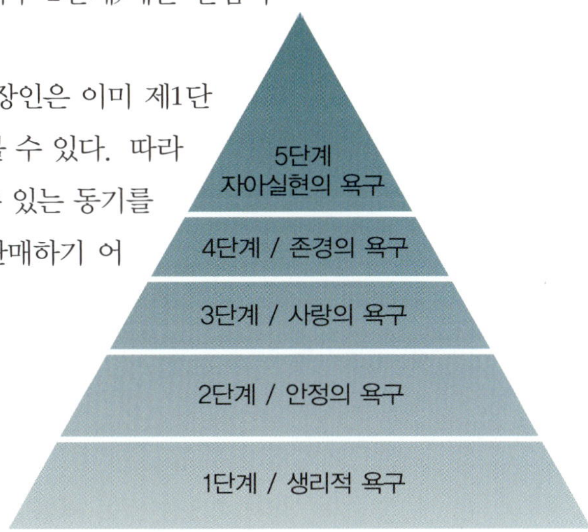

(표 2) 매슬로우의 인간 욕구의 5단계

3) 고객의 기타 구매 동기

개인적인 동기(motive)

소비자는 물건을 산다는 것 이외에 다음과 같은 구매 동기가 있을 수 있다. 자기의 역할 예를 들면 남편이 자기의 아내와 자녀들을 위하여 유명한 백화점에서 품질이 좋은 상품을 선물해야 한다고 생각하는 경우이다.

기분 전환 물건을 사기 위하여 돌아다니는 것은 일상생활로부터 탈출하여 해방감을 느낄 수 있는 시간을 가져다 준다고 생각된다. 새로운 제품을 구경한다거나, 패션의 변화를 알아보거나 새로운 자동차 전시회를 구경하는 것은 즐거움이 아닐 수 없다. 화려한 실내 상품 진열, 음악 등 화려한 실내 꾸밈새와 상품 진열, 아름다운 음악이 소비자에게 호의적인 반응을 불러일으킬 수 있을 것이다. 아름다운 음악이 있는 매장은 편안함을 주며 매장에서 시간을 더 보내도록 하고 그 점포에 자주 들리도록 한다는 보고서를 많이 볼 수 있다. 백화점에서 문화와 사회교육에 신경을 많이 쓰는 것은 이 때문이다.

사회적인 동기

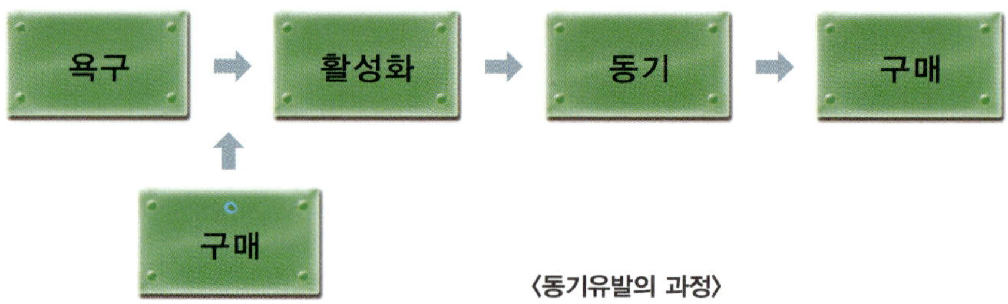

〈동기유발의 과정〉

〈사회적 경험〉

쇼핑은 집 밖에서 하는 사회적 활동무대가 되어가고 있다. 백화점은 친구를 만나며 새로운 친구를 사귈 수 있는 기회를 제공하고 있다. 따라서 백화점 내에서 요리 강습, 건강 강좌 등을 하게 되며 또한, 외로움과 무료함을 달래 주는 곳이 되기도 한다.

〈소속감〉

고급 식당을 자주 들리는 것은 자기의 신분이 높다는 것을 보여 주기 위한 뜻도 있으며, 10대 청소년들이 레코드 상점에 자주 방문하는 것은 팝송을 좋아하는 동년배와 동일하다는 소속감을 충족시켜주는 이유가 있기 때문이다.

〈이기심의 만족〉

어떤 소비자는 값을 흥정하는 것을 즐기기도 한다. 값을 깎고 흥정함으로써 이기심을 만족시킬 수도 있다.

소비자 고객의 형태와 성격

상품은 구매하는 태도에 따라 고객의 형태를 다음과 같이 구별할 수 있다.

〈철저한 고객〉

돈을 아끼는 고객으로 상품으로 가격이 품질에 비하여 적절히 정하여졌는가를 따지며 점포의 세일 기간이나 특정 상품의 할인기간에 구매를 한다.

〈실질적인 고객〉

이 고객은 상품에 대하여 풍부한 지식을 가지고 있으며 실질적이고 집요한 고객으로 소매상의 구조와 여러 소매상의 상품구색을 익히 알고 있어 자신이 필요한 상품을 여기저기서 골라 사는 형태의 고객이다.

〈현대식 고객〉

이들은 고등교육을 받고 안정된 직업을 가졌으며 패션에 민감한 고소득층이다. 이들은 가격에 별로 신경 쓰지 않으며 빈틈이 없어, 그들에게 필요한 상품을 잘 골라 구색을 맞춘 전문 소매상을 좋아한다.

〈저소득층 고객〉

나이가 들어 소득이 적거나 기타 저소득층의 고객으로서 값싼 상품을 선호하는 고객이다.

〈젊은층 고객〉

대학 교육을 받고 직업에 대한 희망이 있으나 아직은 소득이 많지 않은 젊은층으로서 가격에 민감하다.

단골 고객과 제2고객, 기타 고객

다양한 고객의 욕구를 전부 맞추어 주기에는 어려움이 있기 때문에 기업은 단골 고객과 기타 고객의 욕구를 구분할 필요가 있다.

〈단골 고객〉

단골 고객은 상품을 구입하고자 할 때 당사의 제품을 첫 번째로 찾는 고객이다. 이 단골 고객의 숫자는 적지만 판매금액으로 보면 훨씬 많아 매출에 큰 변화를 주게 된다.

〈제2고객〉

이 고객은 단골 고객과 같이 계속적, 정기적으로 당사의 제품을 구입하지는 않지만 제품의 품질과 가격을 비교하여 유리할 경우에 구매하는 고객이다.

〈기타 고객〉

드물게 가끔 구매하는 고객이다. 영업 책임자는 제2고객, 기타 고객도 환영하여 맞이하여야 하지만 그들의 욕구를 전부 충족하기는 어렵기 때문에 상품구색이나 서비스, 매장 내부의 치장 등은 단골 고객 위주로 하여야 한다.

2) 고객의 구매의사 결정과정

고객이 합리적인 구매의사 결정을 할 때에는 문제의 인식, 정보탐색, 대안의 평가, 구매결정, 구매, 그리고 구매 후 행동 등의 여섯 단계를 거친다.

① 문제의 인식

고객이 사물의 이상적인 형태와 현실적인 상태 사이에 정도 이상의 큰 차이를 느낄 때 문제를 인식하게 된다. 스테레오 라디오로부터 흘러 나오는 은은한 음악과 함께 책을 읽으면 공부가 저절로 될 것 같은데 현실적으로 스테레오가 없다면 스테레오 구매에 대한 문제를 지각할 수 있다.

또 갖고 싶어하는 스테레오와 현재 소유하고 있는 스테레오의 질적 차이가 큰 경우도 문제로 인식될 수 있다. 볼펜의 잉크가 말라서 더 이상 글씨를 쓸 수 없는 것도 이상적인 상태가 아니며 따라서 불편이나 문제를 느끼는 계기가 된다.

소비를 위한 문제의 인식은 일상생활에서 항상 경험하는 일이다. 그러나 문제를 인식하는 보다 중요한 계기는 소비자에게 각종 변화가 왔을 때이다.

사람은 항상 변화와 발전을 추구한다. 따라서 어떤 변화는 이들의 노력의 결과로 얻어진다.

그러나 어떤 변화는 본인의 의사와 관계없이 찾아오기도 한다. 사람에게 발생하는 변화를 이동(mobility)의 개념으로 나타내는 경우가 있는데 이때 이동은 주거의 장소가 이동되는 지리적 이동(Geographical mobility), 사회적 이동(Social mobility), 그리고 심리적 이동(Phychological mobility)으로 구분된다.

• 지리적 이동(Geographical mobility)은 생활환경의 변화를 의미하며 따라서 바뀐 환경에 대처하자면 새로운 생활용품이 필요하게 된다.

• 사회적 이동(Social mobility)은 어느 사회이든지 교육수준과 부의 수준의 차이에서 연유되는 사화계층이 있게 마련이며 사회 구성원은 현재 그들이 속해 있는 계층으로부터 상위계층으로 뛰어 오르려고 부단히 노력한다. 이렇게 사회계층의 사다리를 따라 오르는 것을 사회적 이동이라고 한다.

• 심리적 이동(Phychological mobility)은 자아나 개성 등 심리적인 요인에 변화가 오는 것을 말한다.

이때 위의 두 경우처럼 새로운 자아나 개성에 보다 일관성이 있는 상품에 대한 욕구의 태동을 느끼는 것이 상식이며 이것이 곧 문제의 인식이다.

② 정보의 탐색

소비자가 문제를 인식하면 그 문제를 해소하기 위한 노력을 보이게 되는데 그러한 노력중에서도 우선 문제해소를 위한 각종 정보의 수집에 착수하게 된다. 정보탐색에는 내적 탐색(Internal search)과 외적 탐색(External search) 두 가지가 있다.

내적 탐색이란 이미 기억되어 있는 정보 중에 당면한 문제를 해결하는 데 쓸 수 있는 것을 가려내는 활동을 말한다. 반면에 외부환경으로부터 추가적으로 필요한 정보를 입수하는 것은 외적 탐색이라고 부른다. 문제를 인식한 뒤의 정보탐색 활동은 우선 내적 탐색으로부터 시작된다. 만일 내적 탐색의 결과로 얻어진 정보가 양과 질의 만족스러운 수준이면 외적 탐색은 생략된다. 그러나 기억된 정보가 양과 질적 측면에서 만족스럽지 못하다는 판단이 내려지면 외부로부터 추가적인 정보를 탐색해 들어 오는 것이 정상이다.

밖으로부터 정보를 추가 입수하느냐의 여부는 그 정보의 가치와 그 정보를 입수하는 데 소요되는 비용에 달려 있다. 외적 정보는 그 가치가 높을수록 이것에 대한 추가적 수집활동이 활발해지고 입수하는 데 소요되는 비용이 높아질수록 정보수집 활동은 둔화된다.

③ 대안의 평가

정보탐색 단계에서 소비자는 문제해결을 위한 대안상품과 이들 각 상품이 가지고 있는 특징에 관한 정보를 모은다. 대안의 평가단계에서는 모아진 정보를 바탕으로 각 대안상품 중에서 어느 하나를 가려내기 위한 평가를 실시한다.

소비자가 대안을 평가할 때 시장에 나와 있는 모든 대안을 그 대상으로 삼지는 않는다. 상품의 따라서는 시장에 존재하는 브랜드 두세 개 정도밖에 안 되는 경우도 있지만, 설사 구매 가능한 브랜드가 무수히 많다 할지라도 소비자가 막상 구매 고려 대상으로 채택하는 브랜드의 세트(set)를 고려대안조(evoked set)라고 한다.

제한된 수의 고려대안조가 불가피하게 되는 데는 몇 가지 이유가 있다. 첫째, 소비자가 아무리 활발하게 정보탐색을 한다 하더라도 시간적, 장소적 한계를 완전히 극복하지는 못한다. 둘째, 정보를 탐색하는 단계에서 몇몇 중요한 평가기준을 적용해 볼 때 분명히 부적절하다고 판단되는 대안은 고려대상에서 아예 제거해 버린다. 예컨대 프라이드 수준의 승용차를 구입하려는 소비자에게 있어서 그랜저, 소나타 등은 고려할 가치가 없을 만큼 부적절한 대안일 것이다.

셋째, 소비자가 한꺼번에 무한정 많은 정보를 다룰 수 있는 것이 아니다.

즉 사람의 머리는 그 정보처리 용량에 있어서 한계가 있으며 이것은 상품구매를 위한 경우에도 예외가 될 수 없다. 따라서 한정된 수의 브랜드만 고려하는 것이 불가피하다.

일단 고려대안조에 들어 있는 브랜드는 그 우열을 가리기 위해 평가를 받게 되는데, 그렇게 하려면 평가 기준이 있어야 한다. 대안브랜드의 평가기준은 구매결정을 하는 사람, 상품의 성격, 그리고 구매상황 등에 따라 다르다.

넉넉치 못한 사람은 가격기준을 적용할 것이고 경제적으로 여유가 있는 소비자는 품질과 스타일이 보다 중요한 평가기준일 확률이 높다. 그리고 불경기와 같은 분위기에서는 가격 등 경제적인 기준의 중요성이 새삼 강조되는 경우가 많다.

사무용 가구처럼 실용적인 측면의 문제가 되는 상품은 가격과 내구성이, 그리고 같은 가구라도 손님접대에 쓰일 거실 가구는 색상과 스타일 등이 각각 평가기준으로 채택되기 쉽다.

일반적으로 해당 소바자에게 중요하고 제품 자체가 복잡하면 보다 많은 기준이 동원된다. 이렇게 복수의 기준이 사용될 경우 소비자는 대안을 평가하는 과정에서 우선 평가할 평가기준을 찾아낸 다음 이들 기준들 사이의 상대적인 중요성을 결정하고 나서 대안을 평가하는 순서를 따르게 된다.

④ 구매결정

고려대안조 안에 있는 브랜드에 대안 평가가 끝나면 우열이 결정된다. 소비자는 물론 이 중에서 가장 나은 대안을 선택하여 이를 구매하겠다는 결정을 내리는 것이 상식이다. 그러나 이러한 결정이 반드시 구매로 이어지지 않는 때도 많다. 구매하기로 한 브랜드가 이웃상점에 없을 수도 있고 또 있다 하더라도 남아 있는 상품의 색상이나 사이즈가 적합하지 못할 수도 있다. 때로는 구매우선순위에 있어서 비록 제2 또는 제3의 순위 밖에 얻지 못한 브랜드라도 할인 판매되는 것을 목격하고 이를 선택할 수도 있다.

⑤ 구매

정보의 탐색을 제외하고는 구매결정이 이루어지는 과정까지는 심리적이고 내적이기 때문에 좀처럼 겉으로 나타나지 않는다. 그러나 구매는 이러한 심리적 내적 과정의 결과로 발생하는 구체적인 행위로서 겉으로 표출되며 따라서 관찰이 가능한 소비자 행동의 일부분에 지나지 않는다.

점포의 위치

고객은 되도록 적은 노력으로 가까운 곳에서 상품구입을 바라기 때문에 점포의 위치는 가까울수록 고객의 선택을 받을 가능성이 높다. 그러나 상품의 종류에 따라서는 거리나 기타의 불편을 감수하고라도 자기가 원하는 점포가 아니고는 쇼핑을 하지 않는 상품이 있다.

예를 들어 고급 카메라처럼 전문성이 높아 소비자가 믿을 수 있는 곳에서만 구입하려고 하는 상품이 그 좋은 예이다. 그러므로 구입하는 상황에 따라 선매품(shopping goods)과 전문품(specialty goods)의 두 가지로 구분할 수 있다.

디스플레이(display)

최근 슈퍼마켓 등 많은 점포들이 셀프서비스(self-service) 형식을 빌어 운영되는 경우가 많은데 이런 경우에 진열의 중요성은 절대적이다. 불리한 위치에 진열된 상품은 소비자의 주목도 선택도 받을 수 없기 때문이다. 특정 브랜드가 보다 많이 팔려나가려면 그 브랜드가 진열대 위에서 차지하는 전 면적이 넓어야 하며 진열 높이도 적절해야 한다. 적절한 높이란 고객의 눈높이에서 아래위로 15도를 넘지 않는 범위를 말한다.

⑥ 구매 후의 행동

흔히 구매가 소비자 구매 의사결정의 최종단계라고 보아서 구매행위가 이루어지면 모든 것이 끝났다고 생각하는 경향이 있다. 그러나 소비자의 구매와 관련된 심리적 과정은 구매 후에도 계속될 뿐 아니라 이러한 과정은 심리적 과정으로만 끝나는 것이 아니라 여러 가지 행동으로 나타난다. 특정 상품을 구매한 후 이와 관련해서 그 소비자가 경험하는 심리적 과정 및 육체적 행위를 구매 후 행동(post-purchase behavior)이라고 한다. 그 중 하나는 만족(satisfaction) 또는 불만족(dissatisfaction)이고 다른 하나는 인지 부조화(connitive dissonance)이다. 이와 같이 우리는 소비자로서 구매 후에 종종 인지 부조화를 경험한다. 인지 부조화란 특정 브랜드를 선택하여 구매한 고객이 자기의 선택이 합리적이었는지의 여부에 대해 느끼는 심리적 불안을 의미한다.

소비자 행동

〈문화〉

인간의 행동은 대체로 학습된 것이므로 문화란 개인의 필요와 행동에 영향을 미치는 가장 근본적인 결정 인자이며 문화 집단의 근거는 협동에서 비롯된다.

효과적인 커뮤니케이션이나 마케팅 전략을 세우기 위해서는 표적 시장의 문화를 고려해야 한다.

〈사회계층〉

소비자의 지각과 구매행동에 영향을 미치는 또 다른 요인은 그들이 속해 있는 사회계층인데, 이것은 중고등학교에서 실시하는 가정환경 조사서에서 가정을 상, 중, 하로 분류하는 것과 흡사하다. 동일한 사회계층 내에 속하는 사람들은 유사한 욕구를 가지며 공식, 비공식적으로 상호작용을 갖기 때문에 소비자 구매행동에 있어서 유사한 반응을 보이는 경향이 있다.

〈준거집단 〉

준거집단이란 개인이 자기평가와 태도형성을 위한 준거체계로 받아들이는 집단으로 그가 속하고 있거나 소속되기를 원하는 집단이다.

준거집단의 유형

〈회원 준거집단〉

출생지, 가정, 성별 등 개인이 자동적으로 속하는 집단

〈열망적 준거집단〉

화랑 축구팀, 상류사회, 대학 졸업자와 같이 개인이 속하기를 열망하는 집단

〈해리적 준거집단〉

개인이 속하기를 원하지 않거나 속하는 것으로 인식되기를 원치 않는 집단

〈가정〉

한 개인의 의사 결정은 자신의 욕구를 근거로 내려지지만 가족 단위의 욕구를 반영하는 여러가지 가계 구매 의사결정(승용차, 세탁기, 주택 등의 구매)은 공동으로 이루어지든가 가족 구성원간에 역할이 분담되기도 한다.

자치적 비슷한 수의 의사결정이 부부 각자에 의해 독자적으로 행해지는 경우

남편 지배적

부인 지배적

공동적 대부분의 의사 결정이 부부 공동으로 행해질 경우

가정의 인구 통계적 구조도 역시 가정의 소비와 구매과정을 이해하는 데 중요하다. 예를 들면 6명으로 구성되어 있는 가정은 3명으로 구성되어 있는 가정과 식품 구매량이 다를 것이다. 그리고 신혼 부부인 가정과 중·고등학생이 있는 가정은 구매 유형에 있어서 대단히 다를 것이다.

3) 마케팅과 디자이너의 역할

앞에서 마케팅에 대해 설명한 바와 같이 디자이너는 교환 당사자, 즉 생산자와 소비자의 양쪽에서 교환활동을 위하여 커뮤니케이션을 도와주며 판매촉진을 위하여 활동하게 된다. 또한 마케팅의 향상을 위하여 소비자 속에 잠재하고 있는 잠재고객의 개발을 위하여 꾸준한 홍보와 설득의 노력이 필요하게 된다.

마케팅의 기능

마케팅은 대체로 수요를 규제하는 기능과 창출된 수요를 충족시키는 기능을 가진다. 이러한 기능을 효과적으로 수행하기 위하여 마케팅은 여러 가지 활동으로 구성되는데, 그것은 모두가 교환이 효율적으로 이루어지도록 하기 위해 필요한 것들이다.

4) 마케팅 관리의 목표

마케팅 관리의 목표로서 마케팅 관리는 잠재적 교환의 한 당사자(기업)가 상대방(고객)으로부터 바람직한 반응을 얻어내려는 목표와 이를 달성하기 위한 수단을 고려함으로써 발생한다.

즉 마케팅 관리란 '기업의 목표달성을 위하여 고객(표적시장)과의 관계를 개발하고 유지하기 위한 프로그램을 분석, 계획, 수행, 통제하는 경영관리의 활동'이라고 정의할 수 있다.

가장 일반적인 관점에서 마케팅 관리의 목표는 기업이 무엇을 생산하든간에 시장에서의 판매를 극대화하는 것이다. 마케팅의 과업은 소비자 기호를 포착하고 이에 적절한 제품과 서비스의 믹스를 창출함으로써 표적시장을 위하여 가치(교환의 상대방에게 유용한 것)를 창출하는 일이 된다.

5) 미시 마케팅과 거시 마케팅

① 미시 마케팅

'고객의 욕구를 찾아내고 그러한 욕구를 충족시켜줄 제품이나 서비스를 생산하여 생산자로부터 고객에게 이르도록 함으로써 기업의 목표를 달성하려는 활동' 으로 정의된다. 즉 마케팅을 고객의 욕구를 충족시키기 위하여 개별 기업이 수행하는 활동으로 정의하고 평가하는 관점을 말한다.

② 거시 마케팅

'소비 가치를 교환하려는 사회 전체 구성원들의 욕구를 효과적 및 효율적으로 해결하기 위하여 한 사회 내에서 필연적으로 발전한 사회적 과정' 으로 정의된다. 즉 이질적인 공급 능력을 이질적인 수요와 효과적으로 대응시키고 사회의 장 · 단기 목표를 달성할 수 있도록 전체 경제의 제품과 서비스를 생산자들로부터 소비자들에게 흐르도록 하는 사회 경제적인 활동인 것이다. 마케팅은 개별기업이 수행하는 활동이면서 동시에 사회적 과정이다.

즉 마케팅은 미시적 관점과 거시적 관점 모두에서 존재하며 고객과 그들에 봉사하는 조직에 초점을 둔 미시 마케팅에 대한 정의와 전체적인 생산 유통 시스템에 초점을 둔 거시 마케팅에 대한 정의로 대별할 수 있다.

6) 마케팅의 적용범위

기본적인 마케팅 개념은 비기업조직과 사회적인 문제 해결에 적용될 수 있다. 예를 들어 병원의 환자는 고객이 되며, 효율적이고 효과적인 의료 서비스는 조직의 기본적인 목표가 되는 것으로서, 이러한 상황은 마케팅 개념의 적용을 시사한다.

〈비기업조직과 고객〉

조직	제품	고객집단
박물관	문화적 감상	일반공증
정당	정직한 정부	유권자 대중
종교단체	신앙	신도
대학	교육	학생
가족계획협회	산아제한	가입여성
경찰	치안	

조직이 시장에 제공하는 제품은 1960년대 이후 제품과 서비스 이외의 많은 것을 포함하는 개념으로 확대되었으며 다음과 같은 형태를 취한다.

- 유형의 제품
- 무형의 서비스
- 사람 / 가수, 탤런트 등
- 장소 / 관광지나 쇼핑센터 등
- 조직 / 정당이나 적십자사 등
- 아이디어 / 민주주의나 충효사상 등
- 활동 / 사회봉사나 여행, 운동 등

따라서 제품은 욕구나 필요의 충족을 전달해줄 수 있는 모든 수단을 포괄한다.

7) 신제품 전략 기획 (8단계)

신제품이란 기업이 새롭게 출시하는 신제품 개념이 아니라 소비자의 관점에서 새로운 상품을 의미한다. 다시 말해 소비자들이 사용해 보고 기능 디자인 효과에서 뭔가 달라졌다는 것을 느끼고 있을 때 비로소 신제품이라 함,

1단계 / 4Cs분석

4Cs는 소비자(Consumer), 자사(Company), 경쟁사(Competitors), 채널(Channel)의 약자로서 과거에는 3Cs로 활용되다가 새롭게 채널 이슈가 부각되면서 4Cs분석이 광범위하게 활용되고 있다.

4cs분석을 통한 전략방향 도출

구 분	주요내용
소비자	분석소비자의 소비형태 분석 고객의 소리 경청 (아이디어, 홈페이지, 클레임 등)
자사 분석	자사의 시장경쟁력 분석 시장점유율, 광고비점유율 추적관리
경쟁사 분석	채널별 유통다변화에 따른 매출증감 분석 지역별, 상권별, 유형별 추이분석
채널 분석	전체시장 성장 및 추이 분석 경쟁사의 동향에 예의주시 해외시장 정보 조사

위와 같은 4Cs를 분석하다 보면 자시가 신제품을 출시해야만 하는 당위성과 목적이 뚜렷해지고 향후 전략방향에 대한 의사결정을 단행할 수 있다.

2단계 / 신제품 컨셉 도출

4Cs 분석 후 마케터는 신제품개발에서 가장 중요하다고 할 수 있는 신제품 컨셉을 도출하는 일이다.

여기에서 신제품의 디자인 컨셉을 설정하는 일도 중요하다.

3단계 / 소비자 조사

소비자의 가장 큰 목적은 마케터가 출시하려는 신제품에 대한 검증과 전략적 시사점을 도출하는데 있다.

대부분의 기업들은 자신이 종사하는 분야에서 이미 조사해온 풍부한 조사 자료를 가지고 있고 여러 가지 논문이나 문헌을 통해 원하는 이슈에 대해 어느 정도 예측이 가능할 수도 있다.

소비자 조사는 결과 자체보다 시장의 상황에 따라 이를 정확하게 해석할 수 있는 능력이 더 중요하다.

4단계 / 시장세분화 전략

고객의 니즈와 욕구에 따른 시장세분화 전략은 신제품 개발을 위한 로드맵이자 설계도면이다.

신제품에 진입할 때에는 여러 가지 변수들을 고려해야 하는데 여기서 시장의 변수라 함은 가격, 중량, 제품의 형태, 크기, 상태, 소비자의 라이프 스타일 등 신체품 구매와 관련된 의사결정 요인들에 영향력을 미칠 수 있는 모든 요소를 말한다. 이러한 시장세분화는 기존제품의 경쟁력을 점검하는데도 사용되고 있으나 시장의 변화가 심하기 때문에 추적 관리가 필요하다.

5단계, 타겟팅 전략

시장세분화 전략 수립 후 표적시장을 설정하는 것이 타겟팅 (Targeting)전략이다.

이러한 타겟팅은 4Cs를 고려해 수립해야 하며 누구를 대상으로 어떻게 판매할 것인지 표적 고객을 설정해야 한다. 타겟팅 전략 방향의 유형을 보면 불특정 다수에 티켓을 두는 무차별 마켓팅, 특정한 고객이나 시장공략을 하는 전략으로 대부분기업에서 채택하고 있는 차별적 마켓팅.

초점을 표적고객이나 시장에 맞추는 니치 마케팅

전략적인 집중 마켓팅으로 나눌 수 있다.

6단계 / 포지셔닝 전략

포지셔닝(Positioning)이란 간단하게 자사 브랜드가 소비자의 마음속에 어떻게 자리매김하는지를 말한다. 따라서 신제품의 핵심적인 포인트를 구축할 때는 다양한 혜택을 제공하는 양적접근도 중요하지나 소비자의 마음속에 심고자 하는 뚜렷한 단어 (one word)도 매우 중요하다.

포지셔닝은 기억하기 쉽고, 단순한 메시지로 명쾌하게 떨어질수록 효과적이다. 이처럼 명쾌한 포지셔닝 키워드를 찾기 위해서는 먼저 신제품 컨셉이 명확해야 한다.

7단계 / 차별화전략

차별화 STP 전략의 각 부분에서 실행되어야 할 성공의 열쇠이다. 따라서 신제품 개발을 담당하는 마케터는 고정관념에서 벗어나 항상 차별화를 염두에 두지 않으면 안된다. 신제품 설계시 차별화 수단은 STP전략(핵심역량은 더욱 강화, 취약점은 보완), 커뮤니케이션(신상품 컨셉과 일치하되 차별화된 전략 고려), 채널전략(경쟁사가 운영하고 있는 채널과 차별화 고려), 디자인 설계(포장형대, 재질, 컬러 디사인 능), 프로모션(신상품 컨셉에 맞는 프로모션 기획), 브랜드 전략(신상품 컨셉과 일치한 브랜드 설계) 등의 차별화된 전략이 필요하다.

8단계 / SWOT분석

SWOT 분석이란 신제품에 영향을 미치는 마케팅 요인을 자사의 내부적인 측면에서의 강점(Strength)과 약점(Weakness) 그리고 외부적인 측면에서의 기회요소(opportunity)과 위협요소 (Threat)으로 구분해 체계적인 마케팅 요인을 분석함으로써 신제품에 대한 경쟁적 우위요소는 더욱 강화하고 약점이나 위험요소는 보완하기위한 마케팅 전략을 말한다.

(자료, 대한민국 일등상품 마케팅 전략, 조서한. 추성엽 저)

8) 신제품 전략용어

① 마케팅 믹스

사업을 하려면 우선적으로 마케팅을 알아야 한다. 마케팅하면 쉽게 장사 잘하는 것, 물건을 잘 파는 것, 판촉을 잘하는 것쯤으로 알고 있다. 물론 맞는 말이기도 하지만 마케팅을 좀더 잘하려면 마케팅 전략 요소들에 대한 깊은 이해가 전제되어야 하고, 그것을 사업에 직접 적용시킬 줄 알아야 한다.

일반적으로 마케팅 전략요소하면 4P로 대변된다. 즉 마케팅 4P란 제품(product), 가격(price), 유통(place), 촉진(promotion)의 앞 이니셜 'P'를 상징한다. 이 마케팅 믹스 4P는 1960년 이후로 마케팅의 대명사처럼 이용되어 왔고 상당한 성과가 입증되기도 했다. 이와 같이 4P는 마케팅 전략요소로 제조업에서 대량생산 대량판매할 때 유용한 개념으로 활용되어 왔으나 서비스 업종에서는 제품의 생산주체가 공장이나 하드웨어가 아니라 사람과 소프트웨어이므로 기존의 마케팅 믹스인 4P에 추가적으로 사람(people)이 들어가서 5P가 성립될 수 있다. 일반적으로 마케팅 이론에서 4P로 이야기하나 서비스업에서는 사람과 고객이 중요하므로 여기에서는 전략요소를 5P로 대입하는 경우도 있다.

〈마케팅 믹스〉

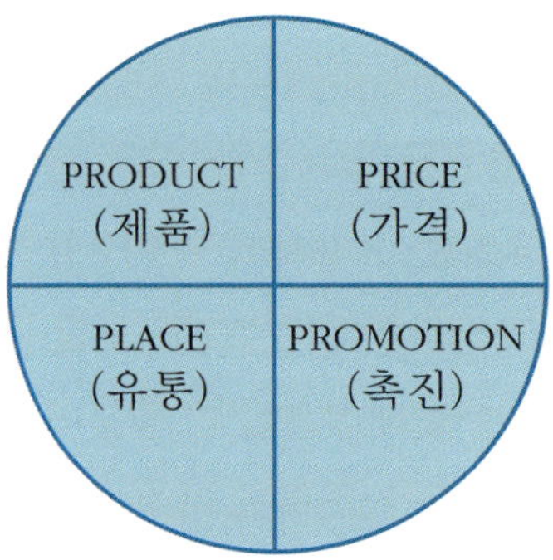

제품마케팅 4P

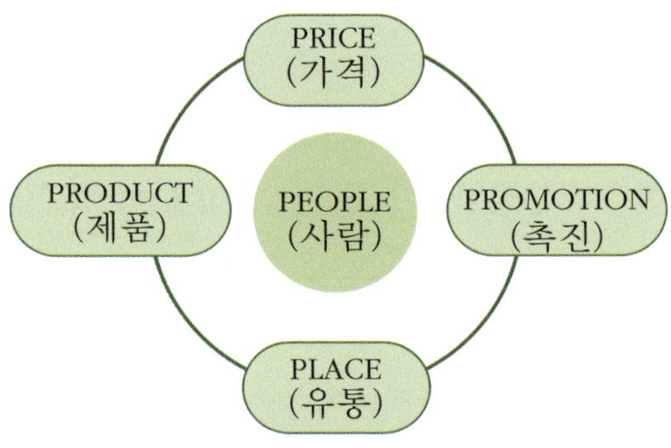

감성마케팅 5P

마케팅 믹스란 기업의 시스템의 핵심을 구성하는 통제가능한 마케팅 도구들의 독특한 결합을 나타낸다. 기본적인 마케팅 도구들은 학자에 따라 다르지만 일반적으로 제품, 가격, 유통경로, 촉진으로 설명할 수 있다.

- 제품믹스 : 최적의 제품이나 서비스의 개발

  기업이 표적시장에 제공할 제품이나 서비스를 개발하는 문제에 관련된 변수들의 조합이다.(상표, 스타일, 색채, 제품계열, 보증)

- 경로믹스 : 표적시장에 제품을 공급하는 방법
  마케터는 언제, 어디서, 누구를 통하여 제품을 고객에게 공급할 것인지를 결정해야 하는데, 이러한 의사결정에 관련된 변수의 조합은 마케팅 믹스의 다른 측면인 경로믹스이다.(수송, 보관, 재고, 중간상인)
- 가격믹스 : 공정한 가격의 결정
  기업은 표적시장에 있어서 경쟁의 성격과 현재 통용되고 있는 마크업, 할인, 거래조건 등을 검토함으로써 자신의 마케팅 믹스를 소비자가 매력적인 것으로 여기도록 해야 하는데 이와 관련되는 의사결정 변수들의 조합이 가격믹스다.(수량할인, 현금할인, 거래할인)
- 촉진믹스 : 정보의 제공 및 구매의 설득
  네 번째 하위믹스인 촉진믹스는 최적의 제품이 적당한 장소에서 적당한 가격으로 판매되고 있음을 표적시장에 커뮤니케이션하는 방법과 관련되는 의사결정이다.(광고, 홍보, 인적 판매, 판매촉진)

② 시장 세분화(Segmentation)

소비자는 노인, 중년, 청년, 여자, 남자, 돈 많은 사람, 돈 없는 사람, 고등 교육을 받은 사람, 그렇지 못한 사람, 가족이 많은 사람, 적은 사람, 돈 잘 쓰는 사람, 구두쇠, 경상도 사람, 전라도 사람, 경기도 사람 등 아주 다양하며 그들이 선호하는 것 또한 매우 다양하다.

그러므로 이들 소비자 전부를 만족시키는 제품은 있을 수 없다. 이들 모두를 만족시킨다는 것은 모호한 제품이 될 수밖에 없다. 따라서 어느 층을 대상으로 하여 물건을 만드는 것이냐가 중요한 요소가 된다. 소비자층을 구분하여 타깃을 정하고 그에 맞는 물건을 판매하는 것을 시장 세분화 (Segmentation)라고 한다.

아이스크림, 햄버거, Pop Song 등은 젊은이에게, 구두쇠에게는 싼 물건을, 인공 조미료는 저소득층에게 고급차는 부자에게, 흘러간 옛 노래는 장년, 노인층에게 권해야 하는 것이다. 슈퍼마켓에 들어가 보면 한 가지 상품에 대해서도 매우 많은 종류의 상품이 있는 것을 보게 된다. 예를 들어 청량음료를 살펴 보면 이중에는 설탕이 가미된 것과 가미되지 않은 것이 있고, 첨가된 향의 종류도 다양하며, 용기의 크기도 가지가지이다. 이들 중 어떤 음료(설탕이 가미되지 않은 음료)는 뚱뚱하거나 건강에 관심이 많은 고객을 위한 것이고, 어떤 음료는 젊은층 혹은 노인층을 위한 것이며, 어떤 것은 가격에 민감한 고객을 위한 것이다. 여기서 우리는 시장 세분화의 개념을 볼 수 있다. 청량음료 회사들은 소비자들의 욕구(need)가 다양하다는 것을 인식하고 이들을 어떤 기준(건강에 대한 관심, 연령층, 가격에 대한 민감도)에 따라 동질적 집단으로 구분한 뒤 각각의 집단에 알맞은 상품을 개발한 것이다.

시장을 몇 개로 구분한 것은 다양한 전체 시장을 상대하는 것보다 비교적 동질적인 부분시장으로 대상을 국한시키는 것이 마케팅 믹스 선정에 수월하기 때문이다. 이로부터 시장 세분화란 보다 효과적인 마케팅 믹스의 개발을 위해서 전체시장을 상품에 대한 욕구가 비슷한 혹은 영업활동에 의미 있는 동질적 부분시장으로 나누는 직업이라고 정의할 수 있다. 그리고 이렇게 나누어진 동질적인 부분시장을 세분시장(Segmentation)이라고 하고, 이중에서도 기업이 구체적인 마케팅 믹스를 개발하여 상대하려는 세분시장을 표적시장(target market)이라고 한다.

시장 세분화의 개념이 개발되기 전에는 마케팅 담당자들은 전체 시장을 단일한 실체로 보았다. 따라서 이들은 한 가지 상품만으로 한 가지 마케팅 믹스를 사용해서 시장의 전체고객을 상대하려 하였다. 이것을 비차별적 마케팅(undifferentiated marketing)이라 하는데 이는 시장 세분화와 대립되는 개념이다. 비차별적 마케팅에서는 규모의 경제를 극대화하는 데 주목적을 두고 대량생산, 대량유통, 대량 광고전략을 주로 사용한다. 그러나 비차별적 마케팅이 실효를 거둘 수 있는 분야는 밀가루, 설탕 등의 기초식품과 가솔린 등과 같은 제품 또는 서비스에 대한 욕구가 거의 동질적인 분야에 국한된다.

비차별적 마케팅을 하는 기업도 대개는 그들의 제품 또는 서비스가 경쟁사의 것보다 우수하다는 점을 소비자들에게 인식시키려 하는데, 이를 제품 차별화(product differention)라 한다. 그러나 이들이 실제로 제품 또는 서비스를 크게 변화시키는 경우는 매우 드물다. 왜냐하면, 그 제품 또는 서비스에 대한 고객의 욕구는 거의 동질적이므로 제품을 변화시키기가 어렵기 때문이다. 따라서 이들은 대량광고를 통해서 몇가지 사소한 차이점을 크게 강조하게 된다.

③ 표적시장(Target market)

표적시장이란 기업이 구체적인 마케팅 믹스를 개발하여 특수한 시장을 겨냥하고 상대하려는 세분시장을 말한다.

표적시장이란 그림과 같은 세분시장 중에서 기업의 능력과 시장의 매력을 평가해 본 결과, 월 소득이 30~50만원인 고객의 욕구에 맞추어 자동차를 생산할 때 세단형을 생산하는 것이 가장 유리하다는 결론을 얻었다면 그것이 이 기업의 표적시장이 된다. 즉 기업의 목표를 달성하기 위하여 마케팅 노력을 집중시킬 고객의 집단을 말한다.

표적시장 결정방법은 크게 두 가지로 구분할 수 있다. 하나는 비세분화 마케팅전략으로서 이는 시장 세분화의 개념을 무시하고 시장의 동질적 측면에 주목하는 방법이다. 다른 하나는 시장세분화의 개념을 이용해서 세분시장을 선택하는 복수 세분시장(multi segments)전략과 집중전략(concentration)을 포함한다.

고객의 욕구를 효과적으로 충족시키기 위해서는 먼저 봉사할 시장의 여러가지 특성을 분석해야 한다.

〈시장(고객집단) 9개의 세분시장〉

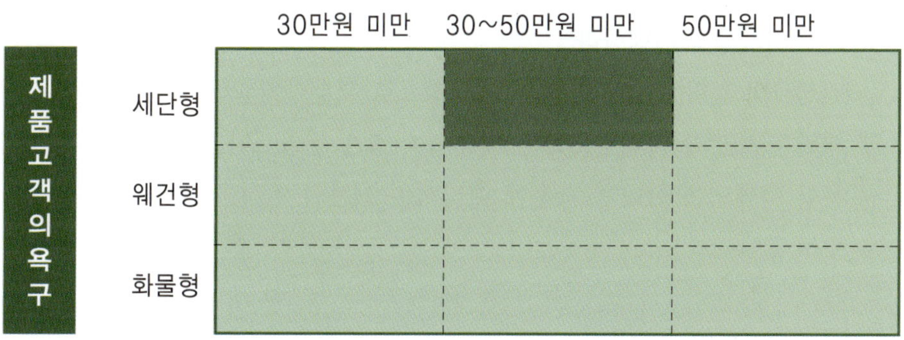

a. 어떠한 소비자로 구성되는가?

b. 무엇을 구매하는가?

c. 언제 구매하는가?

d. 구매에 누가 관여하는가?

e. 왜 구매하는가?

f. 어떻게 구매하는가?

④ 표적시장 결정에 고려할 요소

- 기업의 자원 → 복수 세분시장 마케팅에는 많은 자원이 요구되며, 비세분 마케팅에도 수준 이상의 자원이 투입되어야 영업성과가 나타난다. 만약에 자원이 없다면 집중 마케팅뿐이다.
- 상품의 동질성 → 설탕, 가솔린, 철강 등과 같이 차별화가 어려운 상품에는 비세분화 마케팅이 적합하다. 반면 시계, 오디오, 자동차 등과 같이 차별화의 여지가 많은 상품은 복수 세분시장 혹은 집중 마케팅이 적합하다.
- 상품 수명주기 → 신상품이 도입되는 시기에는 소비자의 욕구는 다양할 수가 없다. 따라서 신상품은 하나 혹은 단 몇 가지로 족하다. 그러므로 비세분화 마케팅 혹은 경우에 따라서는 집중 마케팅이 이 시기에는 적합하다. 상품이 성숙기로 접어들게 되면 소비자의 욕구도 다양해지고 경쟁기업도 많아지게 되므로 이때에는 복수 세분시장 혹은 집중 마케팅이 필요하게 된다.
- 시장의 동질성 → 고객의 취향이 비슷하고 다양한 마케팅 믹스에 대해서도 동일한 반응을 보일 경우에는 시장을 세분화할 필요가 없다. 따라서 비세분화 마케팅을 선택한다.
- 경쟁사의 전략 → 경쟁기업이 적극적으로 세분화에 의한 전략을 실시하게 되면 비세분화 마케팅으로는 대응이 어렵게 된다. 반면 경쟁기업이 비세분화 마케팅을 한다면 경우에 따라서는 세분화 전략을 통해 이득을 취할 수도 있다.

⑤ 시장 세분화의 이점

시장 세분화는 이질적인 시장에 있어서는 필수적인 마케팅 기법인 한편, 다음과 같은 몇 가지 이점을 제공해 주기도 한다.

- 시장 기회를 보다 쉽게 찾아낼 수 있다. 각각의 세분시장의 욕구와 이들을 표적으로 하는 기존 상품들을 대응시켜보면 세분시장의 욕구는 존재하지만 적절한 상품이 없는 경우를 발견할 수도 있다. 이것이 바로 시장기회이다. 이때 그 세분시장의 욕구에 맞는 상품을 개발하면 비교적 손쉽게 시장을 장악할 수 있다.
- 마케팅 믹스를 보다 효과적으로 조합할 수 있다. 예를 들어 세분시장의 욕구에 초점을 두고서 제품과 광고의 내용을 일관성있게 조화시킬 수 있다. 이로써 고객이 상품을 분명하게 인식하고 경쟁사의 상품과 구별하게 할 수 있다.
- 시상수요의 변화에 보다 신속하게 대치할 수 있다. 고객의 욕구가 다양하게 섞여 있는 전체시장 대신에 욕구가 비교적 동질적인 몇몇 세분시장에 주목함으로써 수요의 변화를 쉽게 파악하고 신속하게 대처할 수 있다.

⑥ 상품분화(Marchandising)

상품분화는 현대 마케팅 활동에 필수적인 것으로 상품의 라이프싸이클(Lifecycle)이 짧아짐에 따른 조치라 할 수 있다. 상품 제작에 있어 다품종, 다양화시키는 방법으로 소비자에게 선택의 폭을 넓혀주기 위한 것으로 가격 다변화와 품종 다변화로 소비자의 수요에 적합한 상품 서비스이다.

일본의 기업들이 이것의 대표적인 예가 많으며 모든 상품의 라이프싸이클(Lifecycle)을 짧게 하여 새로운 상품을 개발함으로써 이미 사용하고 있는 제품에 빨리 싫증을 느끼도록 유도하고 있는 것을 볼 수 있다.

⑦ 상품 포지셔닝(Positioning)

소비자가 원하는 표적고객들에게 상품을 어떻게 부각시키느냐 하는 것이다. 상품의 위치(position)란 고객들이 그 상품을 어떻게 인식하느냐 하는 점이며 고객들이 여러 경쟁상품을 비교하는 기준을 속성(attribute)이라고 한다.

제품이나 브랜드 포지션이란 소비자들의 일정한 속성을 기준으로 해서 경쟁 상품들을 어떻게 인지하고 있느냐 하는 것이다. 즉 소비자 구매과정에서 의사 결정을 쉽게 하기 위해서 브랜드들을 일정한 틀에 맞추어 넣게 된다.

예들 들면 A브랜드는 고가, 첨단 유행상품 B는 중간가격, 보수적 상품 등 소비자가 인상이나 경험 정보 등을 통해 형성하게 되는 이러한 포지션이 소비자의 마음속에 상품을 원하는 위치로 부각시키려는 노력을 포지셔닝이라고 한다.

⑧ WOT 분석

상품의 새로운 전략방향 도출을 위한 분석도구이다.

손자병법에 상대를 알고 나를 알면 백전백승이다 라는 말이 있듯이 SWOT분석이란 신제품에 영향을 미치는 마케팅 요인을 자사의 내부적인 측면에서 강점과 약점, 외부적인 마케팅 환경요인을 분석함으로써 신제품에 대한 경쟁력 우위요소를 더욱 강화하고 약점이나 위험요소는 보완하기 위한 마케팅 전략이다.

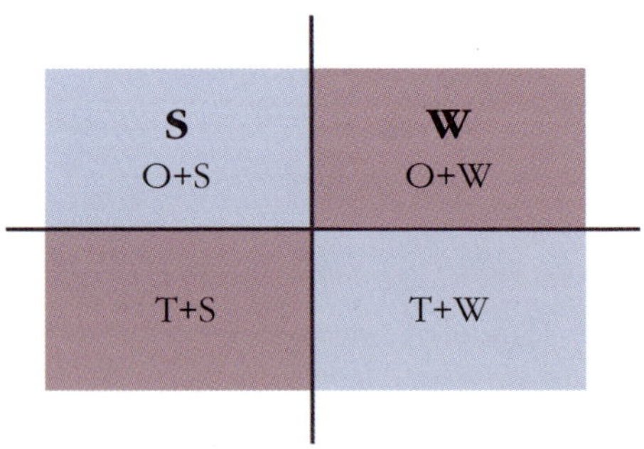

S=강점(Strength)
W=약점(Weakness)
O=기회(Opportunity)
T=위험(Threat)

SWOT 분석표의 예

Work Shop : SWOT분석 및 전략방향 도출

사업분야/제품	팀 명	팀 장	팀 원	팀 원	팀 원	팀 원	팀 원

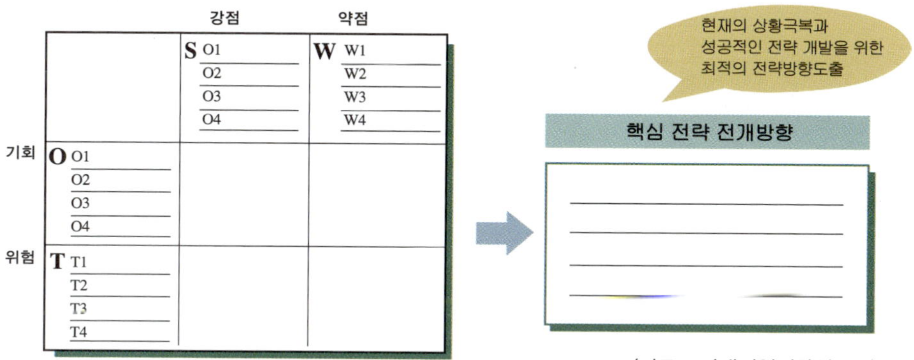

(자료 : 미래경영전략연구소)

HITE 맥주와 SWOT 분석의 예

1993년 우리나라 마케팅 역사상 최대의 변수를 가져온 HITE 맥주 Value Chain의 예를 들어 보면 다음과 같다.

1993년 5월 하이트 맥주(구크라운맥주)가 처음 출시될 당시 시장구도는 OB 맥주가 70% 하이트(당시 크라운)가 30%였다. 하이트는 신제품 출시 3년 만인 1996년에 시장 점유율 43%로 OB맥주를 꺾고 앞서기 시작했다.

하이트 맥주가 마케팅에서 치고 나갔던 문구는 지하 150m 천연암반수 당시로서는 획기적인 물 마케팅이었다. 이후 하이트는 1위 자리를 한번도 놓치지 않았고 2006년 상반기 처음으로 맥주시장 60%를 돌파할 정도로 맥주시장에 치열한 싸움이었다.

여기에서 패한 두산(OB)는 1998년 2001년 2006년 6월등 세 차례에 걸쳐 OB맥주지분을 벨기에 인터브루에 매각하면서 맥주사업에서 손을 땠다. 이후에는 소주시장에서 큰 변화가 2차 술 전쟁이 일게 된다.

이 당시의 SWOT분석과 전략 방향 도출을 요약하면

1. 선발기업이미지(페놀사건/고조되는 환경의식)와 이천공장 준공 시 제기된 물 문제, 어떻게 활용할 것인가?
2. 안일했던 선발의 자세, 즉 독과점 형태의 시장에서 선발의 시장 안주 어떻게 활용할 것인가?
3. 강력한 유통조직을 소유한 선발주자 크라운에게는 절대 절명의 위협-어떻게 대응할 것인가?
4. 그 당시 조선맥주가 처한 절대 절명의 시장 열세, 어떻게 탈출 회복할 것인가?
5. 크라운의 부정적 이미지(크라운 맥주) 어떻게 차단할 것인가?
6. 술에 대한 소비자의 니즈 변화, 새로운 술에 대한 욕구도 중요한 기회요소
7. 정부의 규제강화 특히 심야영업단속 강화와 음주 운전 단속 강화 등은 맥주회사에게는 위협이었다.

위의 문지점들을 SWOT에 의해 분석한 후 방향도출 그리고 Positioning 결과

HITE　　1 깨끗하고 상쾌한 맛
　　2 152-254m 속 암반수로 사용
　　3 OB의 열처리 맥주 → 효모를 살려서 비열처리 맥주로

이렇게 하여 신제품으로 성공한 시장 점유율

2005년 7월　　HITE → 54%
　　OB → 15%
　　Cass → 18%

1990년대 초 HITE 전략적 광고
끓여 마실 수 없다면 이제 물이 좋은 하이트로 드십시오.
물.... 어느 쪽을 드시겠습니까?

⑨ pareto 법칙 (80:20의 법칙)

2할과 8할 어느 쪽이 중요한가

100년 전 이태리의 한 기관에서 국민소득을 조사 연구하는 과정에서 나타나게 되었다. 조사결과 상류층의 소득은 월등히 높다는 것은 알고 있었지만 실제 조사해보니 상위 20%, 부유층이 무려 전체 소득의 80% 차지하고 있었다. 이것은 시대적 국경을 초월하여 세계 공통적으로 나타난다는 사실을 확인하였다. 이탈리아 경제학자 빌프레토 파레토 (Vilfredo pareto) 80:20의 법칙 즉 "파레토의 법칙"이다.

그 후 사람들은 사회나 기업의 여러 분야에서 이 법칙이 적용되고 있음을 발견하였다.

한 예로 백화점 매출을 보면 20%의 고객이 매출액 전체의 80%를 차지한다는 것을 알 수 있었다. 그래서 디자이너는 20%의 고객이 어떤 사람들인지에 대해 프로파일(profile)을 파악하는 것이 중요하다.

다른 예를 들어 품질경영에서 보면

전체 불량의 80%가 20%의 부품이나 공정에서 발생한다는 사실을 확인하고 결정적인 공정에만 집중적으로 개선해 품질을 눈에 띄게 개선한 예도 있다.

그러므로 경영혁신의 대표적인 6시그마원칙도 이 사고를 바탕에 깔고 있다. 금융권이나 VIP지점이나 마케팅 강화하는 전략도, 광고의 컨셉도 바로 이 핵심 20%에 집중하기 위한 노력이 필요한 것으로 볼 수 있다.

⑩ 전문가 의견 조사법 (Delphi Method)

영역하면 전문가 의견 조사법이다.

전문가들을 그룹으로 묶은 뒤 불확실한 특정 문제에 대하여 그들의 의견을 물어 합의 도출하고 수요를 예측하는 방법으로 전문가들의 의견 조사이므로 확실성이 높은 것이 장점이다.

⑪ 메트리스 전략 (Positioning Matrix)

열십자로 그린 구획 안에 자사 상품과 경쟁 상품을 함께 표시해서 분석하는 도형으로 (Map or Positioning Matrix) 마케팅전략이나 커뮤니케이션 전략을 수립할 때 상품의 경쟁력 분석이 중요한데 즉 이 상품에 얼마만큼 타당성이 있으며 경쟁상품과 비교해서 무엇이 강점이고 무엇이 약점인지, 그리고 그 약점은 수정 가능한 포인트인지에 관한 분석 도구이다.

문자와 도형을 함께 조합한 정보가 보는 사람의 기억을 증진시켜 프리젠테이션 등에 시각적 자료로 많이 활용 할 수 있다.

전략 상품의 현상을 단순화해서 인식시키고 또 향후 나가야할 방향설정에 아주 중요하다. 종축과 횡축에 어떤 분석 기준을 배치하느냐에 승부가 결정된다.

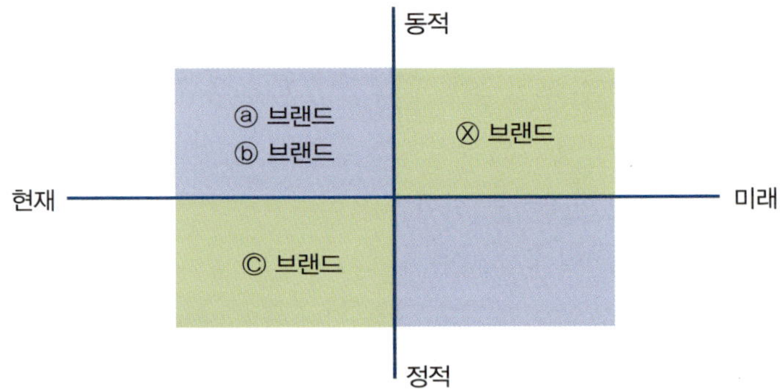

⑫ 디자인 MAP (특허청, 2007 시작)

효율적으로 디자인을 개발할 수 있게 도와주는 디자인 정보 인프라이다(특허청).

기업들이 디자인 개발에 디자인 맵을 이용하는 것이 효과적인 것을 알지만 독자적으로 추진하기는 어렵다.

2007년 8월 특허청(권상우청장)은 시장의 흐름과 고객의 Needs를 반영한 디자인을 지금보다 더 효율적으로 개발 할 수 있도록 디자인 MAP 구축 사업을 추진하게 되었다.

특허청이 확보하고 있는 650만 건의 방대한 디자인 데이터를 품목별로 분석해 디자인 맵을 구축하고 있다.

2010년까지 328개 품목의 디자인 맵을 구축할 예정이다.

⑬ 시(時) 계열과 상(相)대성 (자료, 마케팅 개념어 사전)

"다음 세대의 유행을 알고 싶다면 과거를 돌아보라." 마케팅에는 정보, 전략, 전술의 세단계가 있다. 이중 전략을 이끌어 내는 두 가지 관점은 시계열과 상대성이다. 시계열은 시간을 거슬러 올라가 시장을 분서하는 축이다.

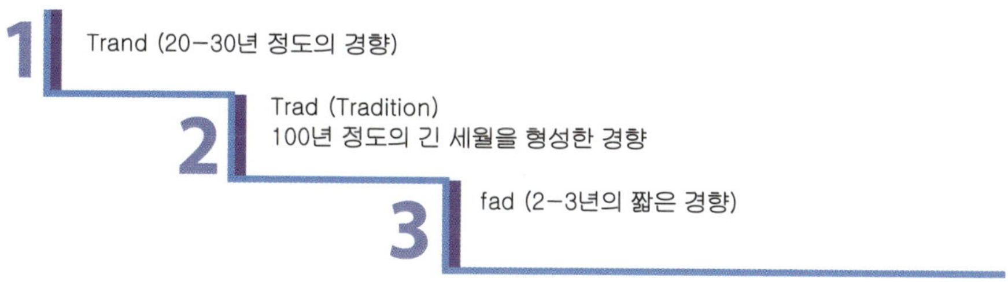

① ② ③ 축에서 틀림없이 크고 분명한 경향이 보일 것이다. 여기서 얻어낸 경향이 선략의 줄거리가 될 큰 축이며 강력한 설득력을 갖는다.

상대성 : 전략 상품에 대한 전년도의 광고 분석을 할 때 해당 상품만 보지 말고, 경쟁 상품의 광고자료를 비교해 보아야 해당 상품의 강점(S)과 약점(W)를 제대로 분석 할 수 있다.

이것이 상대성으로 전략의 줄거리를 구성하는 또 하나의 축이다. 이것을 통계학에서는 "시계열 예측" 이라해 통계적으로 풀고 있다.

시계열 예측이란 (과정, 시간, 통계적 수치로) (샘표자료, 디자인뉴스 2008)

샘표식품과 제일제당의 예를 들어 과거와 현재의 변화를 보고자 한다.

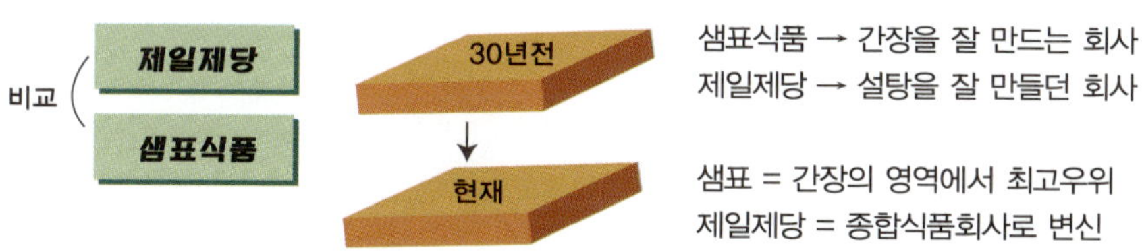

샘표식품 2008년 현재 변화된 것

회장 아들 대표, 미국에서 대학교수 역임 후 한국에 돌아와

1. 전통제조방법고수, 2. 유기농 간장 제조로 고집하였다.

원래부터 샘표간장은 3대에 걸쳐 손맛을 고집한 (함경남도에서 내려와 46년 설립한 회사이다.)

1961년 유행한 CM송 "맛을 보고 맛을 아는~"

샘표는 창업 이래 63년 동안 절대적 위기가 없었다. 1997년 외환 위기에도 매출이 15% 이상 신장한 회사이다.

그러니까 마케팅 전문가의 의견은

브랜드 전략 구상 차원에서 왜 웰빙스넥 브랜드는 개발하지 않았을까? 왜 종합식품회사로 가지 않았을까?

Re positioning을 한다면!

1. 새롭게 만들 수 있는 발효식품은 무엇?
2. 약처럼 먹는 것은? 바르는 것은?
3. 샘표가 진입할 수 있는 영역을 확대 하는 것은 어떨까?
4. 새로운 관점이 필요하다면 어떻게?

샘표는 3대에 걸쳐 손맛을 고집하는 전문회사가 되었다.

⑭ STP 전략

기업이 시장에서 성공할 수 있는 틀을 제공하는 마케팅 전략의 핵심 내용인 STP (Segmentation, Target Marketing Positioning)

마케팅 전략의 구축과 STP

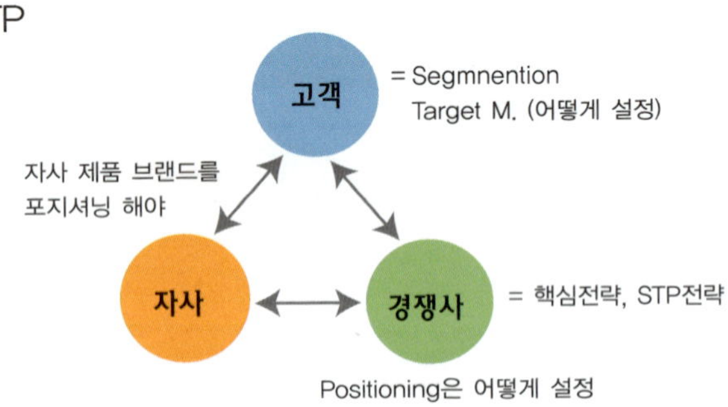

먼저 실행전략은 마케팅 믹스 전략을

① 제품	실행은
② 가격	
③ 유통	
④ 촉진	

위의 요소를 해결하기 위해서 마케팅의 3가지 높은 산을 넘는 3가지 전략이 필요

첫 번째 S = 시장세분화 전략

시장을 구성하는 사람들의 욕구는 다양한데 이런 다양한 욕구를 다 충족시킬 수는 없다. 따라서 하나의 시장을 비슷한 욕구를 가진 사람들로 구분하는 것을 말한다.

다시 말하면, 연령별, 성별, 직업소득별, 기후, 국적 등으로 구분해서 이중 한 가지 시장을 집중적으로 공략해야한다.

두 번째 Target Marketing

시장을 세분화 한 뒤 표적 고객과 표적 시장을 선택해야 한다.

여러 가지 분야에서 경쟁의 우위를 표적시장으로 선택한다.

세 번째 P 포지셔닝 (Positioning)

포지셔닝은 표적고객의 마음을 사로잡을 수 있게 이미지를 불어 넣어 주는 전략

청량음료 → 코카콜라

최고급 승용차 → 벤츠 하는 식으로

포지셔닝 = 제품 차별화 + 서비스 차별화

이와 같이 ①세분화 ②표적화 ③포지셔닝 등을 혁신적으로 전개해야 한다.

⑮ 전략과 전술

원래는 군사용어로 캠페인도 군사작전을 가리키는 말이다.

미사일중 공대함, 함대함 등과 같이 거리가 짧은 표적이 작은 미사일은 전술미사일이다.

그러나 대륙간 탄도 미사일 (ICBM)은 전략미사일이다.

이와같이 **전략은** 큰 구상속에서 마케팅 전략(틀)으로 신규고객을 끌어들이기 위한 포지셔닝을 구축하는 것으로 어떤 시장을 어떻게 구축해 갈 것인가는 전략이다.

전술은 보다 구체적인 방책이다.

영업기획이나 연간광고 판촉기획 등 전략의 구체적인 방안이다.

전략은 광고작업에서 나오는 게 아니다. 그건 광고주로부터 나오는 것이 기본인데 이것은 광고의 본질은 광고주가 터 잘 알기 때문이다.

⑯ 제품의 수명주기

제품과 시장의 동적 움직임을 이해하고 해석하기 위해 사용되는 분석도구이다.

출시한 제품의 현재 위치 또는 향하고 있는 단계를 파악하여 디자인 마케팅 전략을 수립하는데 중요한 시사점을 준다.

예) 성장기에 들면 → 신제품의 구상 준비

쇠퇴기에 들면 → 광고에 총력을 실행

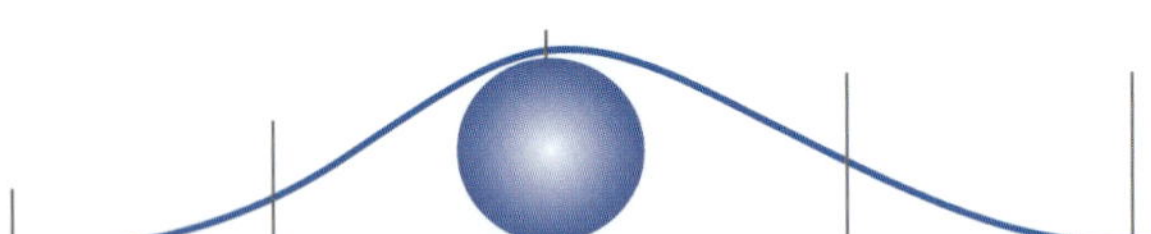

구분	도입기	성장기	성숙기	쇠퇴기
매출	낮다	급속성장	최대판매	감소
이익	적다	증대	높다	감소
경쟁자	약간	점차증대	점차감소감소	
고객	혁신층	조기수용층	중간다수층	자연수용층

• 제품의 성숙기에서 제품이 성숙화 되면 말기에는 제품이 다기능화로 변하는 것을 볼 수 있다.

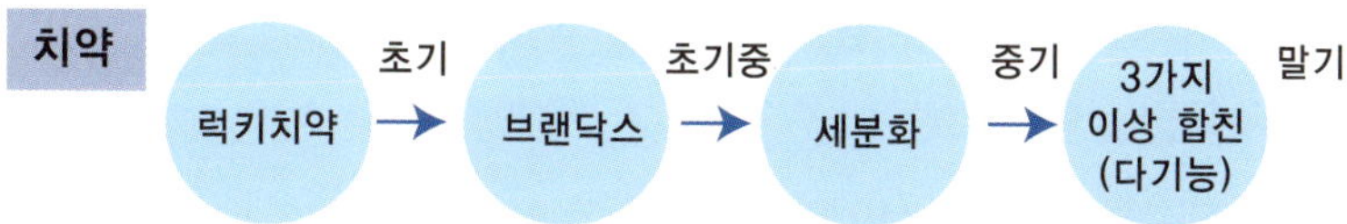

위와 같이 시장이 성숙화 되면 → 제품이 기능화로 이어지고 시장 경기에서 브랜드의 충성도가 높아지면서 선행지수가 높아진다는 뜻이다. 시설면에서는 경기투자율이 높아지면서 공장기계 24시간 가동으로 이어진다.

⑰ Veblen Effect (베블런 효과)

명품에 내한 애작이 유별란 한국

허영심에 의해 비쌀수록 수요가 늘어나는 현상을 베블런 효과라 한다. (중앙대, 이정희 교수)

명품구입은 특정세계에 들어가고 싶다는 갈망에 따른 감성적 부가가치를 위한 행동이다.

한국에서 몸에 걸치는 명품에 집착하는 건 오히려 중산층이라는 사실을 아는가?

우리나라 20-30대 여성들에게 물으면 루이비똥 가방은 남자 애인보다 더 중요하게 생각한다는 사실을 어떻게 생각하는가?(왜, 남자 애인은 변해도, 루이비똥은 일편단심으로 나의 자존심을 지켜주니까.)

루이비똥 본사가 있는 불란서에서는 불경기인데도 한국에서는 줄을 서서 기다리는 모습을 우리는 보고 있었다. 제2의 명품시장은 경제 성장중인 중국이다. 왜 이렇게 아시아에서 선호하게 되었을까?

브랜드 명품의 조건 4가지

① 역사성이 있어야 (역사와 장인의 혼을 느끼는)

② 브랜드 개념에 일관성이 있어야(디자인의 틀, 하나의 개념에 집중)
③ 차별성이 있어야(얼마나 달라 보이느냐)
④ 상징성이 있어야(명품을 사면서 내가치가 높아진다는 자부심)

*광고에 사용한 컨셉의 예

나이키 (자신감을 준다, Just do it)
Armani (우리는 아르마니를 입는다)
Google (구글은 신이나 마찬가지이다)
할리데이비슨(오토바이를 팔지 않는다, 다만 문화를 팔 뿐이다)
BMW (디자인은 종교나 다름없다)
로렉스(로렉스 라이프 스타일을 판다)
이와 같이 확실한 차이 (Dramatic Difference)가
있을 때 명품의 진가를 발휘할 수 있다.

까르띠에, 몽블랑 시계상

9) 마케팅 연구의 필요성

① 현대경제의 특성

오늘날과 같은 풍요한 경제에 있어서 다양한 제품의 대량 공급의 현실로 인해 거의 모든 제품에 있어서 대체품을 제공하고 있기 때문에 소비자는 특정기업의 제품을 소비하지 않고도 충분히 살아갈 수 있게 되었다.

따라서 기업은 경쟁자에 비해 소비자의 욕구와 필요를 보다더 효율적으로 정확하게 충족시켜 주어야만 생존이 가능하다. 유권자가 투표권을 행사함으로써 국회의원을 선출하는 것과 마찬가시로 소비자들은 이 사회에서 그들과 공존하길 원하는 기업을 화폐의 투표로서 결정짓는 것이다. 따라서 기업은 소비자 지향적인 관점을 취하게 되었다. 다양하고 많은 소비자 수요는 간혹 고도의 마케팅 구조를 필요로 한다. 또한 개별 기업에 대하여 새로운 마케팅 문제가 제기됨으로써 이러한 문제를 해결하기 위한 것으로 우리는 마케팅에 대한 이해와 마케팅 기법을 습득해야만 한다.

마케팅 시스템에 관한 연구는 현재 및 미래의 기업에 관한 이해를 개선해줄 뿐만 아니라 저개발국의 경제 문제에 관한 해결을 시사해 주기도 한다.

② 마케팅 비용

소비자가 사과 하나와 생선 두 마리가 필요할 때 만일 직접 과수원에 가서 농부에게 구입해야 하고 어촌을 방문하여 어부에게 생선을 직접 구매해야 한다면 그때 포함되는 비용은 결코 시간과 돈만으로 해결될 수 없는 것으로 이러한 측면에서 대단히 많은 문제가 대두될 것이다.

그럼에도 불구하고 소비자가 제품을 구매하기 위하여 지출하는 금액 중 상당한 부분이 기업의 마케팅 활동에 대하여 지불되고 있다는 사실을 생각할 때 마케터는 현재 이상의 생활수준을 제공하면서도 마케팅 비용을 낮추기 위한 새로운 방안을 지속적으로 모색함으로써 시장에서의 경쟁력을 높일 수 있다.

이것이 바로 마케팅 관리에 대한 연구의 필요성을 강조하는 것이다. 그러므로 마케팅이란 소비자가 시장에 가서 물건을 구입하기 위해 필요로 하는 시간, 교통비, 제비용 등을 화폐와 교환하는 시장에서 한 번에 해결할 수 있도록 하는 것이다.

10) 마케팅 조사(Marketing Research)

① 경제 조사

경제 조사는 장기 계획을 위한 예측에 필요하고 경제 운영은 계획적, 합리적 경영 계획을 수립해야 한다.

〈경제 조사의 목적〉

- 수요자측의 정확성을 기하기 위하여
- 자금 조달의 책략을 세우기 위하여
- 원자재 취득 조건의 변화에 대처하기 위하여
- 노동 생산성을 확보하기 위하여

② 시장 조사

매스프로덕션(Mass Production)을 가능하게 하는것은 매스 셀링 (Mass Selling)의 뒷받침이며, 다시 매스 셀링을 가능하게 하기 위하여 필요한 것은 마케팅 기술이다.시장을 파악하는 것은 경영 합리화의 기반이 된다. 이것은 시장에 관련된 문제점을 발견하여 새로운 개선 방향의 데이터를 수집 분석하여 시장 경영의 합리화를 꾀하는 데 그 목적이 있다.

판매 시장의 요점

- 경쟁 메이커의 수
- 경쟁 상품의 보급률
- 경쟁 메이커의 광고 및 판매 계획의 특징
- 경쟁 메이커의 광고량, 광고비
- 광고 매체와 비용의 배분
- 경쟁 메이커의 판매 조직의 성격
- 창업 연수, 원자재 사용 관계
- 경쟁 제품의 소매점에서의 반응

디자인 측면의 시장 조사

〈시장 연구(Marketing Research)〉

- 제품 또는 서비스에 관한 조사
- 시장에 관한 조사
- 폴리시(Policy)에 관한 조사
- 판매방법에 관한 조사

〈상품 계획(Marchandising)〉

- 제품 계획 (Product planning)
- 가격 정책 (Price control)
- 유통 방식 (Distribution channel)

〈판매 촉진(Sales promotion)〉

- 판매 계획 (Sales planning)
- 광고 계획 (Advertızing)

11) 기술연구(Innovation)

기업은 시장조사에서 얻은 대중의 요망을 기술적인 조사연구라는 수단을 거쳐 기업의 의지를 구현하는 목적연구가 이루어짐으로써 기업의 선진화와 도약의 계기로 삼을 수 있는 기술연구의 실용화가 이루어져야 한다.

그러나 규모가 작은 중소업체는 조사연구의 범위도 좁고 연구자금도 제약이 많다. 중소기업에서는 동업자의 경쟁에 대응하고 다시 진일보 전진하기 위하여 기구의 변화 및 리디자인(Re-Design)을 하는 일이 조사연구의 주된 목적이 되는 경우도 있다.

중요한 것은 기업이 근시적인 수요만을 생각하고 타사의 움직임에만 민감하게 반응하여 일시적인 인스턴트(Instant) 상품만을 생산판매 할 때, 오늘날과 같이 경쟁이 심한 사회에서는 자연 고사하고 만다는 것이다. 그래서 기업은 기술적 예측과 시장 예측을 평행하게 연구하지 않으면 안 된다.

연구관리의 스텝(Step)으로는 일반적으로 다음 3단계를 생각한다.

① 기초연구(Fundamental research)

② 응용연구(Applied research)

③ 실용화(Development)

기술연구의 테마가 완전히 독창적인 것이라면 실용화의 단계에까지 충분한 기간을 두어도 비밀이 새어나가지 않는 한 서두를 필요가 없지만 보안이 필요한 경우에는 시장의 출하 시기를 신중히 검토할 필요가 있다.

대부분의 제품들이 시장에서 상승단계에 접어들면 거의 같은 시기에 연구의 방향이 설정되어 연구가 시작되는 때이므로 어느 회사가 가장 먼저 시장에 내놓는가 하는 점이 중요한 문제가 될 것이다. 요컨대 기술연구와 타이 업(Tie up)하여 행해야 할 디자인은 상품화에 임하여 반드시 필요하며 신제품의 디자인 뿐만 아니라 특수한 스타일의 경우에도 독창적인 아이디어의 경우에는 안심하고 충분히 연구하여 상품화해야 할 것이다.

① 기초적인 연구와 응용연구

일반적으로 기술연구라 함은 이 두 가지를 말하고 있는데 기초적 연구는 아주 새로운 원리의 발견이나 새시대에 맞는 신현상의 추구이며 직접 특별한 제품화의 목적이 있는 것은 아니지만 획기적인 신제품을 낳는 원천으로서 중요하다.

응용연구는 응용이라는 기본 목적에서 다각적인 연구가 필요하며, 이것은 구체적인 제품을 예상한 연구는 아니지만 소비자의 대상별 구분이나 환경적인 구분으로 새롭게 변하는 대중의 심리적 타깃이 무엇인가를 잘 파악해야 한다.

② 실용화 연구

실용화 연구에서는 최종적으로 제품이 완성되어 수량적이나 가격적으로 충분히 상품으로서의 경쟁력이 살아 있도록 노력할 필요가 있다.

따라서 수요연구로 시작해서 사용성이나 환경의 적합 등의 연구를 고려하고 다음으로는 기업의 경제적 가치생산을 위한 실제적 조건인 생산 및 판매연구(Marketing Research)의 입장에서 디자인 컨셉에서 구체적 방향을 결정하고 타사의 경쟁제품을 예상한 뒤에 충분히 대항할 수 있는 제반의 조건이 부여될 수 있는 프로그램으로 진행되어야 한다.

이상과 같이 기술연구는 오늘의 기업을 흥하고 망하게 할 수 있는 상품개발의 진행과정에서 중요한 역할을 하며, 특히 디자인 부분에서는 새로운 시대의 도래, 환경의 변화, 세대의 변화에 민감하게 대처하여야 하며 항상 앞서가는 디자이너의 창의적인 의식이 내재되어야 한다.

2. 브랜드 마케팅

1) 브랜드의 정의

브랜드는 앵글로색슨 족이 불에 달군 인두로 자신이 소유한 가축에 낙인을 찍어 소유물을 확인한 데서 유래되었다.

예부터 사람들은 이러한 화인(火印)의 방법으로 가축뿐만 아니라 물건에도 자신의 소유물을 표시하였는데 가축은 주로 소의 등이나 양의 귀에 소유자를 상징하는 낙인을 찍었다. 심지어 고대 남미의 파라과이에서는 여성을 남자의 소유물이라 하여 여성의 가슴에다 마크를 새겼으며 로마의 노예나 포로는 귀에다 마크를 새겨 넣었다.

이들 초기의 표시는 무엇보다 타인의 소유물과 자신의 소유물을 구별하기 위한 식별의 기능이 가장 중요한 것이었으며 신용이나 판매를 위한 기능은 거의 없었다. 그러므로 이때의 브랜드 개념은 소유표(Proprietary Mark)의 개념에 가깝다고 볼 수 있다.

브랜드란 표시와 상징에 관한 통괄 명칭이다. 표시의 대상이 제품이나 서비스, 어느 것이라도 상관이 없다. 상거래를 위한 모든 표시에 관한 통칭을 브랜드라는 용어를 사용하여 나타낸다. 브랜드는 우리말로는 상표라고 번역된다.

영어로 브랜드라 하면 상징에 관한 통괄 명칭이므로 상당히 광범위하고 포괄적인 개념이다. 마찬가지로 상표라는 개념에도 제품의 이름뿐만이 아니라 서비스 조직, 즉 유체물 · 무체물에 관계없이 상거래를 위한 모든 대상에 사용되는 표시라고 이해해야 한다.

다만, 좁은 의미에서의 상표란 제품에 국한된 표시를 가리키는 말이다. 등록상표(Trade Mark)란 특허청에 공식적으로 등록된 상표을 한정해서 일컫는다.

브랜드가 표시나 상징의 통괄명칭이라고 했는데, 이는 언어로 구성되어 읽을 수 있는 경우인 브랜드 네임(Brand Name)이라고 한다. 소리내어 읽을 수 없는 순수한 시각적인 기호, 즉 도형, 색채 등으로 이루어진 경우는 브랜드 마크(Brand Mark)라 하여 구별하기도 한다. 상호(Trade Name)의 경우는 회사를 나타내는 표시이므로 당연히 브랜드에 포함된다. 여기에서 주의할 것은 브랜드의 우리말 번역인 상표, 즉 광의(廣義)의 상표에는 상호도 포함된다는 것이다.

2) 브랜드의 변천

18세기 후반 일어난 산업혁명으로 대량생산 체제가 이루어지고 근대 자본주의 사회가 성립되기 시작했다. 이때부터 비로소 수천년간 이어 온 소유표 개념의 표시에서 탈피하여 적극적인 신용을 나타내는 개념의 표시로 변화했다.

이러한 변화를 가능케한 근본적인 사회적인 배경으로는 근대 공장조직의 출현을 들 수 있다. 공장에서 규격화된 상품이 대량으로 생산되고 시장에 유통되기 시작함에 따라 점차 브랜드도 신용을 표시하는 기능이 중요시된 것이다.

또한 유통구조도 도매상, 소매상, 슈퍼마켓 등으로 분화되었으며 소비자는 브랜드를 통하여 원하는 생산자의 제품을 구별하고 구입할 수 있게 되었다. 이러한 경향은 길드 조직의 붕괴로 자유영업의 원칙이 확립되면서 급속도로 확산된 것이다.

그 결과 제조업자는 브랜드를 통해 자기가 생산한 제품의 품질, 특성을 소비자에게 알리고 다른 제조업자와 경쟁해야만 했다. 이는 바로 브랜드가 제조업자의 신용을 표시하는 기능을 획득하게 되었다는 것을 단적으로 말해준다.

아울러 높은 신용을 획득한 상표는 재산적인 가치로 평가될 수 있는 기반을 만들어 가기 시작했다.

결국, 출처 표시 내지 소유표로 출발한 브랜드가 근대 공장조직이 출현하면서 생산자의 품질을 보증하는 기능이 추가되어 생산자의 신용을 표시하게 된 것이다. 또한 오늘날에는 텔레비전, 라디오, 신문, 잡지 등의 광고를 통해 소비자에게 브랜드를 알리기 위한 노력이 행해지면서 브랜드의 광고적 기능에 관심이 집중되고 있다.

이렇듯 시대의 변화에 따라 브랜드의 역할도 달라지고 있다. 즉 타인의 상품과 구별하기 위해 단순한 소유표시로서의 역할만을 담당하던 상표가 신용을 상징하는 역할을 할 뿐만 아니라 구매를 창출하는 표시로 변화되면서 이제는 재산개념, 가치 개념으로 그 역할이 재정립되어 가고 있다.

특히, 소비자 지향의 마케팅이 탄생하면서 시장 내 경쟁이 치열해지자 자사브랜드를 효과적으로 알리고 관리할 필요성이 커지기 시작했다. '판매' 지향적인 경영활동에서 완성된 상품에 붙이는 단순한 표시였던 브랜드가 소비자 지향의 마케팅으로 타사상품과의 차별화를 통해 고객만족을 추구하는 표시로 바뀌어 가고 있다.이와 더불어 브랜드는 무형의 가치를 지닌 재산으로 평가되어 라이센싱을 통해 로열티를 받거나 기업의 매수, 합병시 브랜드에 상당한 대가를 지불해야 하는 '새로운 자산' 으로 인식되고 있다.

즉 브랜드는 단순히 상품에 부착하는 표시가 아니라 상품에 의미를 부여해 상품을 만드는 표시이자 나아가 시장을 지배하고 시장을 형성하는 표시로 바뀌어 가고 있다. 브랜드를 상품의 표시에 국한시키는 기존의 고정관념으로는 시장을 지배하고 형성한다는 개념으로서의 브랜드의 속성을 파악할 수 없다.

3) 브랜드 마케팅의 필요성

현대를 마케팅 전쟁의 시대라고 한다. 마케팅 전쟁의 승패는 풍부한 자금력과 유능한 조직력에 의해 좌우된다. 그래서 대다수의 기업들은 자금과 조직을 앞세워 기업을 경영하고 신규사업을 개척하며 시장을 지배해왔다.

그렇다면 과연 자금과 조직에서 생기는 마케팅 파워의 근간은 무엇인가? 그것은 바로 소비자이다. 결국 소비자가 제품을 구매하기 때문에 기업의 파워가 생기는 것이다. 제품이 부족하던 시절에는 생산력이 우월한 기업에 파워의 중심축이 놓여져 있었다. 그러나 제품이 부족하던 시대는 이미 지났다. 이제는 소비자에게 선택권이 주어졌다. 아무리 유능한 두뇌집단으로 뭉친 조직이 신제품을 개발하여 시장에 내놓아도 소비자가 외면하면 그 회사의 제품은 순식간에 사라지게 되는 것이다. 따라서 기업은 소비자로 하여금 자사의 제품을 사도록 하는 것이 회사의 경영개선에 도움이 되는 것이다. 그러나 자금과 조직력만으로 소비자의 마음을 사로잡을 수는 없다.

현대의 소비자는 변덕스럽고 제멋대로이다. 한 순간 충성스럽기 그지 없다가도 한번 토라지면 마음을 잘 돌리지 않는다. 그래서 현대 마케팅의 핵심은 소비자의 머리 속과 마음 속으로 침투해 근원적으로 그들을 파악하고 공유하여야만 한다.

브랜드는 기업의 얼굴이다. 소비자의 머리 속에 침투하여 소비자를 조종한다. 제품이나 조직이 소비자를 지배하는 것이 아니다. 침투된 브랜드가 소비자를 지배하는 것이다. 브랜드에 대한 고정된 인상이 소비자의 머리 속에 박혀 제품을 움직이고 기업을 움직인다.

따라서 브랜드에 내재된 소비자의 이미지, 소비자가 믿는 가치, 소비자가 믿는 품질 등이 기업조직을 움직이고 지배한다는 역설이 성립되는 것이다. 마케팅에 기울이는 모든 인적, 금전적 자원은 결국, 소비자의 머리속에 남게 되는 브랜드의 인상이 바로 브랜드의 이미지이다. 이러한 의미에서 마케팅 전쟁은 결국 브랜드 전쟁이라고 할 수 있다.

실제 상품의 예를 들어 보자. 커피를 가지고 사람들이 구매 후 어떻게 제품을 평가하느냐에 관한 실험결과가 있다. 실험대상자들에게 2온스짜리 유명상표 커피 네 병과 6온스짜리 무명상표 커피 한 병 등 모두 다섯 병을 제시하면서 그들이 선택한 커피를 실제로 끓여주며 맛을 보게 하였다.

여기에서 재미있는 사실은, 유명상표를 선택한 사람들은 커피의 맛을 본 후에 그 제품의 품질이 기대 이하인 경우에도 자기가 선택한 제품을 여전히 좋게 평가하는데 반해 무명상표를 선택한 사람들은 품질이 기대 이하이면 자기가 선택한 제품은 좋지 않다고 평가한다. 이것이 바로 소비자이다. 특정제품의 경우에는 제품의 질까지도 자기의 의식에 박힌 브랜드 이미지로 결정해버린다. 좋은 상표가 시장 내에서 파워를 갖는 것도 바로 이러한 소비자의 의식 때문이다. 그래서 좋은 브랜드는 항상 시장점유율을 높게 유지할 수 있다.

이처럼 기업의 파워는 소비자의 인식에서 나온다고 할 수 있다. 소비자는 브랜드를 통해서 기업을 이해하게 되므로 강력한 브랜드를 갖고 있는 기업만이 마케팅 전쟁에서 승리할 수 있다. 그러므로 기업은 소비자에게 기업의 좋은 이미지를 심어주기 위해 매체를 통해 기업의 경제력, 정신력, 미래상 등 기업이 갖는 비전을 항상 소비자에게 제시해 주어야 한다.

4) 브랜드의 가치성

해가 지지 않는 나라 영국이 이제는 실업자가 속출하고 기업이 도산하는 경제난으로 허덕이고 있다. 그러나 아직 영국을 지탱해 주는 것이 있는데 그것은 바로 선조들이 물려준 브랜드이다. 롤스로이스 자동차, 스콜틀랜드 위스키, 버버리, 립톤티 등 다양하다. 그래서 주말에는 일을 열심히 하지 않는 영국도 문을 여는 상가가 생겼는데 이는 주말에 버버리를 사기 위해 몰려드는 관광객 때문이다.

캐나다의 귤농장은 30개의 협동조합이 만든 Sunkist 브랜드로 세계 각국에서 400개 제품에 사용하도록 하는 대가로 받는 순이익이 매년 1천300만 달러이다. 이것을 가능하게 하는 것은 브랜드가 구축해 놓은 상품의 이미지, 기업의 이미지, 상품의 신뢰성이다.

결국, 브랜드는 자본의 투자없이 그리고 인건비의 지출없이 매년 고정적인 수입을 올리고 있는 것으로 회사 경영에 큰 비중을 갖고 있는 것이다.

제록스사는 보통지의 복사기로 세계 특허를 독점하고 순식간에 제록스 제국을 건설하였다. 경쟁자들은 제록스의 특허를 피하기 위해 기술력을 총동원하여 복사기 연구에 박차를 가했지만 제록스의 시장을 좁히는 것은 역부족이었다. 결국, 제록스의 특허 기간이 만료되자 앞다투어 복사기 시장에 진입하였다.

그러나 제록스사는 한동안 특허라는 보호벽 속에서 독점적인 위치를 누려왔기 때문에 신제품 개발력이 약하고 마케팅 노하우도 결여되어 있는 상태였다. 이러한 시기에 복사기 업체가 쏟아져 나왔는데 그 중 캐논과 리코가 순식간에 제록스의 시장을 탈취함으로써 마침내 세계 복사기 시장은 제록스의 독과점 상황에서 3사의 독과점 상태로 변화되었다. 고속기는 제록스, 중속기는 리코, 저속기와 컬러는 캐논이 지배하게 됨으로써 독점권을 누리던 제록스의 영화는 간 곳이 없게 되어 버렸다.

제록스는 특허로 한동안 세계를 지배했지만 결국, 독점이라는 교만의 덫에 걸려 단지 세계적인 기업만으로 남게 된 것이다.

여기에서 중요한 것을 찾아 볼 수 있다. 즉 제록스사가 특허기간이 만료되고 마케팅 능력이 뛰어난 경쟁업체가 침입했는데도 세계적인 기업으로 살아 남을 수 있었던 핵심 요인은 특허보다 더 강력한 힘이 되는 브랜드의 힘 때문이었다.

즉 특허권은 기간이 경과되어 소멸되고 경쟁사의 출현으로 굳건한 성은 허물어졌지만 제록스라는 브랜드는 소비자의 머리 속에 강력히 남아 있었다. 이러한 이유에서 소비자들은 여전히 제록스를 복사기의 대명사로 인식하고 있었던 것이다.

삼성의 창설자 고 이병철 회장이 세상에 태어나 실패한 것이 3가지 있는데 그 중 한가지가 미풍 실패라고 말하였듯이, 미원이 소비자 사이에서 '조미료의 대명사' 로써 미풍을 이길 수 있었던 것도 제록스사의 경우와 같다고 볼 수 있다.

5) 브랜드 네이밍

사람이 태어나면 이름을 짓는다. 이름을 짓는 행위는 그 사람의 운명과도 관련된 것으로 종교적인 감성까지도 부여하고 있다. 그만큼 이름은 평생에 따라붙는 것이기 때문에 중요하며 그래서 역술가에게 돈을 주고 작명을 하기도 한다.

상표란 '자신의 제품을 확인하고 다른 경쟁자와의 제품과 구별하기 위해 판매자가 사용하는 단어, 상징, 디자인 또는 이들의 결합' 이라고 정의하고 있다. 상표란 구성요소 중에서 소리(단어, 문자, 숫자)의 뜻이 있으며, 상표 표지는 상표를 구성하는 상표명의 의의 요소로서 흔히 상징이나 디자인을 의미한다. 상표는 설명하는 과정에서 크게 두 가지로 구분할 수 있다.

① 통합상표

여러 가지 상기한 제품이 동일한 하나의 상표명을 가질 때를 말한다. 이것은 통합상표를 가짐으로써 경비를 절감할 수 있고 상표에 대한 충성도를 형성할 수 있는 이점이 있으며, 신제품의 도입을 쉽게 해준다.

② 개별상표

각 품목에 대한 상표를 각각 적용하는 경우를 말하는데, 이는 제품에 품질이나 형태가 다양한 경우와 한 제품의 실패가 다른 제품 등에 영향을 미쳐 명성을 손상시킬 수 있는 위험이 있는 경우에 적용하는 것이 좋다.

상표의 발음은 유성음보다는 무성음이 많이 섞여 상쾌한 느낌이 입에 감돌 수 있는 것이 좋으며 선명하게 느껴지는 색상이나 이미지가 머리 속에서 떠오를 수 있는 것이 좋다. 예를 들면 Mook(무크) 같은 상표이다. 이것은 발음에서 '크' 하는 시원한 소리로 끝나며 끝음이 강한 발음으로 끝나기 때문에 깨끗하고 강하며 세련되어 보이는 것으로, 검정색이 아닌 전혀 새로운 이미지인 'Black' 이라는 색감이 연상된다.

새로운 상표를 만들기 위한 선택지침 몇 가지를 들어 본다.

- 제품의 특성을 살려라.
  예를 들어 선쿨, 아이차바, 3분카레와 같이 용도나 사용법의 내용을 암시하는 경우이다.
- 발음이 쉽고 기억하기가 용이해야 한다.
  KODAK과 같이 한가지로 발음할 수 있어야 하고 강하며 기억하기 쉬워야 한다.

• 개성이 있어야 한다.

강력한 표준, 골드 등은 뚜렷한 개성이 결여되어 있다.

• 신제품이 탄생되었을 때 제품계열에 소속될 수 있는 가능성이 있어야 한다.

• 가능한 한 많은 광고매체에 적용하기 쉬워야 한다.

• 좋지 않은 의미가 연상되지 않도록 유의해야 한다.

상표를 만들 때에는 여러가지 상황에서 신중히 분석해서 만들어야 한다.

우리나라는 문화적 특성상 이름이 석자로 되어 있어 언어 리듬상 석자로 된 것이 잘 맞는다. 영문에서도 석자로 결합된 것이 많은데 이것은 부르기 쉽고 인지되기 쉽다.(IBM, ASA, CAS, BIF)

막연히 이니셜(Initial)만을 따서 석자를 만드는 것보다는 3개 문자의 결합이 시각적으로나 청각적으로 또는 어감 뉘앙스가 어떻게 형성되어 있는가를 여러 각도에서 연구할 필요가 있다.

'원초적 본능'에서 열연한 배우 샤론 스톤(Sharon Stone)는 첫글자 S자가 통일되어 부르기 쉽다. 이러한 통일된 표현은 두음법(Alliteration)이라고 하는데 상표에서는 중요한 의미를 갖는다. 에스에스 패션과 코카콜라도 이러한 경우인데 같은 말이 앞뒤에 있어 시각적으로 통일감이 있고 청감이 반복되어 발음하기 쉽고 기억하기 쉽다.

또한 선남선녀, 미인과 야수는 역설적이며 반대로 향하는 심리의 양극단이 통하는 것으로 대조적이지만 내면에서는 통한다. 세제 상표인 스파크는 불꽃이 튀기는 이미지이다. 만일 물 속에서 사용하는 제품이 아니었다면 위험한 암시가 되었을 것이다.

한편 드라이(Dry) 맥주는 상표 자체가 역설적이다. 맥주는 물(수분)으로 구성된 음료이나 드라이는 건전한 이미지로 시원함을 표현해 주기도 한다.

요즈음에는 신세대형 브랜드가 새롭게 등장하고 있다. '달콤한 겨울 홍시' '시원한 겨울 배' 등과 같이 긴 문장형이 있는가 하면 '잠잠 청소기' '싱싱나라 냉장고' '참나무통 맑은 소주' 등과 같이 스트레이트 네이밍(Straight Naming)이 있다. 'LG 25' '레몬 15' '다이어트 700' 등과 같이 숫자형으로 신세대를 겨냥한 브랜드도 속속 등장하고 있어 브랜드 마케팅의 새로운 면을 볼 수 있다.

6) 사용하기 좋은 브랜드

① 브랜드 네이밍의 조건

브랜드는 마케팅의 상황이나 기업의 환경에 따라 달라지게 되므로 절대적으로 좋은 이름이라는 것이 따로 없다.

조어상표가 유리한 경우도 있고 때에 따라서는 누구나 쓸 수 있는 일반명칭을 상표로 쓰는 것이 좋을 때가 있다. 그래서 좋은 브랜드는 제품의 특성이나 마케팅의 요인을 반영해 상대적으로 결정될 수밖에 없다.

A군의 제품에는 좋은 이름이 되지만, B군의 제품에는 최악의 상표가 될 수도 있다. 한 예로 일본의 음료수 브랜드에 Swat이 있었다. 그러나 미국 시장에서는 인기를 얻지 못하였는데 그 이유는 영어로 Swat은 땀이라는 뜻으로 상쾌함이 아닌 지저분함이 연상되어 제품의 이미지와 상반되기 때문이었다. 이와 같이 브랜드는 제품의 이미지와 마케팅 상황이 중요하다. 근래에는 글로벌 마케팅이라는 관점에서 세계적인 인종에 관계하는 뜻을 내포할 필요성이 크게 대두되었다. 그러면 좋은 브랜드는 어떠한 것인지 그 일반적인 속성을 살펴 보기로 하자.

가. 기억하기 쉬운가

브랜드는 소비자의 머리 속에 쉽게 기억되고 오래 남아 있어야 되기 때문에 독특하거나 재미있어야 한다. 어떠한 특정 사건이나 역사에 관계되어 쉽게 인지할 수 있으면 더욱 좋다.

대다수의 의류 브랜드 네임이 영어나 이탈리아어, 불어로 이루어져 있는데 영어는 세계적으로 그 활용성이 좋으며 이탈리아어는 로맨틱하고 사랑스러우며, 불어는 유행적이며, 불란서 특유의 문화를 상징하게 한다.

우리 상표 중 '안전지대' 라는 브랜드는 한문으로 되어 있는 것이 특이하며 삼립식품의 '꾸시꾸시' 는 동일 단어를 반복해 청감의 리듬을 살리고 대칭으로 이루어진 덕에 쉽게 기억된다. 또한 '에스에스 패션' 은 S자의 반복된 리듬이 강하게 부각되기도 한다. 때로는 역설적인 의미가 쉽게 기억될 수도 있다. '미녀와 야수' 보쌈 전문식당의 '놀부보쌈' 은 심보가 고약한 '놀부' 라는 이미지 내면의 지독한 성격의 의미를 잘 나타내고 있다.

나. 제품에 대한 적절한 암시를 주는가?

어떤 제품인지를 브랜드가 적절히 나타내줄 경우 소비자는 브랜드를 제품과 관련하여 구체적으로 연상하는 데 도움이 된다. 아기 옷의 브랜드로 '아가방' '베비라' '하늘나라' '해피랜드' 등은 제품의 종류를 잘 암시해준다.

다. 좋지 않은 연상은 피했는가?

어떤 브랜드를 접할 때 좋지 않은 연상을 주는 경우가 지역간, 국가간에 브랜드를 확장시킬 때 흔히 발생하게 된다. 문화적인 차이 때문이다. 제너럴 모터스의 'NOVA' 라는 자동차 브랜드는 스페인어로 '작동하지 않는다(Not Go)라는 의미가 있고, 우리나라에는 'DAEYONG' 이라는 자전거 브랜드가 있었는데, 영어로는 'Die Young' 이 되어 젊어서 죽는다는 뜻이 된다. 그래서 이 제품은 미국으로 수출하였으나 참패하고 말았다. 브랜드가 부정적인 연상을 주었기 때문이다. 따라서 연상적인 의미에서는 신선감을 주는 것이 좋다.

라. 법적 등록이 가능한가

아무리 좋은 네이밍 브랜드라고 하더라도 법적으로 등록이 불가능하면 그 가치는 없어진다. 브랜드는 회사의 신용을 보장하는 역할을 하기 때문이다. 그래서 등록이 안 된 브랜드 네이밍은 타사가 도용해서 사용해도 이를 저지하기가 힘들다.

또한 유사한 브랜드가 있는지, 없는지를 전문회사에 비치된 컴퓨터를 통해 검색해 둘 필요가 있다. 지금은 구 브랜드가 된 'Gold Star' 라는 브랜드는 일본 시장에 상륙하기 위해 일본 특허청에 상표등록을 신청하였으나 이미 오래전부터 일본에는 'Golden Star' 라는 브랜드가 등록되어 있어 상표등록을 할 수 없게 되었다. 금성사는 일본기업에게 많은 돈을 주고 브랜드를 산 후 등록을 할 수 있었다. 결국, 많은 시간과 비용을 들인 후 일본 특허청에 등록할 수 있게 된 것이다.

이와 같이 브랜드의 등록은 법적인 보호를 받을 수 있는 큰 가치를 가지고 있기 때문이다.(제4장 디자인과 산업재산권 참조)

7) 브랜드 맵(Brand Map)

제품지각도로부터 브랜드의 범위와 종류 등 브랜드에 관한 대략적인 기본방향이 설정된다고 하였다. 그렇다면 이러한 기본적인 방향에 따라 경쟁사 브랜드와 차별화하기 위해서는 브랜드를 어떻게 전개해 나가야 할까? 이를 살펴보기에 앞서 브랜딩(Branding)의 3요소를 이해하는 것이 좋다.

〈브랜딩의 3요소〉

브랜드의 기본요소는 명칭이므로 명칭을 구성하는 언어의 세 가지 측면이 반드시 브랜딩에 고려되어야 한다.

a. **브랜드의 의미성:** 브랜드가 언어로 구성되는 경우 반드시 사물이나 관념과 대응하는 의미요소가 있다. 엑셀, 그레이스와 같은 브랜드의 영어 표현에는 '우수한' '우아한' 등의 의미가 있다.

b. **브랜드의 음성성:** 브랜드는 청각을 통해 파악되는 그 나름의 음성체계가 있다. 발음이 강약, 뉘앙스 등 음성요인에 의해 특정한 느낌이 오는 것이다. 격음이 많은 독일어의 발음은 딱딱하나 이성적인 느낌을 주고 연음이 많은 불어는 부드러우면서도 감성적인 느낌을 준다. 이는 모두 언어의 청각 이미지에 기인한다.

c. **브랜드의 시각성:** 브랜드는 고유한 서체를 통해 시각적인 인상을 만들어 낸다. 문자체의 다양한 디자인 및 소문자, 대문자 배합을 통해 여러 가지 이미지들을 얼마든지 창조해낼 수 있다.

문자의 느낌을 부드럽게 하거나 딱딱하게 한다든지 선명하게 또는 강렬하게 변형시킬 수 있다. 예를 들어 대문자로 된 굵은 고딕은 강렬한 느낌을 주고 세고딕은 대 · 소문자로 쓰게 되면 부드러운 느낌을 준다.

그런데 사전에 나오는 단어나 통용되는 언어뿐만 아니라 기존 언어의 결합 내지 조합으로 새로운 언어를 창조하여 이를 브랜드로 사용하는 경우도 있다. 이들 브랜드를 조어상표라 한다.

예를 들어 인공적으로 만들어진 코닥(Kodak)같은 조어상표의 경우 직접적인 사전상의 뜻은 없다. 따라서 순수하게 음성성을 통해 소비자에게 전달된다. 그러나 이러한 조어 상표라도 천적으로 축적되는 의미가 부여되게 된다. 대개 조어상표의 경우 기존에 존재하지 않는 새로운 언어를 창조하는 경우가 많으므로 상표 등록이 쉽다는 장점도 가지고 있다.

따라서 브랜드로 제품의 특성을 알리고자 할 때에는 엑셀(excel)처럼 명확한 의미를 가진 단어를 브랜드로 채택하여 차별화를 강조하거나 등록을 쉽게 하기 위해서는 코닥과 같은 조어상표를 채택하는 것이 유리하다.

조어상표를 채택하는 경우에는 광고비용이 많이 든다는 단점도 있다. 그러나 일단, 인지가 된 후에는 차별화가 크기 때문에 브랜드로서의 가치는 배가 된다.

① 브랜드 맵의 설정

브랜드 맵(Brand Map)이란, 경쟁사 브랜드의 의미, 음성, 시각적인 이미지를 분석하고 자사 신규 브랜드의 이미지 정립에 도움을 받기 위해 브랜딩의 3요소를 축으로 설정하여 그리는 지도이다.

제품지각도는 신제품의 위치를 설정하기 위해 그려지는 것이기 때문에 객관적인 데이터를 정확히 사실적으로 표현하여 제품개발의 기술적, 경제적 자료로 사용되나 브랜드 맵은 경쟁사 브랜드의 표현 이미지를 측정하고 이를 참고로 자사 제품 브랜드의 이미지 표현개념을 찾기 위한 것이다.

따라서 브랜드 맵은 브랜드 언어에서 느껴지는 브랜딩 3요소의 이미지 파악이 중요하다. 객관적인 제품속성이 표현되는 제품 지각도와는 달리 브랜드 맵에는 주로 주관적인 브랜드의 언어 이미지가 표현된다. 경쟁사들의 브랜드가 어떤 의미를 표현하고 있는가, 청감은 어떠한가 등을 고려해서 축을 설정하는 것이다. 이처럼 다양한 축을 통해 여러 측면에서 복합적인 브랜드 언어의 이미지 분석이 가능하다.

다음 브랜드 맵을 통해 브랜드 차별화 방법을 살펴보자. 전통적인 여성용 향수 브랜드는 대개 부드러운 뜻을 지닌 불어풍 언어로 이루어져 있다. 따라서 상대적으로 브랜드 맵상의 빈 공간이 많다.

만일 신규 브랜드를 이들 기존 브랜드와는 달리 브랜드 맵상의 빈 공간인 3한상에 위치시킨다면 강한 의미의 독어풍 언어를 통해 차별화를 시도할 수 있다.

이와같이 브랜드맵은 의미성, 음성성, 시각성 등의 세 축을 기준으로 그려지기 때문에 이를 약간만 응용하면 제품의 기능을 암시하는가 아니면, 어떤 다른 상징을 나타내는가 등 여러 가지 확대된 축을 기준으로 그려봄으로써 유사제품과 차별화할 수 있으며 객관적인 데이터를 얻을 수 있다.

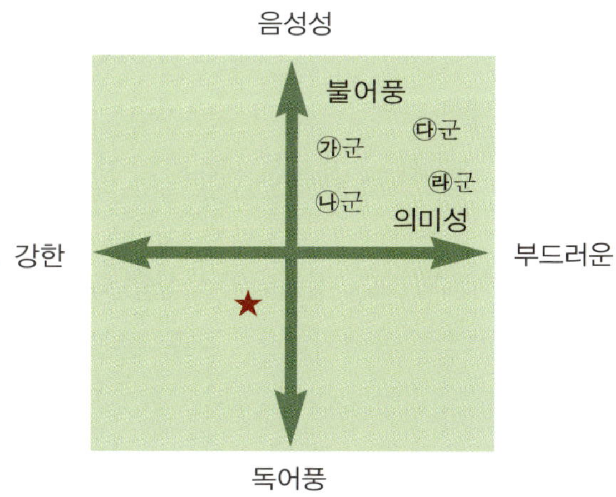

3. 칼라 마케팅

1) 칼라 마케팅이란

칼라 마케팅은 감성 세대에 알맞는 컨셉을 말한다. 상품개발 부문과 마케팅 전략 부문이 서로 조화를 이루면서 소비자의 마음을 움직일 수 있는 칼라 감각이 상품에 포함될 때 보다 높은 차원의 마케팅이 전개될 수 있을 것이다.

현재 우리나라는 60년대 이후의 지속적인 경제성장에 따른 물질적인 풍요로움과 지속적인 기술발전에 따른 생활패턴의 변화 및 정보산업의 발전으로 인한 정보화 사회로의 진전 등으로 경제 · 사회적인 측면에서 구조의 변화가 일어나고 있을 뿐만 아니라 소비자들의 의식구조 및 가치관에 있어서도 변화가 유발됨으로써 소비자 행동도 과거와는 전혀 다르게 전개되고 있다.

더구나 우리나라의 사회적인 환경은 1960년대 이후 급격한 산업화와 국민소득의 급격한 향상으로 국민들의 감성적인 변화는 매우 큰 변화가 오고 있다. 더구나 신세대, X세대 등 새로운 세대의 등장은 마케팅의 변화에 큰 부채질을 하고 있다.

1960년대까지만 해도 전체적인 색상은 흑, 백과 그 외에 몇 가지의 제한적인 색상이 대표적으로 유행되었다. 그 후 1980년대에 접어들면서 색상이 칼라화, 개성화의 시대에 접어들었다. 이러한 감성시대의 마케팅은 무엇을 의미하는 것인가? 감성은 이성 및 지성에 사용되는 말이다. 감성은 감수성이며 마케팅의 세계에서 상품의 칼라 센스, 재질감, 형태감 등의 이미지를 의미한다. 이 상품의 이미지를 사람들이 좋아하게 되면 상품은 팔리게 된다.

따라서 상품의 시장성은 그 이미지부터 조사하고 소비자의 심리를 포착하는 데서 비롯되며 시장성이 있는 상품을 만들어내는 것을 '감성 마케팅' 이라 할 수 있다. 본래 상품의 셀링 포인트는 상품의 가격 · 기능 · 감성으로 나눌 수 있다. 이와 같이 감성의 마케팅이 이슈로 등장하고 있으므로 문화의 성숙 · 개성의 다양화 · 생활자 니즈의 미묘한 차이에 맞게 상품의 감성적 차이, 질의 차이가 보다 세밀하게 다루어져야 한다.

예를 들면 지금까지의 마케팅은 색감에 대해서 '황색 상품이 만 개 팔렸다.' '백색 상품은 2만 개 팔렸다.' '회색은 거의 팔리지 않았다.' 어느 색이 얼마 만큼 팔렸다는 사고방식이었다. 그러나 이제는 무엇이 얼마만큼 팔렸는가 하는 것보다는 물건을 사는 사람의 구매동기에서 찾는 새로운 감성 마케팅 측면이 강조되고 있다. 황색이 팔린 이유는 '화사한' 이미지가 소비자에게 호응을 얻은 것으로 해석할 수 있다. 백색이 황색보다 2배 더 팔렸다면 많은 사람들이 백색이 지닌 '상쾌한' 상품 이미지에 더 많이 이끌렸다고 할 수 있다.

회색이 인기가 없는 것은 그 상품에서 '온화한' 이미지를 느낄 수 없었기 때문이다. 뿐만 아니라 소재감 및 디자인에 의한 상품의 감성, 즉 질의 차이에서 상품의 시장성을 검토한다는 것이 감성 마케팅이다. 이것은 양적 마케팅에서 질적 마케팅의 변혁을 의미한다. 즉 칼라는 우수한 세일즈맨인 것이다.

2) 상품의 발전단계와 칼라 이미지

소비자의 생활이 감성화, 개성화, 칼라화 되어 가고 있다. 이렇게 칼라화한 욕구에 대한 한 가지 색으로 이것이 좋은 것이라고 평가기준을 삼는 것은 대단히 어려운 일이다. 칼라의 선택은 바로 이미지의 선택이기 때문이다. 따라서 칼라 이미지 스케일은 다양한 소비자들의 색채에 대한 욕구와 그에 대한 통계적, 체계적으로 분류하여 디자이너로 하여금 개별적인 색채감각의 특성에 따라 색상을 선택하는 것을 피하는 것이 좋다. 색채 사용에 있어서는 과학적이고 합리적인 근거를 갖추도록 하는 데 그 의의가 있다고 하겠다.

칼라 이미지 스케일은 일본 칼라디자인 연구소(NCA)에서 소비자들이 느끼는 각 색상의 이미지를 의미 분석법을 이용하여 조사, 통계, 처리하여 체계화시킨 자료인데 이미지 스케일을 분류함에 있어 비단 칼라뿐만 아니라 형태 이미지 스케일, 패턴 이미지 스케일, 소재 이미지 스케일을 작성함으로써 이들 상호간에 공통점을 찾아 각 요소가 조화된 제품이나 이미지를 파악할 수 있다.

따라서 타 분야와의 연계성을 찾기 위해 가전제품, 주택, 자동차, 의류의 형태, 소재, 패턴의 칼라의 공통성을 파악하고 감성으로 상품을 구분하여 질감의 구분감각을 찾았고 디자인을 케이스 시스템 패턴화 분석으로 체계화시켰다.

① 칼라 이미지

인간이 갖고 있는 칼라에 대한 판별능력은 1,300만 색으로 계측기가 판별할 수 있는 10~100만 색의 가짓수를 훨씬 웃도는 섬세한 시각을 가지고 있다. 물론 칼라의 개념은 성격이나 환경 등 개인차에 따라 차가 있지만 20~30개 정도로 인식하고 있다.

일반인의 칼라 선호도는 청색, 적색, 갈색, 등색, 황색, 흑색의 순이다. 일반적으로 백색은 선호도가 낮은 편이다. 우리 생활에서 칼라만큼 인간의 감정을 자극하고 심리적, 정신적인 면에 많은 영향을 주는 것도 드물 것이다. 다음에 열거하는 것은 색상별, 색채의 특성 및 상징성과 연상 작용에 대한 것이다.

가. 황색(Yellow)

모든 색채 중에서 가장 밝은 색이지만 가장 대중적인 색은 아니다. 중국에서는 햇빛과 결부되어 제왕의 색으로 일반인에게는 사용을 금지하였다. 연상작용은 긍정적인 면에서는 밝고 맑은 황색은 태양을 상징하며 명랑하고 즐겁고 활발하다.

한편 부정적인 면에서는 주위의 색이 가미된 녹황색 같은 색들은 모든 색채 중 대중성이 없고 일반적으로 싫어하는 경우가 많다. 이런 경우에는 질병, 건전하지 못한 것, 천한 것, 비겁, 질투의 의미도 갖는다.

그리스도교에서는 예수를 배반한 유다의 의복색이라 하여 최하등의 색으로 여긴다. 사회에서는 노랭이라는 의미로 쓰이기도 한다.

나. 청색(Blue)

차가운 색이고 청명하며 수동적이고 고요하다. 청색과 녹색은 정신적으로 무감각한 색채이다. 때로는 고독과 근심의 색이며 과거와 미래에 관계 있는 현재의 색채이다. 서구에서는 Blue Blood라 하여 귀족이나 명문의 혈통을 뜻하기도 한다. 상징과 연상으로 교회에서는 청색이 정지, 희망, 침착을 의미한다.

스페인이나 베니스 사람들 중에 명사들은 청색과 흑색에 매혹되기도 하였다.

다. 적색(Red)

모든 색채 중에서 적색은 가장 높은 채도와 가장 큰 매력을 가지고 있다.

이것은 적극성이 있고 공격적이며 흥분이 된다. 특히 여성에게 인기 있는 색이다. 또한 따뜻한 색의 대표적인 것이며 음식에서는 달콤하고 식욕을 돋구는 색이다. 그래서 제과나 식품의 포장에 쓰이기도 한다. 상징적 연상작용을 보면 적색은 일반적으로 보다 원시적인 정열과 감정을 상징한다. 그리고 매력, 투쟁, 위험, 용기, 정력, 성욕 등을 연상시킨다. 중국에서는 이것을 혼인 축하식에 연관을 두고 쓰고 있는데 서구에서는 신앙을 상징하기도 한다.

우리나라에서는 적선지대, 홍등가의 여인 같은 색채에 사용하여 성적인 면을 암시하고 있다. 밝은 적색은 자극적이며 또 일반적으로는 유쾌한 것이지만, 너무나 많은 양을 사용하면 불안을 초래하고 피로하게 하기도 한다.

라. 자색(Purple)

장엄하고 장중하며 풍부하고 호화로우며 인상적이다. 상징성과 연상작용은 청색과 적색을 배합하여 만든 색이므로 두 가지 색채의 특성을 함께 가지고 있다. 즉 적색의 용감과 정력을, 청색의 영적인 것과 숭고한 것을 나타내고 있다. 이 색은 제왕의 색이며 고대 지중해 연안에서는 귀족들이 애호하였다. 색의 성격판단에 따르면 귀족적이고 예술가적 기질을 가지고 있다. 의복의 색은 청순함이 보이지만 외로운 침묵으로 보이기도 한다.

마. 보라색(Violet)

차갑고 음성적이며 후퇴하는 색이다. 청색과 유사하지만 좀더 침착하며 장엄하다. 이 색은 우울한 특질을 가졌으며 불행과 단념을 암시한다. 상징성과 연상은 종교적인 면에서 성자의 참회를 의미한다. 어떤 경우는 성숙하지 못한 여인과도 같고 독신생활을 하는 성직자와 같다고도 한다.

바. 백색(White)

회색이나 흑색과 비교하면 적극적이며 자극적이다. 화려하고 경쾌하며 밝고 고상하다. 순수와 결백, 평화와 신성의 의미도 있으며 침묵의 반대고 자백, 자서의 뜻도 가지고 있다. 상징과 연상의 면에서는 순결, 청초, 결백, 진실 등을 상징한다. 서구인들에게는 순결과 청초의 의미로 혼례복에 사용되는 전통적인 색채이다. 전투에서는 백색기가 항복을 의미한다. 우리나라에서는 '백의 민족' 이라 하여 흰색을 선호하는 것으로 전해지고 있다.

사. 흑색(Black)

억제하고 압박하며 엄숙하고 심원한 성질을 가지고 있다. 불길의 색으로 악을 의미하며 침묵 또는 지옥을 나타낸다. Black list, Black Bird 등 강한 의미도 있다. 상징과 연상을 보면 서구문화에서 흑색은 항상 슬픔, 우울, 죽음을 의미한다. 암흑의 공포를 느끼고 또 한편으로는 비밀, 공포, 악(惡)을 암시한다.

3) 상품의 개성화, 칼라화

① 칼라의 선택은 곧 이미지의 선택

현대는 소비자의 생활이 감성화, 개성화, 칼라화 되어가고 있다. 칼라화는 욕구에 대해 한가지 색으로 이것이 좋은 것이라고 평가 기준을 삼는 것은 대단히 어렵다. 칼라의 선택은 바로 이미지의 선택이기 때문이다. 따라서 칼라 이미지의 스케일을 소비자들의 색채에 대한 욕구와 그에 대한 이미지를 통계적 체계적으로 분류하여 디자이너로 하여금 개별적인 색채 기호로 선택하는 것을 피하고 색채 사용에 있어 과학적이고 합리적인 근거로 사용하는 데 그 의의가 있다.

칼라 이미지 스케일은 일본 칼라디자인 연구소(NCA)에서 소비자들에게 느끼는 각 색상의 이미지를 의미 분석법을 이용해 조사, 통계 처리하여 체계화한 자료인데 우리가 일반적인 색채 기호나 흐름을 알기 위해 소개하고자 한다. 이미지 스케일을 분류함에 있어 비단 칼라뿐만 아니라 형태 이미지 스케일(Form Image Scale), 패턴 이미지 스케일(Pattern Image Scale), 소재 이미지 스케일(Meterial Image Scale) 을 작성함으로써 이들 상호간에 공통점을 찾아 각 요소가 조화된 제품이나 이미지를 파악할 수 있도록 한 것이다.

따라서 타분야와 연계성을 갖기 위해 가전제품, 주택, 자동차, 의류들의 형태 · 소재 · 패턴 · 칼라의 공통성을 찾았고 디자인을 케이스(Case), 시스템

(System), 패턴화(Pattern) 분석으로 체계화시켰다.

이것이 바로 칼라 이미지 스케일의 근본적인 목적이다.

하나의 제품이 탄생하면 그 수명이 다할 때까지 발전 단계를 갖게 되는데 소비자의 기호가 다양해지고 성숙해지면 상품도 다양해지고 성숙해진다. 상품의 칼라도 소비자의 심리적 성숙에 따라 발전된다.

4) 상품의 발전 단계

〈도입기〉

대부분의 상품은 기능성만으로 생산되어진다. 칼라가 중요하지 않은 시기이며 이때에는 시장이 확립되어 있지 않고 경쟁 상대도 없는 상태이다.

〈성장기〉

지사제품의 품목수가 증가하고 상호의 특이성을 구별하기 위하여 품목을 차별화시킨다. 경쟁상품이 나타나면 단순 구별을 위한 칼라가 증가한다. 적, 청, 황, 녹 등의 원색 계통이 나타난다.

〈안정기〉

경쟁기업이 증가하고 상품에 대한 소비자 판단기준도 엄격하게 된다. 상품의 질이 높아지고 개성을 위하여 상품의 이미지에 맞게 칼라가 결정된다. 중간색조인 아이보리, 베이지 등의 파스텔조 칼라가 등장한다. 그리고 이때부터 감성 상품의 등장으로 칼라 마케팅이 필요하게 되는 때이기도 하다. 합리적이고 과학적인 근거하에 상품 개발과 색채 계획을 해야 하며 종래의 경제성, 기술적 측면만의 생각이나 디자이너의 아집 등은 소비자로부터 점점 멀어지는 시기이다. 상품의 이미지화에 의한 감성 가치가 구매의 중요점이 된다.

〈성숙기〉

상품의 개성화, 다양화가 이루어지고 대체 수용기에 접어든다. 상품의 생활환경에서의 위치 설정에서 칼라가 결정되며 따라서 다른 분야의 정보가 필요하게 된다. 선택기준이 라이프 스타일화되고 코디네이트 의식이 고조된다.

〈난숙기〉

개성이 극히 세분화되며 제품 컨셉이 다양화된다. 상품을 만드는 개념에 공평해야 하며 새로운 의미의 브랜드 이미지가 확립된다. 이렇듯 상품이 어느 시기에 존재하고 있는가를 이해하면서 칼라 마케팅을 전개해야만 비로소 경쟁력을 갖춘 상품으로서 생존하게 된다.

단색 COLOR IMAGE SCALE

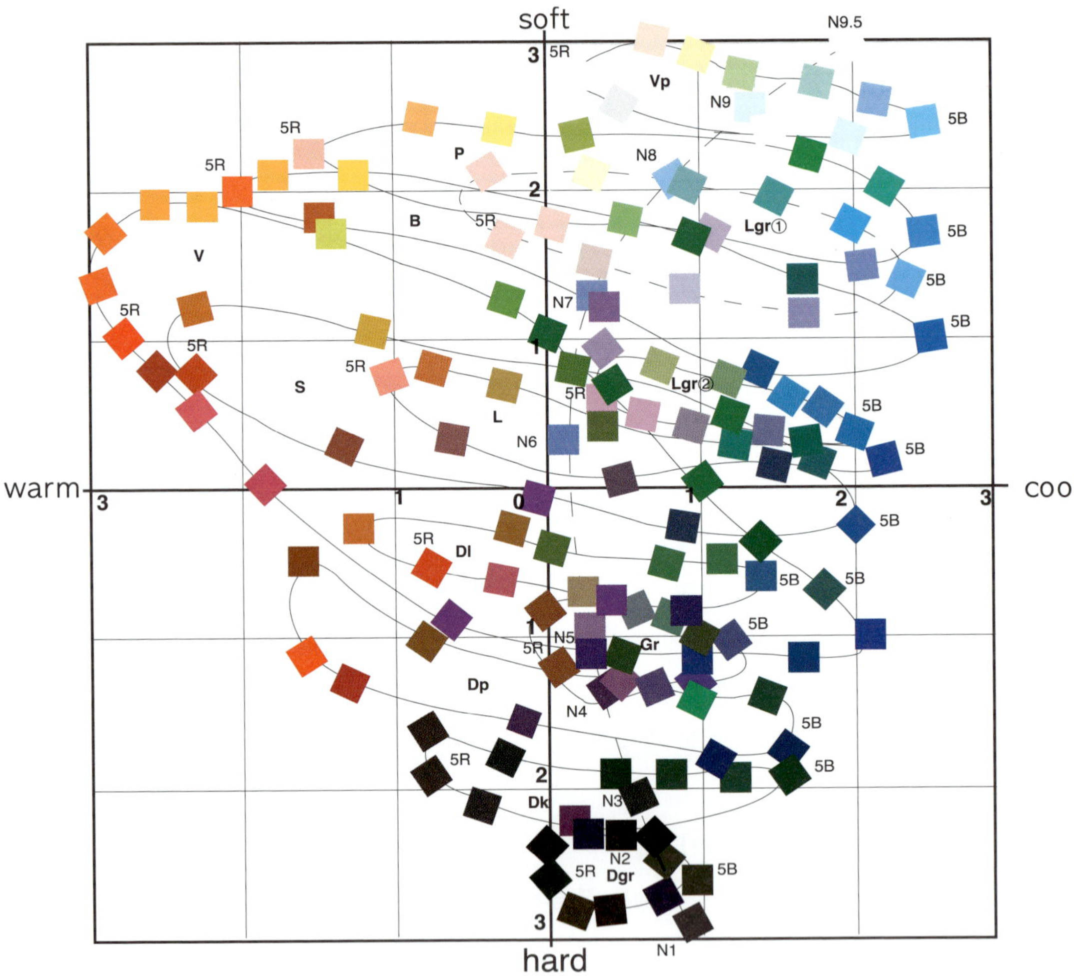

5) 칼라 이미지 스케일 방법

칼라 이미지 스케일을 보통 의미 분별법으로 조사한다. 여기에서는 25개 항 정도의 형용사를 서로 상반되는 형용사와 짝지어 그 범위를 7단계로 분류하며 각 색상으로부터 느끼는 이미지가 어느 쪽에 가까운가를 40~50 명 정도의 사람들로부터 조사 집계하여 통계를 나타낸다.

의미 분별법에 사용된 항목 중 칼라가 주는 느낌의 상호관계 어휘에서 가장 요약된 요소가 Warm, Cool, Soft, Hard이다.

	-3	-2	-1	-0	1	2	3	
(1) 따뜻하다	:	:	:	:	:	:	:	차다
(2) 부드럽다	:	:	:	:	:	:	:	딱딱하다
(3) 좋아한다	:	:	:	:	:	:	:	싫어한다
↓								↑
(25)개 항목을 조사한다								Image 특징이 표출된다.

이미지 스케일 Zone이 대체적으로 통일감이 있다면 조화(Coordination)가 되어 있다고 볼 수 있다. 따라서 칼라 이미지 스케일을 잘 이해하면 상품에서뿐만 아니라 광고에서도 훌륭히 적용할 수 있으며, 또한 그해의 유행 칼라 경향을 파악하여 국내외로 파악하여 품목별로 비교해보면 그 다음 해의 유행 칼라도 유추해낼 수 있다.

6) 감성화 라이프 스타일

라이프 스타일은 생활의 측면인 생활의식, 생활행동, 가치관, 태도 등의 복합으로 연령층에 따라서도 다양한 계층이 형성되지만 그 전체를 하나의 시스템으로 묶어 말할 수도 있다.

지금까지의 라이프 스타일을 평가하는 기준은 성별,연령별과 같은 인구 통계학적 기준이 주류를 이루었지만 이제 이 방법만으는 불충분하다.

동일한 성 (Sex)에 속하더라도 가치관, 생활의식, 생활양식에 따라 상이한 욕구를 가지고 있기 때문에 이러한 요소들이 새로운 시장분화의 기준이 되기도 한다. 요즘 세대들의 특징은 태어나서 자란 시대 환경의 차이가 다른 것도 그 하나이다.

여기에서 가장 주목되는 것은 이른바 신인류 (Neo Homosapiens), 감성의 시대, 컬처시대, 소프트한 시대 등으로 불리운다. 반면 새로운 시대상을 쫓아갈 수 없는 사람을 총칭하여 '구인류' 라고 부르고 있다. 새로운 시대의 주연으로 생기있게 호흡하여 살아가는 사람들을 일본에서는 '신인류' 라고 부르고 있다.

이들을 감성세대라 말하는데 그들은 O, X식 교육에다 만화, 텔레비전, 퍼스널 컴퓨터 등의 뉴미디어와 접하면서 성장했기 때문에 활자정보 보다는 영상정보 (기호정보)에 익숙하다. 따라서 그 행동은 직감적이며 디지탈(Digital: 데이터를 숫자로 표현)적이다. 이성이나 지성을 기준으로 하는 아날로그 (Analogue: 데이터를 양으로 표현)적인 구세대와는 전혀 다르다. 그리고 산업사회는 수년동안 커다란 진전을 보인 결과 하이 모빌리티 (High Mobility)에 의해 전국이 1일 교통권이 되어가고 있다.

더구나 2004년대에 이루어지는 전국 1일 생활권의 고속전철화, 자가용 비행기의 등장은 전국을 통한 새로운 문화권이 형성되며 새로운 패턴을 가져올 것은 분명하기 때문이다. 또한 미디어의 등장, HDTV(고화질, 고감도 TV), 대형 부가가치 통신망 VAN과 컴퓨터 단말기를 연결한 정보 네트워크 시스템은 국내는 물론 세계를 하나의 시장으로 만들게 된다. 특히, 일렉트로닉스로 상징되는 하이테크 산업은 산업사회의 시스템을 크게 바꾸고 그 회전속도를 가속화하여 생활문화에도 혁명적 변혁이 예상되고 있다. 이를 고속화 사회라고 말할 수 있다.

다음에 설명하는 8가지 라이프 스타일은 일본의 조사 자료에 의한 것이지만 우리나라도 이와 같은 감성적인 접근이 가능하리라 생각하여 그 특성을 소개한다.

소비자의 8가지 라이프 스타일

스콜레 지향형

Sckole는 라틴어의 Scora에서 나온 말인데, 이는 살아가는 방식이 자유로운 선택이라는 뜻을 가지고 있다. 이들은 미술전시나 음악회에도 자주 간다. 정서적이며 지성미 있는 생활을 추구하려 힘쓰고 있다. 이 유형은 고학력, 고소득층 일수록 많다.

불런터리 심플리티형 (Voluntary Simplicity)

조금 비싸더라도 물건다운 것을 산다. 좀 값이 나가도 기능과 품질이 좋은 것을 산다. 패션제품을 살 때에는 센스에 중점을 둔다. 집, 자동차, 또는 인테리어를 할 때 칼라나 디자인을 중시하는 편이다. 이들은 감성적이며 내부 지향적이고 고소득층, 고학력에서 많이 발생한다.

대중형 릴렉스형(Relax)

직장이나 가성을 떠나면 일이나 집안일을 일체 잊어 버리는 편이다. 돈이나 일이 있어도 금방 잊어 버린다. 이런 부류는 고속사회화와 관계가 깊다. 대중형 라이프 스타일을 즐거운 거리, 신선한 무드가 있는 가게에 가면 예정에도 없던 쇼핑을 잘한다. 그래서 바겐세일 등에서 값이 싸다는 기분에 끌려서 사기도 한다.

모라토리엄 신드롬형 (Moratorium Syndrome)

이는 감성세대의 특징으로 타인과의 인격적 관련을 피한다. 기계, 미디어와의 친근성이 강하다. 아이덴티티 획일을 위한 차별화 욕구가 강하다. 남에게 속박당하고 싶어하지 않고 자기가 하고 싶은 것은 직장이나 가정문제로 희생하지 않는다. 주위 사람의 눈치 같은 것은 보지 않고 하고 싶은 것을 하는 편이다. 즉 이런 부류는 맞벌이 부부 사이에서 흔히 볼 수 있는데 집안 열쇠도 자기가 갖고 다녀야 하는 형으로, 외아들이라는 인간형성기의 환경에서 기인한다.

고감도형

이는 외부 지향적 인간이며 유행에 민감하며 동료와 함께 노래 부르고 흥겨워한다. 유행이나 세상 돌아가는 것에 민감한 편이다. 때때로 북적이는 거리에 나가지 않으면 마음이 가라앉지 않는다. 음악의 리듬을 타고 금방 몸을 움직인다.

뉴 웨이브형 (New Wave)

하이 모빌리티, 하이 커뮤니케이션을 특색으로 하는 고속사회의 상징 같은 라이프 스타일이다. 텔레비전의 프로그램 경향을 변경시킬 정도의 힘을 가지고 있는 시청자라는 점에서는 고감도형에 가깝다. 그러나 심야 텔레비전, 라디오에 관심을 갖고 있는 점에서는 전혀 다른 라이프 스타일이다. 24시간 시대를 현실의 것으로 소화하고 있는 점에서 21세기를 향한 뉴 웨이브 (New Wave)이다. 이는 내부지향과 외부지향의 밸런스 위에 서 있는 형으로 새로운 라이프 스타일의 물결이라고 부를 가치가 있다.

신세대와 감성표현 사회

(자료조사 일본)

과 거		현 재
외부 지향적	→	자기중심적
가치 의존	→	가치 창조
인류지향(획일성)	→	평등지향(다양성)
생산자 창조(소품종 대량생산)	→	소비자 창조(다품종 소량생산)
기능사회(소수의 창조자)	→	디자인 사회(다수의 창조자)

위와 같이 경제적 여유가 생기면서 개인의 가치관이 바뀌었고 소비자의 의식이 차원을 달리할 정도로 바뀌었음을 알 수 있다. 무엇보다 구세대와 신세대의 가치관 형성이 크게 바뀌었다. 한마디로 삶의 질이(Qualty of Life) 크게 바뀌었는데 신세대는 과거의 6.25한국전쟁 경험이 없고, 빈곤했던 시기의 경험이 없는데다가 자기들의 가치관을 주장하고 있으나 구세대는 사회환경에서부터 전쟁과 보리고개를 경험하여 무엇보다 경제 관념의 차이가 다를 수밖에 없다.

4. 그린마케팅

1) 그린마케팅의 의미

오늘날 세계적으로 환경문제로 인하여 문제시되고 있는 대기오염, 생태변화, 지구온난화현상, 거기에 따른 한국만의 특성인 사계절마저 절기가 점점 변화되고 있는 현재에 국내외의 환경단체들의 목소리가 점점 높아져가고 있다. 1982년 영국의 갤럽조사 결과, 영국인의 반수가 인플레이션 퇴치보다 환경보호가 더 중요하다고 생각하고 있는 것을 보면 환경이 얼마나 중요한가를 알 수 있다. 환경운동이 반전(反戰)반핵의 시민운동과 환경을 만드는 지구의 생태적 자연환경 파괴로 인한 물, 공기 등의 오염과 같이 환경 생태적 전반을 말하는 것이라고 하면, 그린운동은 우리의 사회적, 경제적, 기술적, 법적, 그리고 광의적 시스템과 관련한 문제의 증상들에 대한 것으로 이야기할 수 있으며, 이러한 환경이 사회와 기업에 미치는 영향은 날로 심각한 문제로 대두되고 있다.

① 그린마케팅의 내용적 의미

1. 지구상의 생명체에 대한 관심
2. 미래 세대에 대한 관심
3. 환경을 보호하려는 관심
4. 소비와 물질주의적 가치관에서 보존, 공유의 가치관
5. 물질적 생활수준 향상보다 삶의 질에 대한 강조

② 미래의 그린마케팅

이제는 우리가 사는 환경과 사회가 더 이상 오염되지 않아야 한다는 의식을 가지고, 환경중시적 사고가 기업이나 디자이너들에게도 확산되어, 기업경영자나 마케팅 관리자로서 인간적 가치, 생활의 질 향상, 사회 공익성 자연환경 보

전 및 자연자원의 절약 재활용 등에 대하여 연구하고 개발할 수 있는 그린 마케팅에 대한 전략수립이 요구되고 있는 시대이다.

③ 기업 환경의 변화

날로 발전하고 있는 산업화, 기계화에 따른 부작용도 많이 나타나고 있는 현실이다. 환경문제로 제기되고 있는 쓰레기, 폐기물 등의 그 피해나 영향은 국내에만 그치지 않고, 국경을 넘어 국제화되고 있는 추세이다. 그 원인도 기업뿐만 아니고 소비자의 대량소비, 대량폐기라는 생활패턴에서 오는 것도 많다. 어느 특정한 환경문제에 대해서만 규제를 한다고 해결될 것이 아니기 때문에, 사회환경 시스템이나 생활 패턴 자체에 대한 재평가가 요구되고 있다.

특히나 생활용품을 생산하는 기업과 상품개발을 담당하고 있는 엔지니어, 디자이너들은 생산, 물류, 판매활동에서 리사이클이나 리필 폐기물처리라는 환원 프로세스를 포함하여, 상품 서비스의 차원이나 그린마케팅의 차원에서 연구되고 개발되어야 할 것이다. 이는 사회적 경제적 차원이나 자원재활용으로 인한 원자재절감 등 기업의 생산비나 유통과정에서 비용이 절감되어 결과적으로 기업에 이익을 가져다준다. 고객의 이익, 고객이 생활하는 사회의 이익에도 도움이 되고, 환경과의 공생에도 뜻이 있으며, 자연자원을 바르게 이용하고 배출된 자원을 회수하고, 그것을 다시 새로운 원료로써 재이용하고, 재제품화하는 것에 그린마케팅의 큰 목적이 될 수 있다.

④ 그린마케팅에 의한 포장계획

그린마케팅에서 중요한 핵심은 원자재의 활용에 있어서 절감과 재활용의 문제이다. 이는 디자이너들이 포장설계와 계획에서 연구하고 추진되어야 한다.

몇 가지의 문제점을 열거하면 다음과 같다.

1. 화학적 물질자재보다 자연자재의 활용
2. 불필요한 중복 포장을 피할 것
3. 불필요한 공간을 줄일 것
4. 단위포장보다는 묶음포장

5. 포장 재료의 절약(지기구조의 간편화)
6. 재활용가능 포장
7. 분해가능한 재료의 포장
8. 그린적, 자연친화적 포장의 개발
9. 인쇄가공 후 불필요한 코팅 절제
10. 환경과 비친화적인 플라스틱, 병 사용 절제

2) 그린마케팅 사례

① 두산그룹

1991년 대구의 낙동강에 페놀이 방류되어 식수가 오염된 사건이 벌어졌다. 이로 인하여 공해기업으로 낙인 찍힌 두산그룹은 대구시민들의 심한 저항으로 두산상품 불매운농은 물론 그룹의 이미지에 심각한 손상을 입게 되었다.

1991년 페놀 사태를 겪었던 두산은 1994년까지 3년간에 걸쳐 26개 사업장 중 16개 사업장이 환경처 지정 환경 모범업체로 선정되기까지 천문학적인 비용을 지불해야 했다. 이로 인해 공해기업의 이미지를 탈피하는 데 성공하였으며, 환경처 장관 표창까지 받았다. 그러나 여기까지 오는데 들어간 비용은, 환경관리시설에 350억원, 환경기금에 200억원 등 총 550억원의 비용이 들어갔으며, 이것으로 인해 잃은 기업의 매출감소는 400억원에 달할 정도로 심한 경제적 타격을 입었다.

② 더 바디샵(The Body Shop)

영국의 화장품회사 바디샵은 '환경으로 돈을 번다.'는 에코비즈니스의 신화를 창조한 기업으로 유명하다. 바디샵은 모든 화장품 용기를 원통형으로 된 단순 디자인의 한가지로 통일시켜, 크기에 따라 사이즈만 5가지로 디자인하였다. 이는 당시 영국의 화장품시장에 상식을 깬 획기적인 아이디어였다.

특히, 포장 디자인 처리에서도 지극히 단순하게 처리하여, 무장식주의를 내세우고 있다. 이는 재사용과 리필을 위해서 한 것이었다. 또 용기 외엔 일체의 부속포장재를 추방하였고, 회사 운송수단인 트럭에도 상품 선전 대신 '동물실험 반대' 라는 슬로건이 붙어 있을 정도였다. 또한 전 세계의 700개 점포는 환경단체들의 모임장소로 제공하는 획기적인 개편을 시도하였다.

그 결과 1976년 런던의 작은 점포로 시작한 이 회사는 89년에 매출액의 20%(약 300억원)를 이익으로 남겼으며, 90년엔 주가가 30% 뛰었다. 그리고 사장 로딕 여사는 89년에 유엔이 주는 '글로벌 500' 이라는 환경상을 받게 되었다. 이와 같이 녹색 소비자는 점점 까다로워지고 증가하고 있는 추세에 있으며, 이젠 환경마크를 달지 않으면, 선진국 슈퍼마켓에선 구석자리나 차지할 수 있을 정도로, 푸대접을 받고 있다. 88년 영국에서 발간된 녹색소비자 지침서(Green Consumer Guide)는 1백만 부 이상이 팔린 영국 서점가의 베스트셀러가 되었다. 시민들도 이에 대한 관심이 증폭되고 있음을 의미하는 것이다.

포장디자인 = 단순한 원통형 용기 = 무장식 주의 = 부속 포장재 추방 = 자연자재 활용 재사용 리필

〈바디샵의 3가지 기업이념〉

더 바디샵은 '환경보호', '인권옹호', '동물보호' 라는 세 가지의 기업이념을 두게 되어 있는데, 이는 런던시장에서 주식공개를 위해서였다. 이 결과 런던에서의 주식공개는 성공적으로 이루어졌다. 직원들이 더 바디샵에 근무하는 것은 단순히 비누를 파는 것이 아니라 동시에 지구사회를 위해 사회개혁을 위해서 활동하는 것이 아니면 안 된다. 지구사회를 위해 사회개혁을 위해 선택한 것이 환경보호, 인권옹호, 동물보호였다. 단지 이러한 활동을 위해서 비즈니스를 희생해서도 안 된다. 또한 종업원들에게는 자신들이 좋은 일을 하고 있다는 자긍심도 가지게 하는 것을 목표로 하였다. 그러기 위한 활동의 거점이 점포였다. 그리고 상품자체와 전단광고와 캠페인 등 마케팅 활동을 통해서 지역사회를 위한, 사회개혁을 위한 활동을 하도록 하였다. 그리고 바디샵에서 제

조되고 있는 상품은 대부분 천연원료 속에 풍부하게 있고, 또한 그 재생이 용이한 것이 중심이 되고 있다. 또 쓰레기량을 줄이기 위해서 상품의 포장과 쇼핑백을 아주 심플하게 하거나 점포에서는 고객에게 포장의 간소화 등의 협력을 구하고 있다. 또 창업 이후 용기의 리사이클과 점포에서 리필 서비스도 추진하고 있다. 고객이 리필 서비스를 받기 위해서는 고객 스스로 사용 후의 용기를 씻어 말려서 가져가지 않으면 안 되는데, 고객은 세정한 병을 가지고 가면 통상보다 싼 할인가격으로 구입할 수 있다. 이렇게 바디샵은 철저하리만큼 자연보호, 리필 등으로 그린마케팅으로 성공한 영국의 대표적인 기업이다.

③ 삼성전자

삼성전자는 1994년 일반 PC에 비해 47%의 절전기능을 갖춘 PC를 시장에 내놓았다. 그런데 예상 밖의 그린 PC는 국내 컴퓨터 시장의 판도를 바꾸어 놓은 획기적인 상품이 되었다. 삼성 PC는 경쟁사를 좀처럼 따라잡지 못고, 매출의 부진을 면치 못하였으나 그린 PC로 인해 매출증가율 160%를 기록하였다. 외국의 그린 PC처럼 부품을 재활용할 수 있는 것도 아니고, 단순하게 절전의 기능을 갖추었는데도 소비자의 반응은 달랐다. 환경기술개발원의 한 사람은, '이것이 녹색 소비자를 겨냥한 그린마케팅이 성공한 사례' 라고 말하고 있다.

④ 전기자동차 시대의 도래

전기자동차 시대는 무엇을 의미하나? 에너지 산업, 자원개발, 환경의 변화는 물론이거니와 디자인 분야에서도 큰 변화가 올 것으로 예상하고 있다. 그것은 자동차의 프로세스나 구조에서 큰 변화가 예상된다.

우선, 기존 자동차 부품 중 절반이 사라지게 되고 남는 절반의 부품도 50%를 전기차에 맞게 개조해야 되므로 엔진회전으로 작동했던 부품은 전기로 작동하도록 바뀌어야 한다.

이제까지는 엔진룸 때문에 기존의 외형 자동차 디자인에는 많은 제약을 받아왔으나 이러한 부품들이 대거 사라지면 그만큼 공간이 생기는 것으로 디자인 면에서는 다양한 디자인 시도가 가능할 것으로 보고 있다. 더구나 그린 에너지 날로 변해가는 환경문제의 심각성에 비추어 보면 전 세계적인 시장의 변화가 가까운 시일 내에 확산될 것으로 보고 있다 (2009)

전기차 시대의 변화상

엔진이 사라진다	베터리모터 기술 보유한 기업이 우위에
부품이 줄어든다	기존 부품업체 판도 변화. 자동차 디자인 혁명 촉발
양극화가 심해진다	막대한 투자 비용을 감당할 글로벌 기업만이 살아남는 시대
베터리 업체가 '갑' 으로	자동차는 굴러다니는 대용량 전지. 주요소대신 전기 충전소 부상

자동차 배터리는 세계 선두 LG화학

LG연구 시작, 1995년 1997년 제품개발 시제품 생산성공,
2000년 미국 콜로라도에 연구법인 설립, GM회사의 배터리 설계책임자 엘리버스 박사 스카웃. (LG CPI 대표로 선임)

1999년 국내 처음 소형리튬이온 2차전지 대량생산 체제구축, LG에 반해 Sony는 니겔수소전지 기술을 가지고 있으나 리튬 이온은 값은 조금 비싸지만 용량이 큰 장점을 갖고 있어 비교우위였다.

드디어 2009년 1월 미국 디트로이트에서 2009년 북미 국제 오토쇼에서 세계 첫 양산형 전지자동차인 사보레 볼트의 배터리 공급업체로 LG화학을 선정, 이로서 LG는 GM시보레, 현대에 납품하기로 결정하게되었다.

같은 해 미국 오바마 대통령은 미국 상하원국회연설에서 전기차 만드는 미국이 배터리는 한국산을 장착한다고 연설하였다.

이렇게 하여 LG화학은 옛날에는 비교조차 어려웠던 미국의 듀폰이나 바이엘

등과 어깨를 나란히 하는 세계적인 화학기업으로 인정 받게 되었다.

LG화학이 리튬이온 2차 전지 연구를 시작했던 1995년 소니나 파나소닉, 산요 등 일본 업체들은 니켈 수소 전지를 앞세워 시장을 장악하고 있던 시기였다. 그러나 LG는 값은 비싸지만 저장용량이 커 성장 가능성이 높은 리튬이온 전지로 승부를 걸었던 결과였다(자동차 1대의 배터리값은 자동차값의 1/10수준).

한국과 일본 기업의 다른 길 비교

재료분야	한국	일본
반도체 직접 방식	스택	트렌치
TV LCD 배터리 조선	디지털로 전환 패널 직접 생산 리튬이온 2차 시설 투자 확대	아날로그 고수 패널 외주 생산 전지니겔 수소 전지 투자 감소

위의 표는 결과적으로 한국이 일본 기술을 제치고 우위를 점하게 된 계기가 된 것을 알 수 있다. 그러므로 한 기업이 미래에 펼쳐질 라이프 스타일을 잘 못 예측하게 되면 어떤 결과가 오는지를 보여준 예가 될 것이다. 이와 같이 기업은 미래의 향방, 기술개발을 어떻게 할까에 대해 조사하고 결정 하는 것은 한 기업의 생사가 달린 것으로 성공의 열쇠가 될 것이다.

어느 경제인이 말했듯이 한 나라의 정책 결정은 대형 유조선이 출항하는 것과 같기 때문에 첫출항을 잘못하면 다시 방향을 선회하기가 어렵다고 말한 것이 생각난다. 즉 다시 선회한다는 것은 시간과 비용을 감당하기 어렵기 때문이다.

3. 시장과 소비자의 심리분석

1) 소비 집단의 심리 분석

제품의 기술 및 시장의 환경, 소비자의 구매 심리가 급변하면서 디자이너는 공급자의 제안을 어떻게 수요자에게 전달할 수 있는지가 디자인 과정 이전에 마케팅의 문제가 우선 과제로 떠오르고 있다. 소비자의 계층도 다양하지만 더 큰 것은 남성과 여성의 성역별 소비파워도 날로 변해가고 있다.

현대는 남녀의 사회적 지위와 참여도가 점점 여성 우위시대로 변해가는 나라들이 많은데다가 상품구매시 결정권자가 누구냐에 따라 큰 변화가 일고 있다.

조사에 따르면 가구나 자동차 같은 고가의 상품은 거의 80%이상이 여성 고객에 치중되어 있는 것을 보면 소비 집단의 심층적 원인 분석이 필요한 시대가 되었다. 과연 남성과 여성은 근본적으로 무엇이 다르며 어떻게 변하고 작용하고 있는지에 대해 인류의 초기부터 남녀의 역할에 대하여 알아보고자 한다.

2) 남과여의 구조해부

인류의 초기인 원시 동굴에 살 때부터 남성은 동이 트기 전 사냥 길에 올라 하루 종일 산속에서 예민해 있다가 동굴에 돌아오면 곧 잠이 들어 30%의 쉬는 시간은 무신경해져 살아 왔다. 그러나 집에 있는 여성에게는 밤낮없이 동굴을 방어할 책임이 있어 습관적으로 항상 신경을 집중하고 살아가야 했다. 그래서 여성의 뛰어난 청각은 "여성의 직감"으로 발전하여 여성이 말의 숨은 뜻을 잘 읽어 내는 이유 중의 하나이다.

신경 생물학적 분야의 최신연구에서도 여성은 다른 여성이 화가 났을 때 금새 알아차리지만 남자는 뺨을 맞은 후에나 뭔가 잘못 되었다는 사실을 어렴풋이 느낀다.

이렇게 발전하다 보니 100만 년 전부터 유전자의 차이는 지금도 변함이 없다. 왜 남자들은 용건만 간단하게 말하고 싶어 하고 여자는 세세한 부분까지 얘기하려 할까? 똑같은 문제를 놓고 남자는 특정 패턴에 초점을 맞추려하고 여자는 여러 요소들의 관계를 중요시 하는 까닭은 무엇일까? 왜 남자는 배 여자는 항구가 되려할까? 디자인 작업은 바로 남과여의 구조부터 생각하면서 출발해야 되며 시장에서 물건을 선택할 때 과연 누구의 힘이 더 강하게 작용하는가를 생각해보자. 다시 말하면 선택권은 누가 가지고 있는가. 돈주머니는 누가 쥐고 있는가 부터가 컨셉이다.

3) 구매과정의 다른점

구매를 고려하는 과정에서 남성은 사실과 숫자를 조사하지만 여성은 많은 사람에게서 정보를 구한다. 남성에게 쇼핑은 목적하는 물건을 사고 사라지지만 여자는 돌아다니며 경험을 즐기는 일을 좋아한다. 남과 여에 같은 돈과 시간을 주고 보면 여자는 800$을 소비하지만 남자는 기껏 30$만 소비한다. (Tom Piters)

남성과 여성은 커뮤니케이션과 구매 이유가 다르다

남성은 단순히 거래가 성사되기를 바라지만 여성은 주변관계에 관심이 많아 가는 곳마다 관계를 맺는다. 그래서 남성은 목적지로 곧장 달려가 원하는 물건을 잡고 계산한다. 남성이 가격표를 무시하는 것은 "남성다움의 상징"이다.

4) 광고의 반응과 이해

남성과 여성은 이야기를 구성하는 방법부터가 다르다.

남성은 표와 비교할 순위를 필요로 하고 (논리성) 여성은 일관된 주위와 비교하는 이야기를 원한다(주변성) 그리고 남성은 헤드라인부터 읽는다. 그러나 여성은 Copy(배경)부터 읽는다.

남성은 아들에게 100마디의 뜻을 담아 한마디로 표현하지만 여성은 100마디의 얘기로 늘어놓는다.

5) 여성과 남성의 커다란 차이 비교

남자는 자기 중심적 / 여성은 타인 중심적

남자는 권리 중심적 / 여성은 책임 중심적

남성은 개인적 시각을 갖고 / 여성은 그룹 시각을 갖고 있다.(최소 단위가 "우리"다)

남성은 자존심을 중시한다 / 여성은 팀의 성과를 중시한다.

시각 = 남성은 집중적 / 여성은 주변적 (여러요소들의 관계를 중시한다)

후각 = 여성은 민감 / 남성은 상대적으로 둔감

촉각 = 가장 민감한 남자도 / 가장 둔감한 여자를 따라잡지 못해

청각 = 여성의 불쾌지수는 남성의 절반

남성은 정보를 얻고 지위를 다지며 독립성을 표현 / 여성은 관계를 맺고 상호작용을 유도하며 감정을 교환한다.

남성이 쓴 영화의 대본은 단도직입적이지만 / 여성의 글에는 많은 갈등과 클라이 막스 결말이 있다.

남성은 글을 읽듯이 말하고 / 여성은 감정을 담아 말한다 또 남성은 목상처럼 듣는다.

여성은 아이의 친구와 꿈, 남녀문제, 생각, 감정을 알고 있다 / 남성은 그저 아이가 집안에 있다는 사실만 어렴풋이 인식한다.

(Barbara Pease & Allan Pease 저, "말을 듣지 않는 남자와 지도를 읽지 못하는 여자"에서 신경 생물학적 최신 연구에 기초한 것)

위에서와 같이 남녀의 차이를 보면 원시시대부터 사냥꾼이었던 남성은 멀리 있는 표적에 집중할 시각이 필요한 반면 여성에겐 약탈자를 감시할 수 있는 폭넓은 시각이 있어 외도하는 남성을 집중적으로 추궁해 낼 수 있는 육감을 갖고 있다. 한편 요즘 남성이 멀리 있는 술집을 쉽게 찾으면서 냉장고나 찬장 옷장안에 있는 물건은 절대 찾지 못하는 이유가 여기에 있다. 그러나 사냥꾼이었던 남성은 동물의 소리를 흉내낼 수 있는 놀라운 재주가 있다.

6) 여성이 구매하는 이유

여성이 구매하는 이유도 다르다. 제품개발 배경과 포지셔닝, 마케팅 유통서비스에 이런 차이를 두어야 한다. 여성은 브랜드를 사는 게 아니라 브랜드에 동참한다 (영국 레드우드 출판사 편집장 주장)

미래를 경영하라의 저자 Tom Peters는 수년간의 소비자 동향 연구 끝에 다음과 같은 결론을 내렸다.

모든 소비품 구매에서 구매를 주도하는 사람은 여성이다.

- 모든 소비품 구매 83%
- 가구 94%
- 휴가 상품 92%
- 새로 사는 집 91%
- 가정용 DIY 용품 80%
- 가전제품 51%
- 자동차 60% (나머지 30%의 구매에도 막강한 영향력)
- 은행계좌 개설 89%
- 의료서비스 80% 결정하고 지출의 2/3를 책임진다.

7) 대한민국 소비시장

대한민국 시장은 전체소비의 80%를 여성소비자가 지배하고, 이제 그녀들을 사로잡는 자만이 경쟁에서 승리할 수 있다.

(구매하는 방식 way of buying 뿐 아니라 생활하는 방식 way of living 까지 이해하라)

Tibor Kalman 작품
우산은 비만 피하는 도구가 아니라 맑은 하늘을 볼 수 있는 나만의 공간이라는 것!

대한민국 여성소비자

(대한민국 여성소비자, 홍성태 저, 세종)

심리학자의 이야기를 빌리면

「여성작가가 그린 여성은 미묘하고 복잡하다」

그러나 남성작가가 그린 여성은 환상속이다.

그래서 가정은 정원과 같은 것이며, 매일 아침 정성껏 물을 주어야 한다는 것.

우리 시장은 파레토의 법칙에서 설명했듯이 80%가 여성고객이라는 사실을 명심해라.

그래서 대한민국 시장은 전체소비의 80%를 주도하는 여성소비자가 지배한다는 사실을 알아야 한다.

외국인들이 한국을 테스트 마켓이라고 부르고 신제품을 가지고 들어와 시험을 하지만, 그중에서도 입김이 쎈것은 여성고객이라는 사실을 기억해라.

그래서 여성들의 삶의 전반에 대한 체계적 분석을 한 한양대 홍성태 교수의 소비자 조사에서 주 내용은 다음과 같다.

1. 무엇을 하는데 시간을 쓰고
2. 무엇에 관심을 갖고
3. 무엇을 중요하게 생각하고
4. 인생관은 무엇이고
5. 가치관은 무엇인가

이것은 모든 디자인 발상의 키워드그 될 것으로 생각한다.

한마디로, ABS 창(窓)은 아침 사과와 같습니다

화장실을 밖으로 낼 수도 없고…

제6장 뉴미디어 시대

1. 뉴미디어 정보화시대의 도래

1) 뉴미디어 정보화시대

과연 뉴미디어란 무엇인가? 최근 들어 뉴미디어에 대한 관심들이 증폭되고 있다. 이에 대한 답을 얻기 위해서먼저, 미디어의 발달과정을 살펴보기로 하자.

인쇄술의 발달은 정보를 대량보급할 수있는 신문을 탄생시켰다.

신문이 곧 미디어이고 미디어가 곧 신문이던 시절이 있었다. 그 때 인쇄를 뜻하는 용어인 '프레스'는 곧 미디어를 대표했다.

1900년, 아날로그시대!
아날로그 = 양적 = 인간적!
디지털 = 수직 = 비인간적!
(자료. 디자인하우스)

이렇게 수세기 동안 언론의 왕자로 군림했던 시절이 끝나갈 무렵 등장한 것이 라디오이다. 라디오의 주된 커뮤니케이션의 특성인 음성(Voice), 음악(Music), 음향(Sound) 등 소리(Audio)의 특성을 이용해서 정보를 전달하는 새로운 매체가 탄생한 것이다.

라디오가 출현한 지 얼마 지나지 않아 이제는 시 · 청각 매체인 텔레비전이 등장하는 새로은 영역인 영상(Vidio)의 시대를 맞게 되었다. 이러한 TV는 영상의 특성을 주축으로 오디오의 특성에 부분적으로 텍스트, 이미지, 일러스트레이션 및 애니메이션의 특성이 가세해 새로운 개념으로 정보를 전달하게 되었다.

뉴미디어는 항상 기존의 미디어를 위협한다. 그러나 그러한 기존의 매체는 사라지는 것이 아니라 새로운 미디어들과 공존하게 되는 것이다.

① 뉴미디어 시대의 영상 시각언어

멀티미디어 시대의 영상정보, 다가오는 21세기의 가장 큰 특징이라면 정보고속도로(Information Superhighway)의 구축에 의한 정보화 사회의 도래이다. 삶의 방식, 즉 총체적 의미로서의 정보 전달방식이 새로운 차원으로 바뀌게 된다. 이는 사회적으로 커다란 변화를 초래할 것이다.

따라서 정보 고속도로로 운용되는 멀티미디어 방식의 커뮤니케이션을 이해하는 것은 매우 중요하다. 새로운 정보전달 방식이 사회 구조를 변화 시키듯이 새로운 매체인 멀티미디어는 문자와 음향, 사진, 그래픽, 애니메이션, 영상 등 각각의 매체를 컴퓨터 기술로 통합하여 인간의 오감과 관련된 모든 정보를 편집, 가공, 저장, 전송하는 일련의 행위를 통칭한다.

이는 컴퓨터 통신에 의한 정보교류가 지닌 딱딱하고 부자연스러운 단점을 보완하여 좀더 자연에 가까운 통신환경을 구현하고자 하는 데 그 의미가 있다.

컴퓨터 스크린을 통한 영상정보는 기존의 촬영작업을 통한 다소간의 우연성에 의해 지배되는 영상에서 '디지털 방식에 의해 제어되는 영상' 으로 이행됨으로써 문자와 같이 인간의 사고를 충실히 표현할 수 있는 수단이 되고 있다. 바로 이러한 점에서 앞으로 영상정보가 정보전달 수단으로 가장 유용할 것으로 보이며, 제어되는 영상이 발신자에 의한 의도된 의미(intended meaning)를 가장 정확히 수신자에게 전달하는 수단이 될 것으로 보인다.

② 영상정보 디자인을 위한 개념의 이해언어

인간이 군집을 이루어 살아 오면서 사고를 전달하는 수단으로 언어와 비언어적인 요소들이 상호 보완적인 작용을 했다. 특히 언어를 기록하거나 대량으로 복제할 수 있는 인쇄술은 출현한 이후 약 5세기 동한 그래픽 커뮤니케이션의 주요 채널이 되어왔다.

그러나 인간에게는 하나의 내용을 충실히 표현해주는 것과 동시에 그 내용의 여러가지 측면을 동시에 나타내주는 새로운 방식에 대한 열망이 오랜 시간 잠재되어 있었다. 이러한 것을 해결하기 위한 노력의 결과로 르네상스 시대에는 투시법의 원리가 개발되었는데 이는 한 장면에 입체적으로 내용을 표현함으로써 결과적으로 더욱 많은 정보를 수록하는 계기를 마련했다. 그 이후에 등장한 구성주의도 같은 맥락에서 파악할 수 있다.

현대는 디지털 혁명으로 인해 정보의 가공이나 저장이 더욱 용이해져 많은 정보를 수록함은 물론, 인간의 오감이 동원된 커뮤니케이션을 실현하기 위해 복합 매체를 사용하게 되었다. 이렇게 컴퓨터 스크린에서의 각종 미디어의 결합은 비주얼 디자인을 위한 새로운 도전과 기회를 제공하게 되었다.

멀티미디어의 등장으로 인해 정보전달의 매체는 문자중심인 책의 형식에서 점차 전자정보의 영역으로 옮겨지게 되면서 새로운 정보전달 매체가 창출되고 있다. CD-ROM, CD-1 등과 같은 패키지 미디어와 종합전산망을 기반으로 하는 온라인 시스템 등은 정보를 영상 스크린을 통해 전달해주는 새로운 매체로 등장했다.

이들은 텍스트와 시 · 청각 정보 사이의 실질적인 상호보완을 촉진시킴으로써 커뮤니케이션의 본질인 의미전달의 효율성을 극대화시키고 있다.

③ 영상디자인

현대는 영상시대라는 말과 더불어 우리나라에서도 케이블TV 시대가 개막되었다. 케이블TV는 기존의 텔레비젼 방송과 같이 절대다수의 대중을 대상으로 하는 것이 아니다. 비교적 세분화된 적은 수의 시청자에게 소구된다는 점에서 프로그램의 기획와 그 전개가 다양한 양상을 보일 것으로 기대된다.

이에 따라 기획 및 연출 인력은 물론 '화상의 시각 효과를 콘트롤하는 역할을 수행' 할 디자이너에 대한 수요가 증대될 것임에 틀림없다. 이러한 작업을 수행하는 인력을 우리는 흔히 영상디자이너라고 하는데 그러면 과연 영상디자인이란 무엇일까?

가. 영화 (Motion Picture)≠영화 (Image)

일반적으로 영상디자인이라는 말에서 가장 감명깊게 보았던 영화의 한 장면을 연상하기도 한다. 그러나 만일, 그러한 것이라면 영상디자인은 영화의 아류에 불과하다고 말할 수 있다. 영상디자인에 관한 오해의 원인은 대부분의 경우 영화와 혼동하는 데서 비롯된다. 따라서 본 장에서는 주로 영화와는 엄밀하게 구분되는 영상디자인의 위상을 중심으로 알아보도록 하겠다.

최초의 단계에 있어서 영화와 영상은 동일한 것으로 인식해도 무방하다.. 영상은 그 발명에서부터 영화적 표현을 위한 원리, 다시 말하면 ①대상의 시각적 특성과 기록 및 재현의 기술(photogrape)과 ②운동인상의 분석과 합성의 기술(animation) ③빛의 투사에 의한 시각적 형상의 투영기술(projection)을 접목하여 '카메라에 의한 대상의 촬영 및 필름현상 과정에 의한 현실 재현과 복재, 그리고 영사기에 의해 일정의 스크린에 투영한다.' 라는 고정된 프로세스를 정립시켰다.

또한 대사의 표현은 물론 음향이나 음악을 적극적으로 도입하여 시청각예술로서의 지위를 획득한 초키 이후의 영상은 극문학적 일화성(story)에 의존하는 영상의 영화적 표현을 위한 모든 가능성을 갖추게 되었다.

나아가서 영상이 영화라는 형태의 완결된 여술-카뉴도(Ricciotto Canudo)가 말하는 '제7의 예술' 로서 스스로의 지위를 확고히 한 것은 포토제니(photogenie)와 몽나주(montage)이론에 의한 것임은 주지의 사실이다.

영화는 영상의 하위 개념이 아닌 독자적인 장르로서의 지위를 획득하고 있다. 영상의 역사는 짧다. 사진은 다게레오타이프(1834년)부터 시작되었으며, 영화 '영화의 기술적 성립' 에 해당하는 시네마토 그라프(1895년)를 시작으로 한다고 해도 이제 겨우 100년의 역사가 조금 넘었을 뿐이다.

영상의 큰 축이라고 할 수 있는 텔레비전은 나치 정권 하의 베를린에서 최초로 방송된 것이 1935년이므로 역시 60년을 조금 더 넘겼을 뿐이다.

이와 같은 사실은 영상이 인류의 문명과 역사를 같이 하는 시와 음악, 회화와 조각, 무용과 연극, 건축은 물론, 그 밖의 예술과는 비교도 안될 만큼 짧은 기간의 역사를 지녔다는 것을 의미한다. 하지만, 그런 역사에도 불구하고 영화는 일반 대중에게 가장 빈번하게 거론되는 예술 장르이며 가장 친근한 영상의 한 형식이라는 점은 중요하게 평가되어야 한다.

1960~1970년대를 계기로 또 하나의 획기적인 영상매체인 텔레비전이 보편화 되었고 나아가서 비디오를 필두로 하는 새로운 영상미디어의 등장과 그들을 예술표현의 도구로 인식한다.

나아가서 박식한 미래학자가 아니더라도 금후 영상 테크놀러지의 진보는 우리들의 상상을 초월하는 속도로 진행될 것이라는 사실은 쉽게 예상할 수 있다. 이에 따라 양산될 새로운 영상매체의 등장은 필연적으로 영상디자인의 역할을 증대시킬 것임에 틀림없다.

궁극적으로는 영상을 영화적 문법으로부터 해방시켜 영상의 표현영역 확대를 예고한다. 아마도 새로운 영상미디어의 출현이 기대되는 가까운 미래에 있어서 영상디자인은 시각디자인 대상영역의 대부분을 차지할 것임에 틀림없다. 예를 들면 금후 보편화될 것으로 보이는 CD-ROM과 그 밖의 멀티미디어는 새로운 시각디자인의 대상을 제공하고 있으나 이 경우 문자, 음성, 음향, 그리고 동화상을 제공한다는 점에서 영상디자인과의 관련을 피할 수 없다. 그렇다면 영상디자인을 필름과 비디오로 대표되는 영상매체의 시 · 청각적 내용을 콘트롤하는 전공분야로 한정하여 이해하는 종래의 생각은 과거에의 향수, 여기에서는 구체적으로 과거의 영상을 대표했던 영화에 대한 향수에 기여하는 감상적인 것에 불과하다고 밖에 말할 수 없다.

나. 시각 디자인의 입장에서 본 영상

영상디자인에서의 영상은 영어의 이미지(image), 독일어의 빌트(bilt), 불어의 이마주(image), 일어의 에이조에 해당한다. 대체로 영상을 '빛의 현상'의 일종으로 인식하면서도 ① 영화, 사진, 텔레비전의 또 다른 명칭으로 이해하거나 ② 제반매체에 있어서의 사물과 의식 사이의 상적 관계라고 보는 태도가 지배적이다. 여기에 근거하고 있는지는 확인할 수 없으나 지난동안 통용되어왔던 영상디자인에 관한 이해에는 '영상= 사진, 영화, 테레비젼' 이라는 암묵의 약속이 존재했다고 볼 수 있다.

지난 기간 동안 영상디자인은 필름과 비디오로 대표되는 영상매체의 시청각적 내용을 콘트롤하는 조형활동을 통칭하는 것이었다. 또한 동화상에 의한 '움직임' 의 표현을 의식해야 한다는 점에서, 복제기술 문명의 상징인 인쇄매체를 조형적 측면에서 인식하는 그래픽디자이너가 주도권을 장악했던 이전의 시각디자인과는 구별되는 것이기도 했다.

이것은 정보의 시각화와 전달을 목적으로 하는 시각디자인의 실천과정에 있어서 어떤 매체를 선택, 활용하느냐하는 이른바 매체의 적용사례별 분류에 의거한 것으로 보인다. 그런데 영상디자인에 관한 이와 같은 이해는 영상에 관한 협의의 해석에 기초한 것으로 영상디자인을 'Film Design' 으로 표기하는 경우가 그 대표적인 예이다. 그러나 사진, 영화, 텔레비전은 스스로가 완결성을 지닌 장르이며 우리가 생각하는 것처럼 영상디자인의 도구가 아니다. 다시 말하면 작가의 장르에 있어서 영상디자인의 논리는 부가적인 것이지 지향하는 최종 목표가 아니다. 주지하는 바와 같이 사진은 인간의 미적 욕구를 구체화하는 시각예술의 한 쟝르로 공인된 지 오래이다. 그 이유로 여러 가지를 들 수 있겠지만 다른 무엇보다도 셔터타임에 의한 순간의 기록이라는 사진 고유의 특성을 배제할 수 없을 것이다. 또한 영화가 예술로서의 지위를 획득할 수 있었던 가장 큰 요인은 영화의 시각적 표현기능보다는 연극과 그 밖의 상연예술로부터 계승된 극문학적 요소에 있다고 보는 견해가 지배적이다.

그렇다면 영화에 있어서의 영상은 영화의 필요충분 조건이라고 할 수 있는 극문학적 일화성을 표현하기 위한 도구에 불과하다고 말할 수밖에 없다. 텔레비전의 경우에도 전파에 의한 정보전달 매체로서의 역할이 브라운관에 의한 순수시각적 요소보다 우선되어야 한다고 생각한다.

한편 영상 = 사진, 영화, 텔레비전 이라는 종래의 개념을 인정하더라도 일반적으로 영상이라는 용어는 '가시적인 것' 에 제한하여 이해하는 것이 보통이다. 다시 말하면 청각 영상(image acoustique) 또는 음상(tonbild) 등과 같이 청각과 관련된 분야와 촉각이나 그 밖의 감각기관과 관계된 부분은 제외되어 있다.

나아가 여기에서 말하는 '가시적인 것' 이란 구체적으로 빛에 의존하는 개념이라는 점에서 영상과 빛은 불가분의 관계에 있다고 할 수 있다. 여기에 영화, 영상과 시각디자이너의 입장에서 본 영상이 구별되는 구체적인 근거가 있다.

예를 들어 영화에서의 영상이 상을 명확하게 재현해야 한다는 제약이 필연적인 것이라면, 영상디자인은 빛을 포착하는 자세의 결과물이어야 할 것이다. 빛은 모든 시각 예술의 본질과 관련된 필수적인 요소인 동시에 영상의 존재 조건인 것이다.

그러나 이미 영상시대라는 용어가 그다지 새롭게 들리지 않는다. 그만큼 이

종다수의 영상매체가 혼재하는 오늘날의 상황에서는 영화에서의 영상의 의미가 '영화 속의 영상에 관한 것' 이라면 영상디자인에 있어서의 그것은 '영상 속의 영화' 라는 입장에서 영상을 사진, 영화, 텔레비전의 상위개념으로 지각하여 영상의 본질은 테크놀러지가 적극적으로 개입된 '빛의 현상' 의 일종이라고 인식할 필요가 있다고 본다.

다. 영상디자인의 향방

종래의 시각디자인은 곧, 그래픽디자인을 의미하는 것이었고, 양자간의 엄격한 구분은 없었다. 그러나 오늘날 커뮤니케이션의 주도권은 복제 기술문명의 상징이라고 할 수 있는 인쇄매체에서 정보화시대의 주역인 영상매체로 전이된 듯한 인상을 지울 수 없다. 나아가서 최근 들어 가속화된 테크놀러지의 비약적인 발전과 이에 따른 새로운 커뮤니케이션 매체의 등장은 필연적으로 과거의 시각디자인이 지녔던 고정관념을 무의미하게 한다. 이와 같은 시각디자인의 위상 변화를 유도한 주역은 영상 테크놀러지이다.

여기에서 말하는 '시각디자인에 있어서 영상 테크놀러지의 적용' 은 대략 두 가지로 나눌 수가 있다.

① 작업의 최종 결과물을 영상매체에 의존하는 경우로 시네마 그래픽, 비디오 그래픽, CD-ROM 타이틀 디자인 등이 그 예이다.

② 래픽 디자인의 실천과정에 영상 테크놀러지를 응용하는 컴퓨터 그래픽스, 전자 출판 디자인, CAD 등을 들 수 있다.

최근 들어 '일렉트로닉 그래픽스(Electronic Graphics)' 라는 용어를 접한 바 있다. 일랙트로닉 그래픽스는 컴퓨터 그래픽스나 멀티미디어 디자인 등의 컴퓨터 응용 디자인을 연상시켜 어떤 전문분야로 한정하여 이해하는 경향이 있으나 그것보다는 문자 그대로 최신의 일렉트로닉 테크놀러지를 적극적인 표현수단으로 인식하는 시각디자인의 새로운 영역이라는 광의(廣義)의 해석을 필요로 하는 개념이라고 생각한다. 그렇다고 해서 일렉트로닉 그래픽스가 이전에는 존재하지 않았던 전혀 새로운 개념이라고 보기는 어렵다.

우리가 영상디자인이라는 용어에 대해서 느끼는 친밀감과 별도로 '영상디자인, 무엇이어야 하나'에 대한 답변은 의외로 간단하지가 않다. 영상디자인은 그것에 관한 확고한 지론의 소유자라고 할지라도 아직은 성립도중에 있는 현재 진행형의 유동적인 개념이라는 데에는 이견이 없을 것이다.

중요한 것은, 정보환경이 발달하면서 그에 따른 매체의 변화로 인해 영상산업은 꾸준한 발달을 가져올 것이며, 이런 변화를 배경으로 하는 영상디자인을 어떤 불멸의 의미로 규정하기보다는 앞으로 다가올 매체의 변화에 따른 일종의 현상들로 이해하는 것이 좋겠다.

2. 컴퓨터 그래픽

1) 컴퓨터 그래픽의 개념 / 인쇄 제판 / 프린트의 원리

컴퓨터 그래픽이란 컴퓨터를 이용하여 시각적인 이미지를 다루는 분야로서 최근 수십 년 사이에 생겨난 신종어라 할 수 있다. 중요한 것은 컴퓨터 그래픽이라고할 때 단순한 기술상의 문제만이 언급되는 것이 아니라 디자인이라는 개념이 덧붙여졌을 때 비로소 그 의미를 충실히 수행할 수 있다는 것이다.

이것을 바꾸어 말하면 종래처럼 과학이나 수학, 물리학의 영역에서 컴퓨터가 머물러 있다고 했을 때 우리는 여전히 숫자나 컴퓨터 랭귀지와 씨름하지 않으면 안 되었을 것이다. 그러나 매킨토시 같은 우수한 컴퓨터가 보급되면서 종전에는 생각하기도 어려웠던 처리작업을 개개인이 손쉽게 할 수 있게 되었다. 특히 디자인 분야에서의 그 변화란 실로 놀라운 것이다. 그렇다면 이러한 컴퓨터 그래픽스의 원리는 어떻게 이루어지고 있는지 알아보자.

컴퓨터는 제2차대전 중 대포의 탄도 계산을 산출시키고자 하는 국방성의 요청에 따라 1946년 펜실베이니아 대학원생이었던 엑카드 박사(현재, 스펠리 유니잭사 부사장)와 모크리에 의해 완성되었다. ENIAC(Electric Numerical

Integrator And Computer)라고 명명된 세계 최초의 전자 계산기는 진공관 1800개, 무게는 30톤이나 되는 거대한 것이었다.

이처럼 컴퓨터는 뜻밖에도 복잡한 계산이나 단순한 반복작업을 불평없이 묵묵히 수행해내는 편리한 도구인데 예술가는 이 문명의 이기를 그냥 놓치지 않았다. 본래 계산을 위한 도구이므로 창작활동에 사용하기는 부적당할 수밖에 없으므로 산출한 결과를 출력토록 하는 장치에 창작을 의존하지 않을 수 없다는 딜레마를 당초부터 숙명적으로 배재하고 있었다. 따라서 초기의 컴퓨터 아트라고 부를 수 있는 대부분의 작품은 컴퓨터의 연산속도를 이용하여 문자나 기호를 인쇄장치의 프린팅 시트에서 찍어낸 그림이나 패턴이었다.

그 후 컴퓨터에 직접 도형을 그리게 할 수 있는 XY 프로터나 레이더의 브라운관을 개량하여 개발한 CRT(Cathod Ray Tube: 음극선관)라 부르는 그래픽 디스플레이 장치에 도형이나 화상을 비추는 출력기기가 출현하면서 오늘날의 컴퓨터 아트가 싹트게 된 것이다.

이와 같이 컴퓨터 아트는 입력장치이나 출력장치의 부품이나 컴퓨터 본체의 성능에 의존하는 까다로운 예술이라고 할 수 있다. 하드웨어나 소프트웨어의 개발에 따라 표현의 다양성과 시각의 가능성이 넓어짐으로써 다른 예술 장르에서는 볼 수 없는 특성을 가지게 되었다. 컴퓨터에 의하여 화상이 만들어지는 원리는 수치계산에 의해 산출되는 것이다.

즉 표시 물체의 윤택한 색조나 색채 처리, 미묘한 농담에 의한 음영(陰影), 극소적으로 빛나는 하일라이트 효과, 소재표면의 재질감, 유리와 같은 투명감 등 형상의 일체가 최종적으로 0이냐, 1이냐의 수치계산에 의하여 작동되는 것으로 화상의 형이나 색도 결국은 0과 1의 논리 직접이다. 이점이 바로 종래의 손으로 그리던 기술과 구별되는 가장 중요한 포인트가 되는 것이다.

그러면 형상의 수식(數式)으로 나타나느 메리트(Merit)는 어디에 있는 것인가?그것은 다시 화상을출력할 수 있는 프로그램이 만들어지면 변형이나 이동이 극히 쉬울 뿐만 아니라 또한, 정확하다는 점이다. 이때 변형이나 이동도 모두 수식으로 행해짐은 물론이다.

① 광고 원고 제작 / 컴퓨터 그래픽스

광고의 원고를 제작하기 위한 컴퓨터 그래픽스 장비로는 DTP를 거론하지 않을 수 없다. 오늘날 광고, 출판계에서 DTP가 활성화되기까지에는 그리 오랜 시간이 소요되지는 않았다.

여명기였던 1980년대 초 전산사식을 거점으로 영문사식이 이 땅에 출현하면서 원색 제판업소에 서서히 대형 스캐너들이 보급되었다. 이러한 시대환경이 세계적인 무드에 휩싸이면서 우리 현실에 알맞게 틀이 잡혀 88올림픽을 시점으로 DTP 영역이 본격적으로 구축되었다.

특히 오늘날 우리 주변에서 컴퓨터를 생소하게 여기는 사람이 드물듯이 컴퓨터를 이용한 편집 디자인 영역도 디자인계에서는 그리 생소하게 보이지는 않는다. 그러나 아직도 진정한 의미의 DTP, 나아가 CAP(computer aidedpublishing)에 대한 많은 연구와 노력이 요구된다.

우신 DTP를 구성하는 3대 요소라 할 수 있는 것은 첫째, 스캔 파트 둘째, 컴포저(composer), 셋째, 출력 파트이다.

가. 스캔 파트

스캐닝이란 컴퓨터를 이용한 디자인, 편집, 제판, 인쇄 영역에서 입력과정에 포함된다. 이 입력 파트에는 이미지와 문자가 있는데 문자는 키보드로 입력이 되어 출력시에 포스트 스크립트나 비트맵 방식과 같은 사양으로 출력된다.

그런데 원색제판 프로세스 업체에서는 누구보다도 스캔의 기법이 중요하다는 것을 상세히 알고 있지만 광고 디자인 업계에서 다루고 있는 컬러 DTP 장비 중에 대해서는 소홀히 취급하고 있는 것 같다. 플랫 베드(flat bed)형식의 스캐너이다.

대부분의 대형 스캐너들은 드럼 방식을 채택하고 있다. 드럼 스캐너는 드럼의 회전 수에 비례해서 해상력이 좌우되는데 그 원리는 대형 스캐너의 눈이라 할 수 있는 렌즈의 아주 작은 틈을 통과한 레이저 빛에 의해 투시된 상이 모여서 큰 상을 형성한다.

이때 분명한 원리라 할 수 있는 빛을 R, G, B 톤으로 인식된다. 반면에 오늘날의 평면 스캐너는 드럼 스캐너 방식과는 다르다. 평면 스캐너는 렌즈눈이라고 하는 CCD의 긴 배열에 의해 상(像)이 인식된다. 즉 구조를 확대해서 보면 어떤 하나의 판에 수많은 렌즈들이 촘촘히 박혀 스캔하려는 상 위를 통과하면서 적(Red), 녹(Green), 청(Blue)의 톤을 인식한다

기존의 대형 스캐너와 DTP형 스캐너는 스캔하는 방법에서 부터 확연히 다르다. 이런 점에서 나타나는 중요한 스캔 용량과 해상력의 차이를 정확히 알아야 한다. 앞에서 말했듯이 컬러 드럼 스캐너는 대형의 상을 스캔할 때나 오리지널 슬라이드 원고의 이미지를 읽을 때 컬러의 손실이 아주 적다. 그래서 인쇄된 상태에서 나타나듯이 아주 선명하다.

반면에 DTP용 플랫 베드 스캐너는 대형 스캐너와 다른 구조로 인해 이미지 컬러 스캔에서 다소의 데이터 손상이 나타난다. 즉 100% 화상입력이 잘 안 된다는 것이다. 최근에서야 이 화상입력의 손실을 줄이는 스캔 기법 기술이 개발되었다.

외관상 모양이 같은 플랫 베드 타입의 스캐너라고 해서 다 똑같은 고해상의 스캔 레벨을 취하는 것은 아니다. 화상을 읽어들이는 기법이 기존의 대형 스캔과 같이 동등한 방법으로 하는 기법과 거의 유사한 프로그램에 의해 스캔되는 1차적 과정과 2차적 과정으로 빌리니어(billinear: 디지털 화상의 심층화) 기법 처리가 잘 되어 있는 형식의 플랫 베드 스캐너라야만 DTP용의 스캐너로서 자격을 갖춘 것이라 할 수 있다.

여기서 알아두어야 할 점은 입력시킬 화상의 디지털 데이터 손상을 극소화 시켜주는 플랫 베드 스캐너와 그 적용 프로그램화가 컬러 DTP 스캔 영역에서 가장 취약한 상태로 남아 있는 한 진정한 의미의 컬러 DTP 세계의 질적인 향상은 어렵다는 것이다.

나. 컴포저 파트

일반적으로 컴포저라고 지칭되는 부분은 컴포저 영역, 즉 메인 CPU가 들어 있는 부분인데, 컬러 DTP 영역이란 토털 리스폰스(total response) 같은 머신에서 입력화상을 정리, 수정, 리터치, 특수기법(모자이크, 솔라리제이션) 삽

입 등의 복합적 일러스트레이션이 가해지는 영역이다.

이 컴포저 영역에서 논하고자 하는 바는 첫째, 스캔 데이터를 정리하는 문제, 둘째, 리터치를 동반한 특수 그래픽 작업, 셋째, 출력지원을 위한 고해상 품질 관리의 문제점 등이다.

다. 스캔 데이터 (입력자료의 처리)

단순한 디지털 정보처리 포맷은 S/N(신호 대잡음비)의 폭이 넓은 편이므로 고품위의 출력정보로는 부적당하다. 이런 경우에는 계속 반복해서 시도해 도그 결과가 만족스러울 수가 없다. 그래서 광고나 그래픽 디자인에서는 이러한 장비를 하나의 시안을 위한 하드(hard)장비의 개념으로 파악해야 한다.

여기서 지적하고자 하는 것은 컴퓨터 하드 디스크상에 고해상과 저해상이 공존하는 포맷이 시스템에 본격적인 컬러 DTP를 진정으로 지원해 준다는 것이다.

그러면 왜 두 가지로 분류하는가 하는 이유를 이해하는 것이 스캔 데이터 파트의 핵심이다. 똑같은 이미지를 컴포저 파트에서 둘로 나누는 것은 첫째, 처리 속도상의 문제와 둘째, 고품위의 데이터 보존 때문이다.

고해상의 이미지를 띄운다면 엄청난 용량이 필요하게 되고, 고품위 데이터 보존은 고해상의 자연스런 이미지 톤이 리터치나 특수효과의 삽입에 의해 출력될 이미지에 손상을 주게 될 위험부담이 크기 때문이다.

그래서 저해상의 이미지 데이터에 각종 그래픽 기법을 가해 만족스러운 관점에서 끝났을 때 그 데이터를 고해상 데이터 속으로 들어가게 한다.

그러므로 컬러 DTP에서 그래픽 작업과정은 되도록 저해상 데이터에서 시행하고 그 결과는 고해상 데이터에 남도록 해야 한다.

라. 출력 파트

하나의 창의적인 디자인 포맷을 대량생산해서 전달하고자 좋은 원고에 많은 시간과 노력을 들인다. 스캔 파트에서 컴포저 파트에 이르기까지 여러가지 작업을 하여 이제 명령만 내리면 컴퓨터가 출력기로 데이터를 순서대로 내보낼 수 있다. 그러나 이것으로 모든 것이 끝난 것은 아니다. 이 파트에도 테크니컬 노하우가 있다.

첫째, 전인쇄(prepress)의 개념, 둘째, 4원색 분해 필름 출력을 위한 고품위 밸런스 유지이다.

마. 전인쇄

'prepress' 는 사전에 찍어본다 즉 출력하려는 이미지가 과연 제대로 표현되었는가의 사전체크 개념이다. 물론 출력기기인 프레스 머신의 기종에 따라서 섬세도의 차이가 난다. 대개의 DTP에서는 300dpi 개념의 컬러 프린터가 주종인데 중, 저가 컬러 프린터로서는 처리 컬러 수가 모자라고 인쇄방법이 다르기 때문에 이미지의 컬러 밸런스 체크가 불가능하다.

그러나 요사이 각광을 받는 최신의 프린트 머신은 재래식 원색 교정 방식과 매우 비슷하다. 재래식 전지 사이즈까지 가능하나, 데스크 탑(desk top) 형식은 대개가 A3 사이즈 형식이 대부분이며 처리 속도나 질적인 면에서 매우 우수하다.

최신의 데스크 탑 프린터는 은염처리의 얇은 C, M, Y, K 막을 4번 겹쳐서 열처리 헤드로 가압하고 정확히 핀을 맞춘다. 물론 데이터는 디지털 정보로 완벽한 C, M, Y, K양이 채색되므로 해상도에서는 재래식 교정방식보다 엄청나게 고해상으로 나타난다. 또 다른 전인쇄 시스템으로 잉크젯 방식의 정교한 칼라 프린터가 있는데 이 시스템 역시 완벽한 색상, 완벽한 해상도로 전인쇄 시스템으로 각광받고 있다.

바. 4원색 분해 필름 출력의 문제

어떻게 고품위의 4원색 필름을 생산하는가. 대개의 DTP 출력기들은 명실용이 아닌 암실용 필름을 쓴다. 암실용 필름의 특성은 여기서 논할 바는 아니나 다만 그 필름에 이르는 레이저 빛의 조절 기법과 이 특수한 필름을 어떻게 하면 가장 최적의 상태로 현상을 하는가를 이해할 필요가 있다.

① 레이저 빛의 조절

레이저 빛은 상상을 초월할 정도로 섬세하다. 이 섬세도가 스크린 (망점)을 형성하는데 잘 알고 있듯이 출판 인쇄물의 원고가 될 분해 필름은 이 도트 스크린(dot screen)에 의해 이미지상이 채워진다.

레이저 빛은 성형화된 아날로그 툴에 의해 원형, 사각형, 다이아몬드형 등으로 스크린(망점)을 형성하기 때문에 대형의 스캔 머신 출력 시스템과는 채택 방식적인 면에서 다르다.

컬러 DTP 원색분해 필름 출력기기들은 레이저 빛이 필름에 닿기 전에 세팅된 툴에 의해 도트 스크린이 채워진다. 이런 단순원리라면 약간의 노이즈 발생도 있음을 알 수 있다.

레이저 빛의 세기(강도)에서 문제가 생길 수 있으며 다음으로 채택 필름과 도트 스크린 툴 사이의 이격거리 등이 문제가 될 수 있다. 대개 후자는 거의 기술직으로 완벽하고 전자는 몇 번의 망점농도 측정에 의해 수작업으로 정리해야만 한다.

② 망점 농도에 관하여

컬러 DTP 분해 필름 현상은 기존의 필름 현상과 동일하다. 그러나 현상이 되었다고 다 끝난 것은 아니다. 레이저 빛에 의해 현상이 완료된 분해 필름은 1차적으로 우리의 눈에 검은 부분과 흰 부분의 두 가지로 나타난다.

이 검은 부분(흑화)에서 어느 정도의 흑화가 적정치인가를 가늠할 수 있는 테크닉이 하나의 노하우가 되며 또한 이러한 기술력이 현상 타임을 설정하는 기준치가 된다. 오늘날에는 농도 측정기(densitometer)로써 여러 부위를 정밀하게 체크하여 한 화면상에서의 적정수치와 다음번의 작업시에도 적용 데이터의 기준이 된다

이런 흑화현상에 예민해지려면 재래식 현상, 즉 암실에서 암실용 필름으로 현상을 하며 눈으로 검토해 가면서 전체적인 데이터 측정의 기준을 익히는 것이 좋다. 흑화현상에 더욱 예민해지려는 노력도 고품위 출력물을 보장받기 위해 필요하다.

2) 리터치를 동반한 특수 그래픽 작업

토털 리스폰스 시스템은 작업반경폭이 확장된 시스템을 말하는 것이다. 표현폭이 확장은 특수 그래픽 파트에서 자주 행해지는데 문제는 표현의 확장폭이 어디까지 전개되는가에 따라서 첫째, 기본적 드로잉(basic draw)기법, 둘째, 포토그래픽(photographic)의 특수효과 기법, 셋째, 고품위 폰트(font)삽입 기능의 전문성이 대두된다.

첫째, 기본적 드로잉 기법은 아티스트들이나 그래픽 디자이너가 손으로 그리는 작업들의 총칭으로 설명할 수 있는데 기본적 평면 구성이나 고해상 터치식의 에어 브러싱(air brushing)과 같은 고기법도 여기에 포함된다. 또 포토 그래픽의 그래픽 몽타주나 솔라리제이션, 포스트리제이션 등의 기법 또한 베이직 툴(basic tool)로서 기본적인 기법에 포함된다.

둘째, 포토 그래픽의 특수효과 기법은 고도의 전문성 확장에서 기인되는 것인데 여기에는 오늘날 토털 리스폰스 시스템의 표현 대명사격인 콤포지션(composition) 즉 두 컷 이상의 합성이나 한 컷의 표현에서 인간의 표현 한계를 뛰어넘는 기술이 컴퓨터에 의해서 제어됨을 말한다. 인간의 표현 한계를 뛰어넘은 특수표현 기법은 주로 포토 그래픽의 특수 작업과 많이 관련되어 있으며, 수백 수천의 전문 사진작가군의 노하우의 총집합이다.

대개의 컴퓨터 그래픽스 장비는 중, 저가에서는 기본적 드로잉 기법으로 되어 있다. 그러나 보다 세련된 표현을 요하는 부분의 터치는 고가품의 컴퓨터 그래픽스 장비에서야 가능해진다.

셋째, 폰트의 삽입 기능은 일반 모노용 폰트가 아닌 보다 진정한 의미의 컬러 DTP 세계에서의 WIS/WIG를 행할 수 있는 폰트 편집 기능을 말한다.

대개의 폰트 삽입, 출력은 그래픽 CPU와는 무관하게 진행되는데, 이 그래픽 CPU 자체 내의 완벽한 해상력의 폰트 삽입을 이룬다. 또한 문자 내 컬러 처리도 1,600여만 색의 지원을 받으며 폰트 자체를 특수하게 표현(그라데이션, 윤곽선 처리)해야만 비주얼과 문자의 정리가 보다 확연해지고 제작 디자이너들의 높은 수준을 맞출 수가 있다.

3) 출력지원을 위한 고해상의 이미지화

인쇄매체를 위한 컬러 DTP 장비에서는 리터칭이 끝난 시점부터 스캔 데이터, 리터치 기법, 특수 터치 등을 이미지업화(포스트 스크립트화)하는데 중, 저가의 장비에서는 대개가 이 영역이 없어 모니터상에서는 좋아보이는 화상이라도 출력하게 되면 거칠게 나와 고급 인쇄원고로서의 가치가 상실되게 된다.

디지털 정보를 그대로 출력할 때에 종종 소프트한 분위기가 고급 인쇄에서는 조금 거칠게 표현되는 경향이 있다. 그래서 이러한 문제를 보완시키기 위하여 래스터화될 이미지 데이터를 보강하고 순화시키는 일련의 작업을 이미지업화한다고 한다. 물론 이 이미지업화 과정에서는 무엇보다도 스캔 데이터가 생명이다. 잘못 스캔된 데이터는 영원히 제대로 나올 수 없다. 이 고해상 이미지업의 영역에서 모든 것을 제대로 다듬었을 때 원하는 바가 표현되는 것이다.

3. Multimedia(다매체)

글, 그림, 영상, 소리 등과 같이 정보를 전달하기 위하여 사용되는 정보 전달 매체를 미디어 (media)라고 한다. 이때 글이라는 한 가지 종류의 정보 매체만을 사용하는 것이 아니라 글과 그림, 그리고 영상과 소리 등 여러 가지의 매체를 사용할 때 이러한 모든 것을 다매체 또는 멀티미디어라고 한다.

1) 멀티 디자인이 요구되는 시대

멀티미디어는 이전과는 판이하게 다른 전혀 새로운 방식을 우리들에게 제공할 것이다. 그렇다면 이러한 변화는 과연 무엇을 의미하는가? 멀티미디어라는 테크놀러지의 발달은 사회적 차원에서 매우 중요한 변화를 함께 수반한다.

서로 경계가 모호해진 현재의 각 분야들은 통합과 생성의 과정을 통해 새롭게 탈바꿈 할 것이다. 결국 이러한 과정에서 한 사회의 커뮤니케이션을 담당하는 매체(mediea)와 그를 뒷받침하는 기술(technology) 등은 새롭게 정비된다.

대부분의 디자이너들은 실체가 명확한 어떤 대상을 만들기 위해 교육받고 작업을 한다. 그 대상이라는 것은 일반 소비용품을 비롯하여 자동차, 책, 잡지, 주택, 상점, 기업, 상품 이미지 등이다. 하지만 멀티미디어 영역에서 디자이너가 디자인해야 할 것은 위와 같이 실체가 명확한 구체적 대상에 국한되자 않는다.

그것은 커뮤니케이션 방식 혹은, 경험과 같은 추상적 대상까지도 포함하게 된다. 멀티미디어 환경에서 이루어지는 경험은 이제까지 현실에 적용되는 물리적 법칙에 제한을 받지 않는 전혀 새로운 경험이다. 시각 · 청각 · 촉각 · 미각 · 후각 등 인간의 오감을 컴퓨터로 완벽히 창조해낼 수 있는 또 다른 현실에서의 새로운 경험인 것이다.

물론 이것이 완벽하게 이루어지기까지에는 상당한 시간이 걸릴 것이다. 현재의 멀티미디어 환경은 단지 그 무한한 잠재성을 엿볼 수 있게 해주는 단계에 불과하다. 때문에 아직 실현되지 않은 멀티미디어 시대에 대해 이러쿵 저러쿵 떠든다는 것은 아직은 성급한 일이라 할 수 있다.

그럼에도 불구하고 너나할 것 없이 멀티미디어에 대해 열을 올리는 데는 그만한 이유가 있다고 본다. 멀티미디어가 차세대를 지배하는 정보매체임에는 이론의 여지가 없기 때문이다. 멀티미디어 시대로의 전환은 디자이너에게도 매우 중요한 의미를 지닌다. 모든 커뮤니케이션은 보다 동적으로 변할 것이며 표현 방식 또한 매우 명확해질 것이다. 멀티미디어 환경에서의 디자인은 결코 독립적으로 존재할 수 없다. 영화, TV에서 활용되는 기술이 총체적으로 요구되는 것이다.

따라서 디자이너들은 하나의 대상을 보기좋게 디자인하는 기술뿐 아니라 영화감독이나 TV 프로듀서들의 영상연출 기술까지도 갖춘 디렉터로서의 자질을 갖춰야만 할 것이다.

오늘날 산업사회에서 하나의 대상을 디자인하여 상품화시키는 역할을 담당하는 것이 디자이너라면 앞으로 멀티미디어 시대에서 상호작용적 행위를 디자인하여 상품화시키는 역할은 누가 담당할 것인가? 그것은 바로 디자이너들의 몫이다.

디자이너들은 멀티미디어 시대의 청사진을 제공할 수 있다. 그러나 이것은 현재의 시각에서 보는 가능성일 뿐이다. 하루가 다르게 급성장하고 있는 멀티미디어의 환경에서는 아무도 그 미래를 확실히 장담할 수 없기 때문이다. 디자이너들은 이 새로운 산업체제에서 소외될 가능성도 함께 안고 있다.

2)멀티미디어의 특성

이미 오래전부터 많은 전문가들은 정보 산업이 미래의 주력 산업으로 될 것으로 내다보았고, 과거 그들의 예측은 지금에 이르러 이미 현실로 다가와 있다.

정보산업이라고 했을 때, 상품으로서의 정보는 이제 더 이상 문자로서의 정보만을 의미하지는 않는다. 영상과 음향이 함께 어우러진 그야말로 복합적인 정보인 것이다. '멀티미디어 분야를 정보화하라!' 세계 각 분야의 거의 모든 사람들이 이러한 구호를 외치고 있다.

그렇다면 멀티미디어에 대한 개념은 어떻게 정의할 수 있을까? 멀티미디어의 개념 중 가장 본질적인 것은 첫째, 디지털 정보이어야 한다는 것과 둘째, 상호작용성 이 두가지로 압축할 수 있다.

지금까지 대부분의 정보는 종이나 필름 등에 아날로그 형태로 이루어져 있었다. 이러한 아날로그 데이터는 그 성격상 시간의 흐름이나 사용 빈도에 따라 훼손되기 마련이며 운반에도 어려움이 있다.

반면 컴퓨터 기술의 급속한 발전으로 인해 현재는 다양한 미디어를 디지털로 처리할 수 있게 되었고, 디지털로 처리된 데이터는 저장, 전송, 가공 모두 용이 하다는 장점 때문에 이른바 멀티미디어라고 부르는 다중미디어에 의한 정보처리를 가능하게 했다.

3) 무엇이 멀티미디어인가?

멀티미디어란 용어는 정보를 제공하기 위한 다양한 종류의 미디어와 사용 기술의 집합체를 의미한다. 멀티미디어란 용어는 60년대와 70년대에 교육부문에서 처음 나타났다. 그 당시의 멀티미디어란 강의실 교육에서 학습과정을 지원하기 위한 새로운 미디어를 의미하였으나, 현재의 멀티미디어 개념은 이보다 더 발전되었다.

일반적으로 멀티미디어(Multimedia)란 정보를 전달하기 위한 텍스트(Text), 그래픽(Graphic), 사운드(Sound), 애니메이션(Animation)으로 구현한 매체의 통합을 말한다.

또한 이러한 개념을 실행하는 매체는 컴퓨터상에서 모든 형태의 미디어를 처리하는 것을 의미하고 이는 결국 컴퓨터의 의사 전달 수단을 인간과 동일하게 만드는 것을 말한다.

단지 어렵다고 느껴지던 컴퓨터가 인간이 쓰는 의사 전달 형태를 그대로 컴퓨터로 표현하여 주기 때문에 멀티미디어 환경하에서 구동되는 여러 프로그램의 사용법을 익히면 쉽게 컴퓨터로 정보를 표현할 수 있는 시대가 온 것이다.

① 멀티미디어의 등장배경

컴퓨터 프로세서, 저장장치, 통신환경의 발전에 따라 그래픽, 이미지, 음성, 동화상의 처리 기술이 성숙되어짐에 따라 각 미디어별로 개발된 기술을 통합하여복합된 다기능을 제공하는 제품에 대한 사용자들의 욕구가 늘어났다.

즉 인간에 비유하면 보고, 듣고, 쓰고 하는 삼박자의 결과로써 교육과 훈련, 발표 및 광고, 오락과 게임 등을 통하여 인간에게 보다 유익한 정보를 제공하기 위해 멀티미디어가 등장하게 되었다.

② 멀티미디어의 대중화

우리나라의 컴퓨터 보급대수는 약 500만 대 정도가 된다고 한다. 그만큼 PC가 확실하게 대중화되었다고 할 수 있다. 그러나 아직도 대개의 사용자들은 완전히 초보의 상태이다. 이라한 상태에서 밀려든 멀티미디어는 초보자들에게 '그림의 떡' 일 수밖에 없다. 게다가 영상보드니 MPEG니 하는 생소한 용어들과 2배속 CD-ROM 드라이브를 마련한 지 얼마되지 않았는데 8배속 CD-ROM

드라이브가 나오는 등 한마디로 과연 멀티미디어가 무엇인지 정의내릴 수 없는 상황이다.

또한 PC에서 구현되는 영화 같은 화면, 완벽한 스테레오 사운드는 PC 사용자 누구나 한 번쯤은 해보고 싶은 것들일 것이다. 하지만 이것을 만들어 내라고 한다면 PC 마니아라고 자처하는 이들 조차도 선뜻 할 수 있다고 나서지는 못할 것이다. 바로 이러한 한계를 벗어나는 것이 올바른 PC 사용의 지름길이라고 생각한다. 사실 멀티미디어를 모두 이해하는 것은 상당히 어려운 일이다. 영상과 사운드를 모두 표현해내기 위해서는 하드웨어적으로나 소프트웨어적인 지원이 막강해야 하기 때문에 쉬운 일이 아니다.

그러나 '천리길도 한 걸음부터' 라는 말처럼 사진을 모으고, 이러한 사진에 맞는 사운드 효과를 만들면서 각자의 멀티미디어 시스템을 구축해 보자.

③ 멀티미디어 분야

멀티미디어 분야는 크게 프리젠테이션 분야, 멀티미디어 통신 분야, 멀티미디어 데이터베이스 분야, 교육분야의 멀티미디어, 그리고 가상 현실 (Virtual reality)등으로 나눌 수 있다.

가. 프리젠테이션(Presentation)

프리젠테이션은 특정 상품의 판촉이나 특정 내용을 많은 사람들에게 설명할 때, 다양한 기초 자료를 종합하여 효과적으로 나타내기 위한 홍보물을 제작하는 것을 말한다. 즉 다양한 기초 자료를 종합하여 효과적으로 나타내는 홍보물과 특정 상품의 시뮬레이션, 그리고 음향까지 종합적으로 구현하는 것을 말한다.

프리젠테이션의 구성 요소인 말(Speech), 음향 효과와 음악, 그래픽 애니메이션, 비디오 등을 합성하여 다양한 광고 매체를 구성한다. 이러한 구성 요소를 사용하여 진정한 정보 전달 수단을 소개하고 알리는 것이 멀티미디어의 임무 중 하나라고 할 수 있다.

나. 멀티미디어 통신분야

LAN(Local Area Network)에 기반을 둔 멀티미디어 통신분야는 현재 급속도로 발전되고 있는 인터넷(Internet) WWW(World wide Web)서비스를 보면 쉽게 이해가 될 것이다. 이 서비스는 통신을 통해서 말, 음향효과, 그래픽, 두 영상 등을 사용자의 편의대로 쉽게 접근 할 수 있다. 전 세계적 통신망인 인터넷은 이제 전 세계가 정보화시대라는 커다란 위업을 달성했으며, 집집마다 세계 곳곳의 모든 정보와 문화를 멀티미디어적인 요소와 함께 얻을 수 있게 되었다.

다. 교육 분야의 멀티미디어

최근 몇 년 동안에 CBT(Computer Based Training)는 대중적인 교육 매체가 되어 왔다. 멀티미디어 컴퓨터가 보급되기 전부터 많은 학습 프로그램 상에서 멀티미디어와 관련된 기술과 용어가 사용되어 왔다.

교육분야 멀티미디어의 가장 중요한 측면은 바로 대화식 방법이다. 즉 학습내용 그 자체와는 별도로 학습하는 유저(User)가 공부하는 내용을 완전히 이해할 수 있을 때까지 그 부분을 마음대로 반복할 수 있다. 멀티미디어의 구성 요소, 즉 그래픽, 애니메이션, 사운드 등은 시각화를 통해 학습 진행 속도를 빠르게 할 수 있으므로, 애니메이션을 사용하여 텍스트보다 더 복잡한 주제에 대해 잘 설명할 수 있다.

4. 인터넷(Internet)

1) 인터넷의 요약

- 1969 미 국방성에 의해 소련의 군사 위협에 대비하여 유사시에 사용할 수 있는 통신수단 ARPANET의 건설을 하게 되었다.

- 수요가 급증하자 알파넷은 일반 사용자를 위해 그대로 두고, 군사용 통신망 부분만을 Milinet으로 독립했다.
- 1980년 5군대의 슈퍼컴퓨터와 NSFNET이라는 미국과학재단의 통신과 연결하여 현재의 인터넷으로 만들었다.
- 인터넷은 전 세계의 수많은 컴퓨터와 연결되어 있어, 언제든지 원하는 정보를 얻을 수 있다.
- 인터넷(Internet)이란 'Inter(national) Net(work) '를 줄여서 부르고 있다.
- 네트워크(Network)란 컴퓨터와 컴퓨터를 연결하는 선이다.
- 소규모일 수도 있고 작은 사무실에 몇 대의 컴퓨터일 수도 있듯이 컴퓨터끼리 연결시키는 것을 LAN(Local Area Networking)이라고 부른다.
- 인터넷은 어떠한 기종이라도 접속이 가능하고 누구라도 이용할 수 있는 자유로운 접속과 정보교환이라는 기본 개념 아래 시작되어 특정기관이나 업체에 종속되어 있지 않다.
- 인터넷에는 무궁무진한 정보가 쌓여 있어, 만약 커피에 대해 궁금하다면, 국내는 물론 전 세계에 걸쳐, 커피와 관련된 정보를 제공하는 홈페이지들을 검색할 수 있다.
- 인터넷을 이용한 전자우편은 국경을 넘어 시간과 장소를 가리지 않고 편지를 받을 수 있는 사람이 주소(이메일 E-mail, ID)을 가지고 있으면 누구에게라도 띄울 수 있다.
- 인터넷을 통해 신문이나 잡지의 오래된 기사나 필요한 자료를 검색할 수 있고 어려운 시사용어를 찾아볼 수 있다.
- 국내 3대 TV 방송사에서는 인터넷을 통해 TV시청을 할 수 있는 인터넷 방송을 실시하여 동영상 서비스를 제공하고 있다.
- 인터넷으로 기차표, 항공권 예매나 세계 유명 상품들을 신용카드로 결제하여 구입할 수 있다.
- 한글 윈도우 98/95가 설치된 컴퓨터만이 인터넷에 접속할 수 있는 것은 아니지만, 대부분 사용자가 이것을 설치하여 인터넷 접속에 여러 가지 환경설정을 제공하고 있다.

- 인터넷 전용선 서비스는 인터넷 접속 서비스 업체들이 전화국에서 회선(전용선)을 임대하여 서비스 가입자들에게 인터넷 접속을 제공하고 있는 방식이다.
- 일반 가정에서 모뎀을 이용하여 인터넷을 사용하는 경우에는 반드시 상업적으로 인터넷 서비스를 제공해 주는 업체에 가입신청을 해야만 인터넷 서비스를 받을 수 있다.
- 웹브라우저(Web Browser) 프로그램은 월드 와이드 웹 서비스를 이용하기 위해 필요한 전용 프로그램으로서, 문자를 비롯한 소리, 동영상 등의 각종 멀티미디어 정보를 표시해 주는 소프트웨어이다.
- 현재 가장 많이 사용되는 웹브라우저 프로그램은 마이크로 소프트사의 인터넷 익스 플로러와 넷스 케이프사의 넷스 케이프 커뮤니케이터가 있다.
- 인터넷 사용시간이 많고 보다 안정적이고 빠른 속도를 원한다면 별도의 인터넷 연결방식을 선택하는 것이 좋은데, 인터넷 접속 서비스 회사는 하이텔, 천리안, 나우누리, 유니텔과 같이 PC 통신회사에서 서비스를 제공해 주는 것과 인터넷 서비스를 전문적으로 하는 ISP로 나눌 수 있다.
- ISDN(Integrated Services Digital Network) 인터넷 사용이 빈번하고 모뎀보다 빠른 속도를 원하는 사용자의 경우 ISDN을 설치하면 가능하다.
- 케이블모뎀(Cable Modem)
  케이블 TV에 사용되는 동축 케이블을 이용한 인터넷 접속방식
- ADSL(Asymmetric Digital Subscriber Line)
  극문형 비디오(VOD: Video On Demand) 전송을 위해 개발된 비대칭형 디지털 가입자 망이라고 불리는 SDSL 서비스는 전화선을 이용한 고속의 인터넷 접속 방식이다.
- PC통신(Communications)
  컴퓨터를 이용하여 멀리 떨어져 있는 다른 컴퓨터에 저장된 정보를 검색하거나 필요한 자료를 얻기 위해 PC통신을 이용한다.
- 인터넷(Internet)
  PC통신이 국내를 대상으로 하고 있다면, 인터넷은 국내에 있는 컴퓨터는

물론이고, 전 세계에 있는 컴퓨터를 대상으로 하여 원하는 정보나 자료를 검색할 수 있다.

- 하드웨어(Hardware)
  단어 뜻대로는 '딱딱한 물건.' 컴퓨터의 시스템을 구성하는 모든 물리적이고 기계적인 장치를 통털어 가리키는 말이다.
- 소프트웨어(Software = program과 같은 뜻)
  하드웨어와는 정반대로 어떤 형태는 띠지 않는 무형의 것이나 컴퓨터의 기계장치인 하드웨어를 기반으로 하여 실행되는 각종 프로그램 자체를 가리키는 용어

2) 인터넷의 구조

기술적으로 인터넷은 TCP/ IP라는 통신 규약에 따라 데이터를 교환하는 컴퓨터 통신망들의 통신망이다. 어떤 중앙 통신망에 모든 컴퓨터들을 연결한 것이 아니라, 정해진 규약만 만족하면 어떤 통신망이든 쉽게 연결할 수 있게 되어 있어 지금과 같이 많은 수의 컴퓨터들을 연결할 수 있게 된 것이다.

최근에는 이 연결 체계를 약자로 WWW(World Wide Web)라고 부르는데 월드 와이드 웹은 한마디로 인터넷을 이용한 멀티미디어 정보망이다. 웹(Web)이란 전세계의 컴퓨터가 거미줄처럼 연결되어 있는 통신체계를 말한다.

3) 월드 와이드 웹(WWW)

세계를 연결하는 멀티미디어 정보망! 월드 와이드 웹이 기존의 컴퓨터 정보 시스템과 다른 점은 멀티미디어 정보를 제공한다는 점과 하이퍼링크를 이용한 하이퍼텍스트 시스템이라는 점이다. 하이퍼 텍스트는 하이퍼 링크를 이용하여 자판을 칠 필요없이 마우스로 단추들을 누르기만 하면 원하는 정보로 이동하는 전자 문서를 말한다. 전 세계의 월드 와이드 웹 정보들은 하나의 거대한 하이퍼텍스트 문서와 같기 때문에, 문서가 어디에 있건 마우스 단추만 눌러서 어떠한

문서든지 찾아볼 수 있다.

인터넷을 이용한 서비스들은 대개 한 컴퓨터가 다른 컴퓨터에 정보를 요청하면 요청받은 컴퓨터가 요청받은 정보를 건네주는 클라이언트/ 서버 구조로 되어 있다. 정보를 제공하는 쪽을 서버 컴퓨터라 하고, 정보를 받아보는 쪽을 클라이언트 컴퓨터라고 한다.

월드 와이드 웹도 하이퍼텍스트 트랜스퍼 프로트콜(HTTP)이라는 통신 규약을 이용하는 클라이언트/ 서버 구조의 인터넷 서비스이다.

4) 인터넷의 웹 사이트와 웹 탐색기

웹 서버 컴퓨터에서 제공되는 정보들의 모임을 웹 사이트라고 부른다. 웹 서버 컴퓨터가 TV방송국이라면 웹 사이트는 채널에 해당한다. 보통 워드프로세싱하는 노력 정도라면 누구라도 쉽게 웹 사이트를 만들 수 있기 때문에, 큰 기관들뿐만 아니라 수많은 보통 사람들도 웹 사이트를 만들어 운영하고 있다.

정보를 받아 보여주는 웹 탐색기는 TV방송으로 보자면 TV수상기와 같다. 사용자 입장에서는 웹 탐색기만 익히면 당장 월드 와이드 웹을 이용할 수 있는 것이다. 월드 와이드 웹의 복잡한 내부 작업은 웹 탐색기가 알아서 처리하므로 사용자는 리모콘 다루듯이 웹 탐색기를 조작하기만 하면 된다.

사실 오늘날과 같이 웹이 인기를 끌게 된 것은 기능은 강력하면서도 누구나 훌륭히 이용할 수 있는 훌륭한 웹 탐색기들이 개발되었기 때문이다. 웹 탐색기의 기능이 날이 갈수록 향상되고 있어, 머지 않은 미래에는 웹 탐색기만 익히면 컴퓨터의 거의 모든 기능을 이용할 수 있게 될 것이다. 즉 앞으로 컴퓨터를 배운다는 것은 곧 웹 탐색기를 익힌다는 것을 뜻하게 될 것이다.

5) WWW와 인터넷의 관계

① WWW은 가장 중요한 인터넷 서비스

월드 와이드 웹은 인터넷을 통해 제공되는 여러 서비스 중 하나이다. 인터넷이 컴퓨터 본체나 비디오 플레이어 같은 하드웨어라면 월드 와이드 웹은 프로그램이나 비디오 영화와 같은 소프트웨어이다.

월드 와이드 웹 이전에도 인터넷을 통해 telnet, FTP, gopher, WAIS 등 여러 서비스들이 제공되어 왔다. 그런데 이들 서비스들은 모두 전문가들의 요구에 의해서 생겨난 글자 위주의 서비스로 보통 사람들이 쉽게 사용할 수 있는 것은 아니었다. 그러다가 90년대에 와서 가장 발전된 형태의 인터넷 서비스인 월드 와이드 웹을 이용하게 되었다.

월드 와이드 웹은 가장 쉬우면서도 가장 강력한 인터넷 서비스이다. 월드 와이드 웹은 멀티미디어로 생생하게 정보를 제공하고, 이전에 개발된 모든 인터넷 서비스도 더욱 쉽게 이용할 수 있게 해준다.

지금 인터넷을 이용한다는 것은 월드 와이드 웹을 이용하는 것을 뜻한다. 판수가 높은 소프트웨어가 나오면 이전 것을 알 필요가 없듯이, 이제 인터넷을 시작한다면 월드 와이드 웹과 전자 우편 사용법만 익히면 된다.

② 보통 사람들의 인터넷 시대

월드 와이드 웹이 지금과 같은 보통 사람들의 인터넷 시대를 열었다. 월드 와이드 웹을 통해서야 비로소 인터넷의 어렵고 다루기 힘든 부분을 몰라도 모든 기능을 다 이용할 수 있게 되었다. 월드 와이드 웹을 이용하는 데는 키보드 자판을 칠 필요조차 없기 때문에 컴퓨터를 모르는 사람도 금방 배워 이용할 수 있다. 그러면서도, 총천연색 멀티미디어 그래픽들로 가득 차 있기 때문에, 글자들과 광고들로 답답한 신문보다 훨씬 즐겁게 정보를 찾아볼 수 있다.

일단 한번 월드 와이드 웹을 이용하게 되면, TV나 신문보다 월드 와이드 웹이 쉽고 편리하다는 것을 느끼게 될 것이다. 또한, 월드 와이드 웹을 통해 정보를 보는 사람뿐 아니라 정보를 제공하는 사람들도 쉽게 인터넷을 이용할 수 있게 되었다. 이점이 특히 웹이 TV보다 나은 점이다. TV방송국이 일부 대기업들과 전문가에 의해서만 운영될 수 있는 것과는 달리, 월드 와이드 웹을 이용하면 누구라도 자신의 소식을 많은 사람들에게 전할 수 있다. 이러한 매력으로 월드 와이드 웹은 보통 사람들의 방송국들로 가득 차게 되었다.

(3) WWW이 중요한 이유– WWW은 새로운 미디어

월드 와이드 웹은 현재 각광받는 '뉴 미디어'이다. 월드 와이드 웹은 신문, 잡지, TV방송 등 기존의 매스미디어의 기능들은 물론 통신 수단으로서의 역할도 할 수 있는 강력한 대중 매체이다. 월드 와이드 웹 사용자의 증가율이 전화나 TV 사용자 수 증가보다도 더 빠르다는 것은 미디어로서의 월드 와이드 웹의 강력함을 보여주는 것이라 할 수 있다.

역사적으로 볼 때 새로운 통신 수단과 매스미디어는 항상 사회 전반에 큰 변화를 불러 왔다. 지식과 정보의 사회인 21세기를 여는 뉴 미디어인 월드 와이드 웹은 인류 역사에 전례 없는 큰 영향을 끼칠 것이다. 드디어 통신 수단과 매스미디어가 하나로 합쳐짐으로써 지구촌 공동체라는 꿈에서야 가능했던 일이 현실이 되고 있는 것이다.

월드 와이드 웹의 미디어로서의 중요한 특징은 사용자가 자신이 원하는 정보를 요구하여 받아보는 쌍방향 미디어라는 점이다. 월드 와이드 웹은 잠재적으로 세계의 모든 사람들을 대상으로 하는 가장 큰 매스미디어이면서도, 어떤 사용자라도 원하는 만큼 정보를 볼 수 있는 가장 완벽한 매스미디어인 것이다.

③ WWW은 미래로 가는 길

월드 와이드 웹은 지나가는 유행이 아니라 현재 세계 정보 산업의 초점으로서 21세기를 여는 핵심 기술이다. 마이크로소프트, IBM, AT&T 등 거의 모든 정보 산업 업체들이 인터넷과 월드 와이드 웹에 연구 개발의 초점을 맞추고 있다. 역사상 인터넷과 월드 와이드 웹만큼 세계적으로 수많은 창조적 두뇌들을 하나로 모았던 것은 없었다.

이전의 미 · 소간 우주 개발 경쟁보다도 더 치열한 것이 인터넷 기술 개발 경쟁이다. 정보고속도로 시대가 오더라도 월드 와이드 웹이 발전되어 정보고속도로를 통해 서비스되는 것이지, 완전히 개념이 다른 어떤 것이 새로 나타나는 것은 아니다.

인터넷을 한때의 유행으로 생각하는 것은 옳지 않다. 인터넷은 잠시 유행하는 것이 아니라 정보고속도로 시대를 여는 단 하나의 길이다. 현재 인터넷은 그

유용성을 인정받아 유행으로 지나치기에는 너무나 많은 사람들이 사용하고 있으며, 가장 널리 이용되고 있는 미국에서는 인터넷은 전화와 같은 생활 필수 도구로 자리잡았다.

5. CD-ROM

1) 대용량의 저장매체 CD-ROM

얼마전까지만 해도 CD라고 하면 음질 좋은 노래들 들을 수 있는 음악 CD를 주로 떠올렸다. 그러나 최근 개인용 컴퓨터가 많이 보급되면서 CD-ROM 드라이브를 내장하고 사운드 기능을 지원하는 멀티미디어 PC가 인기를 끌고 있고, 그 종류도 많아지고 있다.

컴퓨터에도 CD-ROM 드라이브가 거의 기본으로 장착된 것은 컴퓨터에서 처리할 수 있는 데이터가 문자, 그림뿐만 아니라 사운드, 애니매이션, 비디오 등으로 확대되면서 고용량화된 데이터를 전달하는 매체로 많이 사용되고 있기 때문이다.

그래서 CD-ROM 타이틀의 개발이 늘어나고 있으며, 교육용 소프트웨어, 공개 소프트웨어 모음집, 애플리케이션 등 그 내용도 다양해지고 있다.

2) CD-ROM의 발전과정과 동향

최근 CD-ROM 드라이브가 급속히 보급되고 CD-ROM 타이틀이라는 고용량 매체가 소프트웨어의 배포수단으로 많이 사용되고 있는 가운데, CD는 저장용으로도 인기를 끌고 있다. CD는 하드 디스크나 리무버블 카트리즈에 비해 MB당 가격이 저렴할 뿐만 아니라 가벼워 이동이 용이하여 차후 저장매체로 주목받고 있다.

또한 CD는 포맷이 세계적으로 표준화되어 제조회사에 상관없이 어떤 CD-ROM 드라이브에서도 읽을 수 있고, 레이저를 이용하여 읽고 쓰므로 마모나 긁힘이 없어 거의 영구적으로 자료를 보관할 수 있다는 장점 때문에 더욱 빠르게 확산되고 있다.

CD가 일반화되면서 CD 관련기술이 점차 발전하였고 표준 규격도 다양해져 CD-ROM, photo CD, Cd-1 등 여러 가지 규격이 제정되었다. CD의 발달은 곧 기계의 발달에 기인하는데, CD를 읽고 볼 수 있게 해주는 장치를 CD-ROM 이라고 한다. CD-ROM의 시초는 CD-DA로 거슬러올라가는데, 이것은 필립스와 소니가 1980년에 개발한 것으로 음악용으로 쓰이는 기계장치였다. 이 CD-DA가 기본이 되어 사진과 비디오 데이터를 수용할 수 있는 오늘날의 CD와 CD-ROM이 개발된 것이다.

3) 국내 CD-ROM 타이틀 개발 현황

국내 멀티미디어 산업의 초기인 92년도에 약 20~30여 개의 업체가 CD-ROM Title 개발과 멀티미디어 관련 소프트웨어와 하드웨어에 관한 영업을 시작하여 국내 멀티미디어 초기 시대를 선도하였다. 현재에는 전문 멀티미디어 소프트웨어 개발사, 대형 출판사, 신문 방송 등 언론사, 컴퓨터 하드웨어와 소프트웨어를 겸하는 컴퓨터 회사 등 약 130여 개의 회사들이 참여하고 있다.

초기에는 전문 소프트웨어 개발사들이 제품 제작의 주류를 이루었으나, 최근에는 멀티미디어화할 수 있는 자료(Contents)와 조직을 갖추고 있는 대형 출판사, 신문사, 방송사 등이 활발한 제작활동과 계획을 하고 있다. 국내 개발제품의 현황을 보면, 92년도 4가지 CD-ROM Title이 개발된 것을 시작으로 93년도 12가지, 94년도 231가지, 95년도 456가지 등 그 증가의 폭과 시장성은 날로 늘어나고 있다.

6. Cyber-Space(가상 공간)

사이버스페이스란 말은 컴퓨터 기술이 발달되면서 생겨난 신종어이다. 그 정의는 아직도 분분한 상황인데, 현실의 공간에는 실재 존재하지 않는 상태로서 누군가의 필요에 의해 생겨난 상호작용성을 갖는, 가상의 영역 혹은 공간이라 하겠다.

사이버스페이스를 가장 먼저 실현한 것은 PC통신이라고 할 수 있다. 일방의 정보처리 과정에서 이제는 1:1 혹은 더 넓은 상태의 상호작용성을 갖게 되었고, 서로간에 개인적인 쌍방향적인 서비스가 가능하게 되었다. 오늘날 통신의 꽃이라할 수 있는 인터넷 상에서는 수많은 가상영역들이 방대한 양의 자료들을 갖게 되었으며, 통신 사용자라면 누구라도 자유롭게 이 가상의 영역들을 맛볼 수 있게 되었다.

사이버스페이스의 영역 중 여러 가지가 있겠지만, 여기에서는 광고를 예로써, 그 특징들을 알아보자.

1) 사이버스페이스 광고의 특징

여기에서는 광고매체로서의 특성을 서술하고자 한다. 기존매체와 비교해 이용 방법이 상대적으로 까다로움에도 불구하고 이용자 스스로의 필요에 따라 접근한다는 점에서 능동이다. 또 기존의 대중매체와는 달리 '쌍방향' 의 정보교류를 특징으로 하며 'personal media' 로서의 특징을 갖는다.

기존의 미디어들이 송신자가 주체가 되는 정보 흐름을 가지는 것과 달리 세분화된 개인 한 사람이 주체가 된다. 기존의 대중매체를 이용한 광고의 경우에는 수신자와 관계없이 불특정 다수에게 전달되지만 사이버스페이스를 통한 광고는 수신자의 필요에 의해 개인적으로 노출된다.

이러한 특징과 함께 인쇄매체 광고나 방송매체 광고와 비교해 보면 사이버스페이스를 통한 광고는 기업이나 제품에 대한 정보 메시지 성격이 더 강하며 다음과 같은 중요한 특징을 가지고 있다.

첫째, 커뮤니케이션의 주체가 사용자가 된다. 전달하고자 하는 정보는 컴퓨터안에 저장되고 정보 사용자는 컴퓨터에서 정보를 필요한 만큼 사용하게 된다. 지금까지 정보 생산자가 정보를 일방적으로 내보내야 그 정보를 수신할 수 있었던 것과는 달리 정보 생산자는 컴퓨터 내의 일정 공간에 자신이 생산한 정보를 저장하고 수신자는 자신이 필요한 시간에 편리한 방법으로 적당한 정보 이용료를 지불하고 저장된 정보를 검색할 수 있게 된다. 이는 지금까지 정보가 생산자에 의해 독점되었던 것이 정보 흐름의 주체가 정보 사용자에게 옮겨 가게 된다는 것을 의미한다.

둘째, 커뮤니케이션 과정에서의 쌍방향성을 들 수 있다. 정보 생산자는 지금까지의 지면, 시간, 비용 등의 제약에서 벗어나므로 자신이 제공하는 정보의 상품성를 높이기 위해 내용의 구성이 다양하게 이루어진다. 즉 사이버스페이스 내에서 사용자는 자신이 원하는 정보나 서비스를 자신이 원하는 시간에 자신에게 가장 알맞은 형태로 제공 받을 수 있다는 것이다.

셋째, 무제한의 광고분량을 들 수 있다. 사이버스페이스를 통한 광고는 멀티미디어의 이점을 활용하여 계속되는 화면으로 구성되어 있기 때문에 데이터베이스 광고나 카탈로그 광고처럼 이용자가 원하기만 한다면 어떠한 광고도 계속해서 게재할 수 있다. 또한 커뮤니케이션 과정에서 시간과 공간의 제약을 받지 않는다.

넷째, 광고효과의 측정이 용이하다. 일반적으로 기존 대중매체에 게재되는 광고들은 정확한 광고효과의 측정이 어렵다. 그러나 사이버스페이스를 이용한 광고는 이용회수나 이용률이 계산되기 때문에 광고효과의 측정이 가능하며 광고 효과에 따라 광고주는 광고 메시지 전략을 바꿀 수 있다.

다섯째, 광고내용의 변경이 용이하다. 주소나 전화번호가 바뀌거나 또는 광고 효과를 위해 광고 메시지를 변경할 경우 즉시 가능하다.

여섯째, 소비자들이 보다 자세한 상품정보를 이용할 수 있기 때문에 상품구매에 신중을 기할 수 있다.

일곱째, 사이버스페이스를 이용한 광고는 다른 광고매체와는 달리 광고주뿐만 아니라 광고를 수용하는 수신자도 광고료의 일부를 부담하고 있다. 이러한 종류의 광고는 일반적으로 이용시간에 따라 이용요금이 결정되므로 광고를 검색하는 시간도 이용 시간으로 계산되어 이용요금이 부과된다.

마지막으로 광고 메시지의 경우 이성적 형식의 크리에이티브 전략이 요구될 것이다. 사이버스페이스를 이용한 광고의 경우 개인이 불특정 시간과 공간에서 동시화면에 가능한 모든 정보를 습득할 수 있으므로 합리적인 소구방법이 보다 효과적이다. 따라서 광고 컨셉트의 개발과 같은 창조적인 작업보다는 손쉬운 광고 검색방법과 정확한 정보 전달이 훨씬 더 중요하게 될 것이다.

2) 비트캐스트 테크놀러지 (Bitcast Technology)

① TV와 인터넷의 진정한 통합

집에서 TV를 보면서 화면에 위치한 링크 포인트를 클릭하면 인터넷에 자동으로 접속되어 해당 인터넷 사이트로 날아간다. 마치 꿈의 미디어인 것처럼 생각되겠지만 이제 더이상 공상이 아니다.

최근 일본의 디지털 콘텐츠 및 멀티미디어 솔루션 개발사인 '인포시티(Infocity)'가 TV공중파 방송의 전파대역 중 사용하지 않는 공대역을 이용해 HTML 등의 데이터를 송신하여 TV와 인터넷의 진정한 융합을 가능케한 'Bitcast/ VBI' 제품군을 개발해 화제가 되고 있다.

② 비트캐스트가 바꾸는 방송의 미래

시청자는 TV전파를 통해 무료로 인터넷의 세계를 관람하는 것이 가능하며 URL을 알아내기 위해 애를 쓰지 않아도 보내져온 콘텐츠를 클릭하는 것만으로 관심 있는 홈페이지로 모뎀, 전화선 등을 통해 접속하는 것이 가능하다.

쇼핑 웹 사이트 등을 운영하는 콘텐츠 프로바이더는 관련 TV 프로그램과 동시에 데이터를 송신하는 것에 따라 인터넷만으로 검색하는 것과는 비교도 되지 않을 정도의 비약적인 접속 수의 증대를 기대할 수 있으며 본격적인 정보가전의 실현이 기대되고 있다. 그렇다면 이러한 비트캐스트의 실제 사용은 어떻게 이루어질 것인지, 그에 대한 예를 들어보자.

③ 가요 톱 텐과 인터넷이 이루어진 비트캐스트 서비스

시청자는 영턱스의 공연을 TV화면으로 보면서 동시에 화면에 나타난 작은 클 릭 포인트를 누르면 화면 옆으로 인터넷 화면이 떠오르면서 영턱스의 홈페이지가 떠오른다. 시청자는 영턱스의 공연을 보면서 그들의 각종 정보를 검색하고 마음에 든다면 뮤직비디오나 음악 등을 주문하거나 온라인 상으로 데이터를 전송받을 수 있다. 주문한 대금은 가정별로 일괄 적용되는 통합 공과금 혹은 전화료에 함께 포함되든지 미래에 필요하게 될 정보통신 요금 청구서라는 색다른 용지로 은행에 납부하기만 하면 된다. 이렇게 된다면 TV프로그램은 직접 구매에 이르게 하는 진정한 매개체가 될 것이다. 물론 이렇게 된다면 프로그램은 점점 인터렉티브하고 상업화를 지향하게 될지도 모른다.

위의 예에서 보는 것과 같이 방송국은 간단히 데이터 전송의 새로운 창구가 되는 것뿐만 아니라 비트캐스트 서비스를 적극 활용해 새로운 형태의 프로그램 제작, 보다 상세한 리얼타임의 앙케트, 여론조사, 보다 고도의 TV 쇼핑 광고 등이 가능하게 되어 프로그램 개발 업체와 인터넷 콘텐츠 개발사의 수익 증대가 예상된다.

TV프로그램이나 CM의 제공기업은 자사의 웹페이지를 동시 송신하는 것으로 보다 자세한 정보를 시청자(네티즌)들에게 제공하는 것이 가능하며, 그것으로 기존의 광고가 실현하지 못했던 인터렉티브한 인터넷 광고의 개발로 새로운 형태의 광고가 탄생하게 될 것이다.

7. 홀로그램

홀로그램은 그리스어로 'holo(완전한)'와 'gram(기록하다)'의 합성어로 이루어진 것이다. 홀로그램은 지금까지의 인쇄술로는 도저히 표현할 수 없었던 현란한 색채와 입체감을 특징으로 하는 최근에 개발된 표현매체이다.

어떠한 물체를 본다는 것은 거기서 나오는 빛의 파동을 인식한다는 것인데 홀로그래피는 이러한 원리를 응용한 것이다. 물체로부터 날아오는 빛의 파동을 완전하게 기록하여 재생시킴으로써 실물에 가까운 허상을 표현하는 것이다.

즉 물체로부터 날아오는 빛의 파동을 레이저 장치를 이용하여 홀로그래피용 사진 건판에 기록했다가 나중에 그대로 재생하는 것이다. 이러한 기술을 우리는 홀로그래피라 하며 이러한 원리에 의해 만들어진 영상을 홀로그램이라 한다.

홀로그래피는 1948년 노벨상 수상자인 헝가리의 가보(D. Gabor)가 전자현미경을 개선하기 위해 분광 실험을 하던 중 우연히 발견한 것이다. 그 후 별다른 발전을 이루지 못하다가 1960년에 이르러 메인맨(Theodore H. Mainman)이 루비 레이저를 만들어낸 것이 계기가 되어 비약적인 발전을 이루게 되었다. 루비 레이저란 인공의 루비에서 발생되는 섬광 등의 불빛으로 최초로 개발된 태양보다 밝은 진홍색의 레이저이다.

홀로그램은 화상의 복제가 불가능하다. 그래서 신용카드 등에 활용이 되고 있다. 생생하면서도 독특한 빛의 효과와 실제와 같은 입체감 등으로 무궁무진한 상품화의 가능성을 갖고 있다. 특히, 최근에 개발된 엠보스 홀로그램(Emboss Hologram)은 아트용에만 국한되어 있던 홀로그램의 용도를 상업용으로도 활용영역을 넓히고 있다. 직조시 얇게 홀로그램을 섞어 독특한 분위기의 원단을 만들 수도 있고, 팬시나 액세서리, 그리고 잡지 등의 서적물, 광고용 판촉물 등에도 활용되고 있다

참·고·도·서

강성진 옮김, 『위대한 영웅 잭웰치』, 물푸레, 2001
강태완, 김선남 옮김, 『케뮤니케이션학이란 무엇인가』,
커뮤니케이션북스, 2001
권명광 엮음, 『바우하우스, 미진사』, 1984
김미지자, 『감성공학, 디자인오피스』, 1998
김성홍, 우인호 저, 『이건희 개혁10년』, 김영사, 2003
김영환, 임희정 지음, 『스타벅스 감성마케팅』, 넥서스 북스, 2003
김은주 저, 『이미지 마케팅으로 성공을 부른다』, 한비미디어, 2002
김충기 역, 『뉴마케팅론』, 나남, 1998
김호곤, 윤형건, 『디자인경영전략』, 한울아카데미, 2003
김훈철, 장열렬 지음, 『칼라마케팅』, 사민서각, 1989
김공식, 최근우 공저, 『코어디자인법』, 한빛지적소유권 센터, 2003
루돌프아른하임, 『시각적 사고』, 이화여대 출판부, 1981
박상범, 『경영학원론』, 박영사, 2000
신민정 옮김, 『브레인스토밍』, 거름, 2003
신언모, 신인호, 박미화 공저, 『디자인은 생활속에 있다』, 태학원, 2002
양영철 역, 『컨셉』, 거름, 2003
윤종건 저, 『창의력』, 정민사, 1991
이수영, 임송국, 『일본기업의 환경마케팅』, 도서출판 대명, 2002
이우용, 정구현, 『마케팅원론』, 형설출판사, 1987
이희재 옮김, 『문명의 충돌』, 김영사, 1997

장승섭, 구동모 옮김, 『그린마케팅』, 삼영사, 1993
정경원, 제니스김, 『디자인경영전략 입문』, 미진사, 1995
조동성, 『디자인혁명, 디자인경영』, (주)디자인넷트, 2003
주종근 지음, 『잠재에서 창조로』, 미진사, 1995
채수명, 『디자인경영마인드』, 창지사, 1998
한석현 저, 『인터넷 길라잡이』, 정보문화사, 2000
한국심리학회, 『현대심리학의 이해』, 학문사, 1997
샘힐지음 60Trand 60 Change, 한국경제신문 2008
LG경제연구원 지음, 2010대한민국트랜드, 한국경제신문.2005
알리스잭트라우드 공저, 마케팅포지셔닝, 십일월. 2005
삼성경제연구소, 불황경영전략. 2009
조서환 · 추성엽. 대한민국 일등상품마케팅전략. 위즈덤. 2005
탁정언, 기획의99%은 컨셉이다. 원앤원. 2005
홍성태. 대한민국여성소비자, 세종서적. 2005
로버트브르너 스튜어드에머리, 삼성과애플은 어떻게 디자인 기업이 되었나. 미래의창. 2009
마이클커리안, 회사속의 남과여 그 차이의 심리학, 지식스마트 . 2008
삼성경제연구소, 창조적전환, 삼성경제 2008
신병철 저. 통찰의기술, 지형. 2008

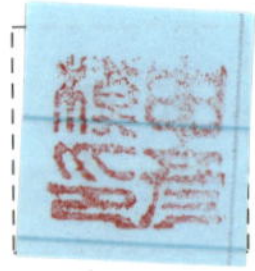

제품디자인의 실무와 경영

초판인쇄일 | 2011년 7월 20일
초판발행일 | 2011년 7월 25일

지은이 | 신언모
펴낸이 | 이무형
펴낸곳 | 태학원

주소 | 서울시 마포구 신수동 88-13호
등록 | 제 10-193호(1988 1월 23일)
전화 | 02)719-6680, 02-715-3554
팩스 | 02)719-6681

ISBN | 978-89-92832-55-7 93650

값 15,000원

• 잘못된 책은 교환해 드립니다.